7

最新 **社会福祉士養成講座**
精神保健福祉士養成講座

一般社団法人 日本ソーシャルワーク教育学校連盟　編集

社会保障

中央法規

刊行にあたって

このたび、新カリキュラムに対応した社会福祉士と精神保健福祉士養成の教科書シリーズ（以下、本養成講座）を一般社団法人日本ソーシャルワーク教育学校連盟の編集により刊行することになりました。本養成講座は、社会福祉士・精神保健福祉士共通科目 13 巻、社会福祉士専門科目 8 巻、精神保健福祉士専門科目 8 巻の合計 29 巻で構成されています。

社会福祉士の資格制度は、1987（昭和 62）年に制定された社会福祉士及び介護福祉士法により創設されました。後に、精神保健福祉士法が制定され、精神保健福祉士の資格制度が 1997（平成 9）年に創設されました。それから今日までの間に両資格のカリキュラムは 2 度の改正が行われました。本養成講座は、2019（令和元）年度の両資格のカリキュラム改正に伴い、刊行するものです。

新カリキュラム改正のねらいは、地域共生社会の実現に向けて、複合化・複雑化した課題を受けとめる包括的な相談支援を実施し、地域住民等が主体的に地域課題を解決していくよう支援できるソーシャルワーカーを養成することにあります。地域共生社会とは支援する者と支援される者が一体となり、誰もが役割をもって生活していくことができる社会です。こうした社会を創り上げる担い手として、社会福祉士や精神保健福祉士が期待されています。

そのため、本養成講座の制作にあたって、❶ソーシャルワーカーとしてアセスメントから支援計画、モニタリングに至る PDCA サイクルに基づく支援ができる人材の養成、❷個別支援と地域支援を一体的に対応でき、児童、障害者、高齢者等のさまざまな分野を横断して包括的に支援のできる人材の養成、❸「講義―演習―実習」の学習循環をつくることで、実践現場に密着した人材養成をする、を目的にしています。

社会福祉士および精神保健福祉士になるためには、ソーシャルワークに必要な五つの科目群について学ぶことが必要です。具体的には、①社会福祉の原理・基盤・政策を理解する科目、②複合化・複雑化した福祉課題と包括的な支援を理解する科目、③人・環境・社会とその関係を理解する科目、④ソーシャルワークの基盤・理論・方法を理解する科目、⑤ソーシャルワークの方法と実践を理解する科目です。それぞれの科目群の関係性と全体像は、次頁の図のとおりです。

これらの科目を本養成講座で学ぶことにより、すべての学生がソーシャルワークの基盤を修得し、社会福祉士ならびに精神保健福祉士の国家資格を取得し、さまざまな領域でソーシャルワーカーとして活躍され、ソーシャルワーカーに対する社会的評価を高めてくれることを願っています。

社会福祉士養成教科書の全体像

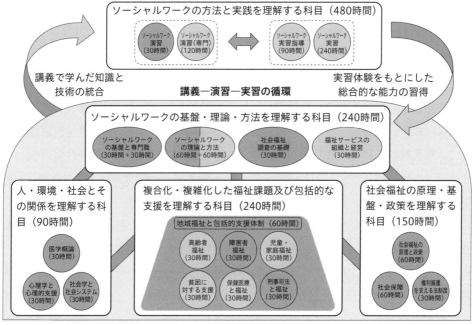

出典：厚生労働省「（別添）見直し後の社会福祉士養成課程の全体像」（https://www.mhlw.go.jp/content/000604998.pdf）より本連盟が改編

精神保健福祉士養成教科書の全体像

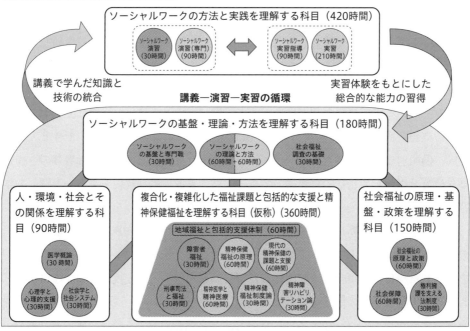

出典：厚生労働省「（別添）見直し後の社会福祉士養成課程の全体像」を参考に本連盟が作成

2020（令和2）年12月1日

一般社団法人日本ソーシャルワーク教育学校連盟
会長　白澤政和

はじめに

　社会保障は、個人の責任や自助努力では対応しがたい疾病・障害・高齢・失業などの社会的リスクに対し助け合う公的な仕組みとして、19世紀末に生まれた。その後、社会保障の受給が権利として確立し、経済成長とともに制度が拡充されていき、経済と社会保障が手を携えて社会を支える福祉国家が成立したのであった。現在では、人口の高齢化、経済の低成長、雇用の不安定化など社会が大きく変化するなかで、社会保障は大きく変質しつつある。こうした社会保障の基盤が変化するなかで、新たなニーズへの対応と制度の持続性の確保のために、数多くの課題に対応していかなければならない状況にある。

　ソーシャルワーカーを目指す学生が社会保障を学ぶ意義はどこにあるだろうか。ソーシャルワーカーは、日常生活を営むのに支障のある者のニーズを把握し、その人に寄り添って支援を行わなければならない。そのための専門的知識および技術が必要である一方で、こうした人やその家族から相談を受けて、関係者との連絡調整を行い、必要な制度の利用につないでいくことが必要である。そのための専門的知識および技術のなかの重要なものが、社会保障制度に対する知識とその理解である。ソーシャルワーカーの実践は、各種の制度を用いて行い、また制度の枠組みのなかで行われるとともに、制度がどのようにあるべきかについても声をあげていくことが必要である。実践は、各種の制度によって支えられているのである。

　たとえば、支援が必要な人とその家族から相談を受けたときに、適切な福祉サービスを受けられるようにするためにはどのような社会福祉のサービスを利用するのが適切なのか、そのサービスを受けるための手続きはどのようになっているのか、具体的にどのようなサービス提供機関があるのか、そういった疑問に答えるためには、介護保険や障害者福祉などの社会福祉制度の知識が必要である。また、利用者負担はどうなるのか、負担軽減のためにはどのような仕組みがあるのかという負担にかかわる知識も必要である。このような経済的な問題に対応するためには、その人の収入にかかわる年金制度や雇用保険・労災保険、社会手当などについての知識も必要になる。さらに、社会福祉サービスにおいて医療との連携は不可欠であるから、医療保険についての知識も必要であるし、特に生活保護を利用する場合には、生活保護制度についての知識だけではなく、利用し得るすべての制度について知っている必要がある。

　本書の各章は、社会福祉士・精神保健福祉士国家試験の出題基準に沿って構成されているが、社会保障の意義や歴史、構造や財政などを理解するための総論を充実させ

ていることが特色となっている。第1章では、人口動態、経済環境、労働環境といった現代社会の変化が社会保障に与える影響と課題について説明する。第2章では、社会保障の概念、意義、理念と社会保障の歴史について整理している。第3章では、社会保障の財政と経済との関係について説明し、第4章では、社会保障における社会保険と社会扶助の違いと、民間保険との違いを説明している。

第5章は社会保障制度の体系を各分野ごとに論じた本書の中心的な部分である。医療保険制度、年金保険制度、労災保険と雇用保険制度については、ほかの巻ではなくこの巻で主に論じている。介護保険制度と生活保護制度、その他の社会福祉制度については、ほかの各巻で詳細を論じているので、本巻では体系の全体を理解するための記述にとどめている。第6章は、国際化のなかでの我が国の社会保障を理解するために、諸外国の制度や国際比較について論じている章である。

本書は教科書として執筆されたものであるので、社会保障制度の詳細が書かれているが、通常の本を読むのと同じように、まずは全体のストーリーを追って、ざっと頭に入れ、社会保障の全体的な枠組みを理解してほしい。試験勉強に入ったあとは、知識を確認したり、参照するために使ってほしい。また、社会福祉の現場で仕事をしている人たちにも、社会保障制度の知識を確認的に参照するために使っていただけると幸いである。さらに、本書を読んで社会保障制度のあり方に関心をもち、専門書をひもとくきっかけとなれば、なお幸いである。

編集委員一同

目次

第 3 章　社会保障の財政

第 4 章　社会保険・社会扶助・民間保険の関係

第 5 章　社会保障制度の体系

第 6 章　諸外国における社会保障制度

本書では学習の便宜を図ることを目的として、以下の項目を設けました。

> ・学習のポイント……各節で学習するポイントを示しています。
> ・重要語句…………学習上、特に重要と思われる語句を色文字で示しています。
> ・用語解説…………専門用語や難解な用語・語句等に★を付けて側注で解説しています。
> ・補足説明…………本文の記述に補足が必要な箇所にローマ数字（ⅰ、ⅱ、…）を付けて脚注で説明しています。
> ・Active Learning……学生の主体的な学び、対話的な学び、深い学びを促進することを目的に設けています。学習内容の次のステップとして活用できます。

第1章

現代社会と社会保障

　現代社会はめまぐるしく変化しており、社会保障はつね
にその影響を受ける。現代社会の動きがわからなければ、
社会保障の政策課題やその現場で起こる問題を理解し、解
決策を考えることもできないだろう。また社会保障を利用
する人々の生活実態をつかむためにも社会の変化について
理解を深めておく必要がある。この章では、社会保障が成
り立つ基盤となっている現代社会の特徴を三つの観点「人
口動態の変化」「経済環境の変化」「労働環境の変化」から
整理し、社会保障の現代的課題を考える手がかりとする。

人口動態の変化

学習のポイント

● 人口減少と少子高齢化を中心とする人口動態の変化について理解する
● 人口減少と少子高齢化が社会および社会保障に与える影響を考える
● 少子化対策と社会保障の課題について理解を深める

1 人口減少と少子高齢化

1 日本の総人口の変化

　総務省統計局が発表している「人口推計」によると、日本の総人口は2019（令和元）年10月1日時点で1億2616万人となっている（2020（令和2）年4月14日公表）。総人口は2008（平成20）年に1億2808万人でピークを迎え、2011（平成23）年から連続して減少し続けている。

　これまでの推移と将来推計を長期的に捉えてみると、日本の総人口は明治初頭の1870年代から1990年代にかけて急激な増加を経験してきた。やがて2000（平成12）年前後には安定化して、2008（平成20）年にピークを迎えた。そして政府の推計によれば今後も総人口は減少し続け、約45年後の2065年に8808万人となって、ピーク時の3分の2にまで落ち込むとみられている（国立社会保障・人口問題研究所「日本の将来推計人口」）。

　こうした日本の状況は「人口減少社会★」と表現されている。日本にとって長期的な人口減少は初めての経験であり、社会のさまざまな部分でダウンサイジング（縮小や見直し）が求められることを意味している。

2 少子高齢化

　人口の変化は人数の問題だけでなく、年齢構成の変化においても特徴がある。それは人口の高齢化として注目されてきた。高齢化が進む主な要因は、平均寿命が延びることと出生数が減ることにある。出生数が減ることは少子化★と呼ばれ、まとめて「少子高齢化」と表現する。

　厚生労働省が発表している「人口動態統計★」によると、2019（令和元）

★人口減少社会
人口減少や少子高齢化などの人口の変化については『最新 社会福祉士・精神保健福祉士養成講座③ 社会学と社会システム』でも扱っている。

★少子化
定義はあいまいであるが、一般的には、①出生数もしくは子どもの数が減ること、②人口に占める子どもの割合が減ること、そして③合計特殊出生率が2.07（人口置換水準）を下回ることを意味している。

★人口動態統計
政府に届けられた出生、死亡、結婚、移動（国内外への流入と流出）などの情報をもとに、人口の規模（人数、年齢分布等）と構造（属性、地域分布等）を統計としてまとめたもの。

年の出生数は 86 万 5234 人であった。第二次世界大戦直後の 1940 年代末には、出生数は毎年 267 万人を超えていたのだが、現在では毎年その約 3 分の 1 の出生数となっている。

　一人の女性が一生の間に産む子どもの数の平均を**合計特殊出生率**★という数字であらわす。日本の合計特殊出生率は、第二次世界大戦前の 1930 〜 1940 年代前半において 3 から 4 前後を推移していた。1941（昭和 16）年に閣議決定された「人口政策確立要綱」では「産めよ、殖やせよ」というスローガンが掲げられ、出産が奨励された。そして戦後直後の 1947（昭和 22）〜 1949（昭和 24）年にも 4.32 〜 4.54 を記録し、のちに第 1 次ベビーブームと呼ばれた（このとき生まれた世代は「団塊の世代」と呼ばれている）。

　だが 1950 年代初頭には 3 を下回り、1975（昭和 50）年に 2 を下回った。1971（昭和 46）〜 1974（昭和 49）年には第 2 次ベビーブーム（団塊ジュニア世代）があったが、それは人数の多い第 1 次ベビーブーム世代の多くが出産したこと（出生数）によるものであった。

　出生率はさらに下降をつづけ、2005（平成 17）年に過去最低の 1.26 を記録した。その後は横ばいまたは微増傾向がつづき、2019（令和元）年には 1.36 となっている[i]。

　一方、日本の高齢化率は 28.4%、75 歳以上人口は 14.7% となっており、その割合の高さは世界第 1 位である。75 歳以上人口が 65 歳以上人口の半数を超えていることも特徴である（「人口推計」2019（令和元）年 10 月 1 日現在）。なお、15 歳未満人口は 12.1%、15 〜 64 歳人口（生産年齢人口）は 59.5% となっている。

　日本の平均寿命は、男性が 81.25 歳、女性が 87.32 歳であり、いずれも国際的に見てきわめて高い（厚生労働省「平成 30 年簡易生命表」2019.）。

★**合計特殊出生率**
一人の女性が一生（15 〜 49 歳）の間に産む子どもの数の平均。合計特殊出生率が 2.07（人口置換水準）に達しないと、出生によって人口を維持できなくなり、少子化が進む（流入を含めない場合）。

Active Learning
あなたの住んでいる都道府県・区市町村の人口動態について調べてみましょう。

2　人口減少と少子高齢化が社会に与える影響

1　経済への影響

　人口減少（とりわけ現役世代の減少）によって労働力の供給が困難に

---

i　合計特殊出生率はあくまで平均の数字であるから、実態として女性が産む子どもの数を必ずしも正確にあらわしてはいない。「産む子どもの数」が減ったというよりも、むしろ「産まない」という選択肢が広がったことの結果が少子化なのである。

なれば、人手不足が起こるとされる。また人口減少は消費者人口の減少を意味するため、市場規模が同じだとしたら買い手が減ってモノが売れなくなる。これらによって経済成長が滞ると論じられることがある。

さらに人手不足を補おうとして生産性を上げ、同時に消費が縮小しているとしたら、生産が過剰になって物価が下がり、デフレ★がもたらされる。このように経済成長にとって人口減少は大きなダメージであると考えられている。しかし、多くの労働者を雇わなくて済む生産性の高い産業を拡大させ、利益を分配できれば、人口減少はむしろ一人あたりの所得を増やすメリットをもたらす可能性がある。

2 地域社会への影響

地方都市や過疎地域における人口減少は、地域社会に大きな変化をもたらす。住民が減れば自治体の税収も減るので公共サービスを削減せざるを得なくなり、水道、交通、消防、清掃、図書館、学校といったインフラを維持することが困難になる。また、商店街や自治会・町内会の衰退、伝統行事や伝統文化の継承問題など、暮らしに直接かかわる地域の社会資源や文化が失われることがある。そして、そのような地域・コミュニティの衰退に伴って住民の孤立化や分断が進行する。

日本創生会議が2014（平成26）年に問題提起した「消滅可能性都市★」という議論では、少子化による人口減少で将来の存続が危ぶまれる自治体が全国的に増加していることが報告され、社会に大きなインパクトを与えた。「消滅可能性」があるとされた市町村は896にのぼり、全自治体のほぼ半数に当たるとされた。

地域社会が崩壊し、コミュニティの衰退と孤立が深刻化すると、子育てはますます困難なものとなる。子育てをリスクと捉える心理的な不安が増し、子どもがいることが実質的・社会的な不利をもたらすとすれば、それらは悪循環に陥っていく。地域社会の崩壊は、まさに選択的に子どもを産む人をいっそう減らし、子どもがいることが不利な社会をつくってしまう。

3 社会保障への影響

少子高齢化（現役世代の減少）によって社会保障の担い手が減り、さらには税収や保険料収入が減少することで制度を維持できなくなると懸念されている。これは社会保障の持続可能性にかかわる問題として重要な政策課題となっている。

とりわけ年金保険（国民年金）は世代間扶養の考え方（賦課方式）で財源を賄っている部分が大きく、少子高齢化の影響を受けやすい。また医療保険や介護保険も少子高齢化の影響で支え手が減少している。

また、少子化は家族形態の変化や晩婚化・非婚化に深くかかわっており、つまり単身世帯・子なし世帯が増加することを意味しているから、それが既存の社会保障制度の基盤を揺るがすことにつながる。日本の社会保障制度は核家族（男性稼ぎ手モデル世帯）を前提とし、世帯を単位に保険に加入する仕組みをとってきた。しかし、核家族のような世帯ではなく個人を単位にすべき状況があるのだとしたら、世帯を単位とする既存の社会保障制度の構造そのものを見直す必要がある。さらに、こうした世帯単位の社会保障は、家事労働や介護を女性に負わせてきた側面があり、ジェンダー不平等を前提としてきた社会保障制度のあり方が問われるようになるだろう。

3　少子化対策と社会保障の課題

1 少子化対策の進展

　政府は 1990 年代半ばあたりから、社会保障政策や労働政策を通して多彩な「少子化対策」を進めてきた。そのはじまりは 1994（平成 6）年の「エンゼルプラン」であるといってよいだろう。エンゼルプランは、子育てと仕事の両立支援の推進や家庭における子育て支援をめざし、初めて具体的な数値目標を掲げた。

　2002（平成 14）年には「少子化対策プラスワン」が示され、子育てと仕事の両立支援だけでなく、「地域における子育て支援」が推進された。2003（平成 15）年には次世代育成支援対策推進法が制定され、企業等の従業員に対する有給休暇や育児休業の取得強化、労働時間の短縮等に関する行動計画の策定等が義務づけられた。

　また同年には少子化社会対策基本法も制定され、同法に基づいて策定された「少子化社会対策大綱」（2004（平成 16）年）は、総合的かつ長期的な少子化に対処するための政府の指針とされた。大綱の重点課題に沿って「子ども・子育て応援プラン」となる具体的な施策と目標が提示された。2010（平成 22）年には、少子化社会対策基本法に基づく新たな大綱として「子ども・子育てビジョン」が閣議決定された。

　保育所の待機児童問題に対しては、「待機児童ゼロ作戦」（2001（平

成 13) 年)、「新待機児童ゼロ作戦」(2008 (平成 20) 年)、「待機児童解消加速化プラン」(2013 (平成 25) 年) が示され、待機児童は政治の重点課題として認識されるようになった。だが、都市部では保育所の整備と保育士の確保がかなわず、現在でもなお解消されていない。

2015 (平成 27) 年には、少子化社会対策大綱 (2004 (平成 16) 年) を継承した新たな大綱が策定された。そのなかで「若い年齢での結婚・出産の希望の実現」「多子世帯への一層の配慮」「男女の働き方改革」といった重点課題が示されている。少子化の要因分析を踏まえた多様なアプローチが掲げられたといってよい。なお、2020 (令和 2) 年には「少子化社会対策大綱」(第 4 次) が閣議決定されている。

2016 (平成 28) 年に政府は「ニッポン一億総活躍プラン」を策定し、待機児童の解消、保育士の処遇改善、放課後児童クラブの整備等の推進、そして「希望出生率 1.8」と「人口 1 億人の維持」に向けた取り組みの推進などを掲げた。翌年にはその具体的取り組みを示した「子育て安心プラン」も示されている。

2017 (平成 29) 年には経済政策の柱として「人づくり革命」が掲げられ、待機児童の解消だけでなく、幼児教育の無償化 (2019 (令和元) 年 10 月から実施) および高等教育の無償化 (高等教育の就学支援新制度) などの改革が進められた。これらは家庭の教育費負担を軽減させる形での子育て支援であるといえる。

■2 少子化対策という人口政策の課題

2016 (平成 28) 年 2 月にインターネットのブログに「保育園落ちた 日本死ね*!」という匿名の投稿があり、解消されない待機児童問題が SNS をはじめニュースや国会で注目された。前後して「保活*」という造語もつくられ、子どもを保育所に預けられない「働く女性」の現状が社会問題になった。

と同時にそれは日本の家族と子育てが今なお女性に依存しているという現実を浮き彫りにした。子育てに参加する男性が「イクメン*」と呼ばれて珍重されるように、少子化対策は就労する女性をターゲットにした支援策として考えられる傾向があり、就労する男性が子育てすることも含めて子育て家族を支える社会をいかに構築するかという課題には十分に応えられていない。少子化対策は総人口を維持するための人口政策としての性質を強く有し、家族支援策およびケアの社会化を図る政策としてはなお課題が残されているといえるだろう。

★保育園落ちた 日本死ね！
30 代の匿名女性が「はてな匿名ダイアリー」に書いたブログで、政府の少子化対策に反して待機児童問題があることを、自らが保育園の選考に落ちたことに重ねて批判した。ネット上で共感する声が相次ぎ、衆議院予算委員会でも議論になった。

★保活
子どもを保育所等に入れるために行う活動 (造語)。親の就労要件、費用負担、子どもの障害・健康等の選考条件をクリアする保育所を探し、見学、申し込み、選考・審査などの手続きを進める。

★イクメン
子育てに積極的に参加する男性。顔立ちの魅力的な男性を指すイケメンが転じた造語。

　少子化対策に関連する人口政策として、**外国人労働者**[★]の受け入れ拡大による人口減少への取り組みが動きはじめている。人口の自然増（出産による人口増）を導くことが困難であるなかで、人口の社会増（流入による人口増）、すなわち外国人（移民）の受け入れによる「人材確保」が模索されている。

　2008（平成 20）年には日本とインドネシア、フィリピン、ベトナムとの間で締結された経済連携協定（EPA）により、外国人看護師・介護福祉士候補者の受け入れが開始された。また 2018（平成 30）年には出入国管理及び難民認定法が改正され、在留資格を拡大して「外国人労働者」の受け入れを実質的に拡大していく政策が進められている。

　だが外国人労働者の受け入れ拡大を狙った在留資格制度は、外国人が長期間家族を形成して日本で暮らしていくことを想定しておらず、移民は受け入れないまま、「労働力」だけを受け入れるという性格が強い。外国にルーツをもつ人々が日本で家族を築き、子どもを産み育てるという選択肢をもてる社会にしていくという視点で社会制度および社会保障制度を見直していくことが求められている。

★外国人労働者
短期滞在の単純労働者である、いわゆる「出稼ぎ労働者」のイメージが強いが、在留資格でみれば、永住者、定住者、日本人の配偶者、留学生、技能実習生などさまざまな外国籍者が含まれている。

Active Learning
少子化の進行を抑制するために、どのような政策が必要か考えてみましょう。

◇参考文献
・国立社会保障・人口問題研究所「日本の将来推計人口（平成29年推計）」2017.
・厚生労働省「平成29年簡易生命表」2018.
・厚生労働省『平成27年版 厚生労働白書』2016.
・広井良典『人口減少社会のデザイン』東洋経済新報社，2019.
・山崎史郎『人口減少と社会保障──孤立と縮小を乗り越える』中央公論社，2017.
・香取照幸『教養としての社会保障』東洋経済新報社，2017.
・赤川学『これが答えだ！少子化問題』（ちくま新書）筑摩書房，2017.
・芝田英昭・鶴田禎人・村田隆史編『新版・基礎から学ぶ社会保障』自治体研究社，2019.

第2節 経済環境の変化

学習のポイント

● 経済成長、国民所得を中心とする経済環境の変化について理解する
● 低成長経済下における国民の所得、貯蓄、負債の状況について学ぶ
● 経済・財政政策の課題について学ぶ

1 経済の動向

1 経済成長

　国内外の経済の動きは社会保障に多大な影響を及ぼす。一般に、経済状況が良好であれば人々の雇用と収入が増えて福祉（幸福）が増大すると考えられ、経済状況が悪くなると失業や貧困が増えて、それらをなくすための社会保障が求められると考えられている。そこで経済的な豊かさ（広義の国民所得）を向上するための政策が重視され、それを測る指標によって経済の動向がモニターされている。

　代表的な経済指標のひとつが**国内総生産**（GDP：Gross Domestic Product：以下、GDP）である。これは、1年間に国内で生み出されたすべての財やサービス（付加価値）の価格を合計したもの、つまり経済活動によって儲けたお金の合計である。GDPの数値（金額）が上がることが経済成長(持続的な経済の発展)を意味すると考えられており、その伸び率（増加率）をあらわしたのが経済成長率である。GDPは内閣府の経済社会総合研究所が計算し発表しており、経済成長の価値の周知に努めている。

　第二次世界大戦後、日本のGDP（実質）は長期的には増加を続けてきたが、不況と呼ばれる時期にはマイナスになったこともある。その推移をみると、高度経済成長期には大幅な伸びを経験し、1956（昭和31）年～1973（昭和48）年の平均経済成長率は9.1％に達していた。その後1974（昭和49）年～1990（平成2）年では4.2％となり、安定成長期といわれた。「バブル景気」が崩壊した後、1991（平成3）年～2018(平成30)年までの平均経済成長率は約1％にとどまってきた。

　2019（令和元）年の日本のGDPは、名目で554兆5000億円（4

★付加価値
GDPでは売上げから仕入れを引いた金額を付加価値としている。日本企業が海外で売り上げてもそれは含まない。

★国内総生産（GDP）の実質と名目
GDPの金額をそのままあらわしたのが名目GDPであり、毎年変化する貨幣価値を考慮したものを実質GDPという。一般的に、国際比較する場合は名目GDPを、同じ国における年次推移をみる場合は実質GDPを用いる。

兆9564億ドル）、実質で536兆5000億円であり、経済成長率は名目で1.3％、実質で0.7％である。日本のGDPはアメリカに次いで長らく世界第2位であったが、現在中国に次いで世界第3位である。

しかしGDPを人口で割った1人当たりのGDP（名目）をみると、日本は433万7000円（3万9182ドル）で、世界第20位（2018（平成30）年）に留まっている。日本が経済大国であることは確かだが、1人当たりGDPでみると、より生産効率の高い国に比べてあまり高くない結果となる。

2 国民所得

一方、GDPは生産面に焦点を当てた指標であるが、生産された財やサービス（付加価値）は生産に貢献した国民（労働者）に分配されるものであるから、分配面にも注目してみる必要がある。そこで、国民に対して分配された所得（雇用者所得や財産所得）の合計をあらわしたのが（狭義の）**国民所得**（National Income：NI）である。2018（平成30）年度の国民所得は404兆3000億円で、前年度比0.8％増となっている（内閣府「平成30年度国民経済計算年次推計」）。

GDPや国民所得という指標によってどのような豊かさを計測できているのかについては議論がある。たとえばGDPは市場で取り引きされていないものは原則として計算に含めないし、自然環境の破壊や長時間労働などで国民の福祉が減退したとしてもその分を差し引いてみることはないからである。あくまで「儲け」の総額であるから、市民による非営利活動やシェアエコノミーが活発化してもGDPは高まらない。

国民の「幸福度」においてブータンに注目が集まっているように、持続可能性、環境保護、文化の多様性、社会関係資本などの経済的な豊かさ以外の「福祉」をいかに評価するかが問われている。

2 低成長経済の影響

1 所得の状況

厚生労働省の「国民生活基礎調査」によれば、1世帯当たりの平均所得金額（2018（平成30）年）は、全世帯で552万3000円、高齢者世帯で312万6000円などとなっている。年次推移でみれば、全世帯では1994（平成6）年の664万2000円から100万円以上の減少

★**国民所得**
スミス（Smith, A.）は『国富論』（1776年）において、国民の富を規定するものが（狭義の）国民所得であるとし、その計測や変動の分析を行う経済学を確立した。

★**シェアエコノミー**
共有経済。モノやサービスを消費するのではなくシェア（共有）するという考え方にもとづいて展開する経済。カーシェアリングやシェアハウス（ルーム）など。リサイクル、リユースも広い意味でのシェアである。

★**幸福度**
ブータンでは「国民総幸福量（GNH）」として国内の幸福の量を測る取り組みを行っている。それは主観的な満足度や生活の充実度、つながり等の社会関係資本を含む国民の声を聞き取って算定したものとされる。

★**社会関係資本**
　（social capital）
経済的な豊かさ（資本）とは異なる人間同士のつながりや民主主義の深まりをあらわした概念。アメリカの政治学者パットナム（Putnum, R. D.）が提唱した。社会関係資本が豊かな地域は、市民同士やコミュニティのつながりが深く、地域組織やボランティアが盛んで、社会への信頼度が高いとされる。

となっている（**図1-1**）。

全世帯の平均所得金額（552万3000円）よりも低い世帯は全体の61.1％を占めており、所得金額の階級別世帯数の分布をみると、「100〜200万円未満」が12.6％、「200〜300万円未満」が13.6％、「300〜400万円未満」が12.8％を占め、多くなっている。

また、1世帯当たりの所得金額だけでなく、世帯人員1人当たりの所得金額をみることが重要である。世帯人員1人当たりの平均所得金額をみると、最も高い「50〜59歳」でも276万1000円であり、最も低い「70歳以上」では190万1000円となっている。

■2 貯蓄と負債の状況

Active Learning

所得や貯蓄（資産）の大きな格差があることについて、どうしたらよいか考えてみましょう。

総務省「家計調査報告」によれば、2019（令和元）年の2人以上の世帯における貯蓄現在高（平均値）は1755万円である。この平均金額（1755万円）は非常に高くみえるが、その平均を下回る世帯は全体の約3分の2を占めており、階級別の世帯分布では特に100万円未満の世帯が圧倒的に多くなっている（**図1-2**）。また、高齢者世帯の1世帯当たり貯蓄現在高（平均値）は2285万円となっている。

一方、負債を抱えている世帯の割合は全世帯の約4割（39.3％）となっている。負債を保有している世帯における負債の中身は、その約9割（90.9％）が住宅・土地のための負債（住宅ローン）となっており、住宅・土地以外の負債が6.3％、月賦・年賦が2.8％である。

図1-1　1世帯当たり平均所得金額の年次推移

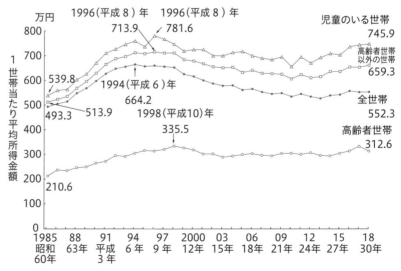

資料：厚生労働省「2019年 国民生活基礎調査の概況」p. 9, 2020.

図1-2　貯蓄額の階級別世帯分布（2人以上の世帯）

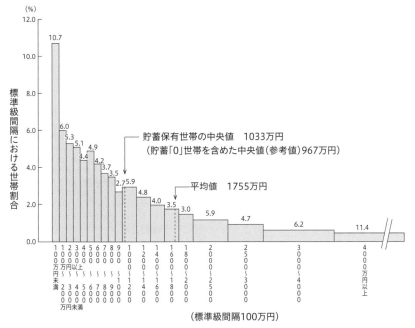

資料：総務省統計局「家計調査報告（貯蓄・負債編）2019年（令和元年）」2020.

　なお、金融広報中央委員会「家計の金融行動に関する世論調査（平成30年）」によると、金融資産を保有していない世帯（いわゆる「貯蓄ゼロ」の世帯）は、単身世帯の38.0％、2人以上世帯の23.6％であるとされている。

3　経済政策と社会保障の課題

1　グローバル経済と「持続可能性」

　自由貿易による国際競争の激化、金融経済の拡大や情報化などを通して、経済活動はますますグローバルな（地球規模の）市場に包摂されていく動きがある。ヒト、モノ、カネが国境を越えて移動し、それらの相互作用が深まるなかで、国内の経済もこのグローバル化の影響を受けずにはいられなくなっている。

　こうしたグローバル経済の動きには次のような特徴がある。一つは、金融取引の自由化、活発化が加速することで実体経済と乖離した金融経済（投機経済）が成長し、莫大な富が特定の企業や投資家に集中、偏在するようになったことである。二つ目に、IT（情報技術）企業が、AI（人工知能）、ビッグデータ分析、IoT（モノのインターネット化）といっ

★金融経済
お金とモノやサービスを交換する「実体経済」に対して、株式などの金融商品を売買して資産を運用するなど、モノを介さずにお金だけが動く経済活動のこと。投機経済とも呼ぶ。

た新たなテクノロジーを使った情報経済のインフラ整備と市場開拓を行いながら、世界経済に「第4次産業革命」をもたらしていることである。三つ目に、巨大な市場を抱え、かつ世界の工場となった中国やインドが世界経済に与える影響力が強まっていることである。

　現代の経済政策はこのグローバル経済の動きに応えるために、国際競争力を高め、多国籍企業を支える人材を育成し、資本の蓄積と投資が好循環をもたらすよう主導していかなければならない。貿易自由化などの経済協定を結び、アメリカや中国のような大国および資源を保有する国々との利害関係の調整に配慮し、それらのために国民の福祉が犠牲になることさえある。

　一方こうしたグローバル経済とは別に、地道にモノやサービスを取引して価値を生み出す地域の実体経済（以下、地域経済）があるとみることができる。地域経済の中心となるサービス産業は、地域住民の雇用と社会参加、そして人々の消費生活にも直結している。地域経済は人々の安心や信頼を提供するものでもあり、人の暮らしやコミュニティを支え、その持続可能性を高める重要な役割を果たしていると考えられている。

　だが日本の地域経済の基盤をみると、いわゆる「シャッター商店街」が増えたり、グローバル企業との競争に負けて地元企業が倒産したりするなど、地域経済の基盤を揺るがす動きがある。これらの問題は人口減少・人口流出による人手不足・後継者不足とも関連性が深い。地域の再開発によって建設業やサービス業の雇用が生まれても、非正規雇用ばかりが増えるという現実もある。

　グローバル経済とローカルな地域経済の動きをバランスよくみて、さらには環境保護や人権保護、社会の持続可能性に配慮した経済活動を支援していくことが、これからの経済政策の課題となる。

■2 経済・財政政策と「社会保障・税一体改革」

　グローバル経済の進展によって経済格差はいっそう拡大している。タックス・ヘイブン（租税回避地）を利用して課税を逃れて資産隠しをする富裕層や企業の存在も話題となってきた。しかし各国では、経済の国際競争力を高め、企業の資本蓄積を促進するために、金融緩和や自由貿易協定をはじめとする自由化および規制緩和を重視する経済政策を展開しつづけている。また民間投資によるイノベーション政策を進めることで、経済成長による税収の確保、雇用増による国民の福祉の増進が試みられている。

　たとえば、小泉内閣による構造改革（2001（平成 13）年〜）では、郵政事業や公共サービス等の民営化、規制緩和、地方分権化等が進められた。また安倍内閣（2012（平成 24）年〜）は、「金融政策・財政政策・民間投資」に力点を置いた経済政策（アベノミクス）を実施してきた。この経済・財政政策により、賃金および物価の上昇、個人消費の活発化による景気回復、そしてデフレと円高からの脱却が目標として取り組まれてきた。

　これらの経済・財政政策は、GDP の拡大、株価上昇、円安、失業率の低下といった経済効果をもたらしたとされている。だがその一方で、金融緩和は経済格差をもたらし、さらに公共部門を含む幅広い領域で規制緩和が行われたことで公共の福祉が失われ、人々の暮らしの隅々にまで影響を及ぼしている。

　さらに経済政策を実施するために大量の国債が発行されており、その結果、財政再建に向けて増税が必要になり、逆進性の高い**消費税の増税**[★]が行われてきた側面がある。

　この間、増税と社会保障政策はセットで議論されてきた。2011（平成 23）年に政府は「社会保障・税一体改革成案」を決定し、社会保障制度の維持存続のために消費税を増税していく方向性が示された。2012（平成 24）年に成立した社会保障制度改革推進法は、「安定した財源を確保しつつ受益と負担の均衡がとれた持続可能な社会保障制度の確立を図る」ことを目的とした。また社会保障の主要な財源に消費税を充てることを明記し、重点政策として「年金・医療・介護・少子化対策」の四つを掲げた。

　このように、社会保障・税一体改革は、「持続可能な社会保障」、すなわち社会保障制度の維持存続とそのための安定財源確保、および国家財政の再建を同時に達成することを目標にしている。グローバル経済の進展によって深まった経済格差を是正するためには**所得再分配**[★]が必要である。社会保障・税一体改革は増税による現行制度の維持に一定の効果をあげたものの、格差是正については課題を残しているとみることができる。

★消費税増税
消費税は、1989（平成元）年に税率 3 ％で導入され、1997（平成 9）年から 5 ％に、2014（平成 26）年から 8 ％に、また 2019（令和元）年 10 月から 10 ％に引き上げられてきた（軽減税率は 8 ％）。

★所得再分配
所得の高い者により多く課税し、低い者に社会保障給付をしていくこと。累進的な税率の所得税等を課して、富裕層から多くの税金を取り、社会保険、手当、公的扶助等の手段で低所得層に分配していくことを意味する。

◇**参考文献**
・内閣府「平成30年度国民経済計算年次推計」2019.
・P. クルーグマン・R. ウェルス，大山道広ほか訳『マクロ経済学　第 2 版』東洋経済新報社，2019.
・森信茂樹『デジタル経済と税──AI 時代の富をめぐる攻防』日本経済新聞出版社，2019.
・森信茂樹・佐藤主光ほか編著『税と社会保障でニッポンをどう再生するか』日本実業出版社，2016.

労働環境の変化

● 労働力と失業、非正規雇用の状況等の労働環境の変化について理解する
● 雇用・労働の変化がもたらす影響について学ぶ
● 雇用・労働政策と社会保障の課題について考える

1 雇用・労働の動向

1 労働力の状況

　総務省「労働力調査」（2019（令和元）年）によれば、労働力人口は6886万人であり、前年よりも増加している。一方、非労働力人口は4197万人であり、前年よりも減少した。労働力人口のうち就業者数は6724万人で、2年連続して増加し、過去最多となっている。なお、就業者に占める雇用者（被用者）の割合は89.3％である。

　就労している者の割合を表す就業率（15歳以上人口に占める就業者の割合）は60.6％で、7年連続で上昇している。また、労働力率（15歳以上65歳未満人口に占める就業者の割合）は77.7％である。いずれも国際的にみて比較的高いほうであり、日本人の労働意欲が高く就労自立を達成していると評価することもできるし、失業や低所得に備えた所得保障が十分でないため働かざるを得ないことの結果とみることもできよう。

　男女別でみると、女性の就業率は男性よりも低くなっている。日本では今まで「男性稼ぎ手モデル世帯」が多くみられ、結婚・出産に伴って離職する女性が数多く存在してきた。そのため20歳代後半から40歳代の女性で就業率が落ち込む傾向が目立ってきた。

　図1-3は、女性の年齢階級別労働力率の40年間の推移であり、かつては20歳代半ばから離職する女性が多かったことがわかる。その後、晩婚・非婚化、共働きの増加、育児休業制度の整備等によってこの傾向は改善され、離職する女性の年齢層が高まるとともに、生涯にわたって就労しつづける女性も増えた。これをグラフにすると、いわゆるM字から台形へとカーブが変化している。しかし後述のとおり就労する女性

Active Learning

日本で結婚や出産に伴って離職する女性が多いさまざまな背景・理由について考えてみましょう。

図1-3 女性の年齢階級別労働力率の40年間の推移（1978・1998・2018年の比較）

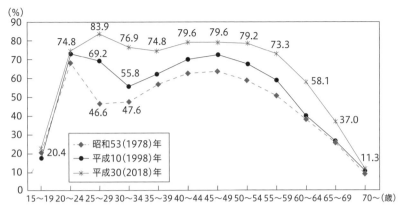

出典：内閣府男女共同参画局『令和元年版 男女共同参画白書』p.106, 2019.

の多くが非正規雇用であることも日本の特徴である。

　一方、高齢者の就業率をみると、65歳以上の就業率は24.9％（65～69歳が48.4％、70～74歳が32.2％）であり、2009（平成21）年の同19.6％（同36.2％、同21.8％）から上昇している。定年および厚生年金支給開始年齢の引き上げ、高齢者の就業促進策による高齢者雇用の拡大などが背景にあると考えられる。

2 失業の状況

　総務省「労働力調査」（2019（令和元）年）によれば、完全失業者数は162万人であり、10年連続して減少している。完全失業率は、

表1-1 用語の定義

生産年齢人口	15歳以上65歳未満の人口。
労働力人口	15歳以上の人口のうち、「就業者」と「完全失業者」を合わせたもの。労働する意思と能力をもつ人口であり、65歳以上も含まれる。
非労働力人口	15歳以上の人口のうち、「就業者」と「完全失業者」以外の者。具体的には、学生、専業主婦、就業していない高齢者などが含まれる。
就業者	「従業者」（働いている者）と「休業者」（休業している者）を合わせたもの。
就業率	15歳以上の人口に占める「就業者」の割合。
雇用者	被用者の意味で用いられる。雇われて就労している者のこと。
完全失業者	次の三つの条件を満たす者。①仕事がなくて仕事をしていない（就業者ではない）、②仕事があればすぐ就くことができる、③仕事を探す活動や事業を始める準備をしている。
完全失業率	労働力人口に占める完全失業者の割合。

2019（令和元）年平均で 2.4％であり、2010（平成 22）年の 5.1％から下降しつづけている。また 15 ～ 24 歳の年齢層および 25 ～ 34 歳の年齢層（若年層等）の完全失業率についてみても、若年層等の失業率に大幅な改善がみられることがわかる（**図 1-4**）。

　なお、若年無業者（15 ～ 34 歳の非労働力人口のうち家事も通学もしていない者）の数は 56 万人、35 ～ 44 歳の無業者数は 39 万人となっている。

図1-4　完全失業率の推移（若年層等の動向）

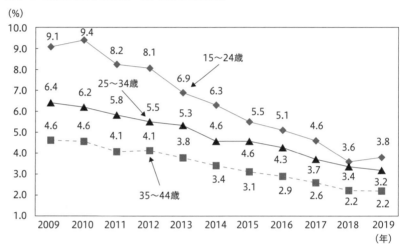

資料：総務省統計局「労働力調査（基本集計）2019年（令和元年）平均（速報）結果の要約」p.16, 2020.

3 正規雇用と非正規雇用の状況

　雇用形態別の就業者数をみると、正規の職員・従業員数は 3503 万人で、5 年連続の増加となっている。一方、非正規の職員・従業員数は 2165 万人で、こちらも 6 年連続の増加となっている。役員を除く雇用者に占める非正規の職員・従業員の割合は 38.2％で、昨年度より 0.4％上昇した。

　男女別でみると、非正規雇用労働者は男性より女性のほうが圧倒的に多い。非正規雇用労働者全体の約 4 割（約 800 万人）が「世帯主の配偶者」（その多くがいわゆる専業主婦）となっている。

　年齢別でみると、中高年層の割合が高まっており、とくに 55 ～ 64 歳の 46.6％、65 歳以上の 77.3％が非正規雇用労働者となっている。定年退職から年金支給開始年齢まで非正規雇用で収入をつなぐケースだけでなく、年金受給後も就労収入を必要とする高齢者が多いことを表している（**図 1-5**）。

図1-5　年齢階級別非正規の職員・従業員の割合の推移

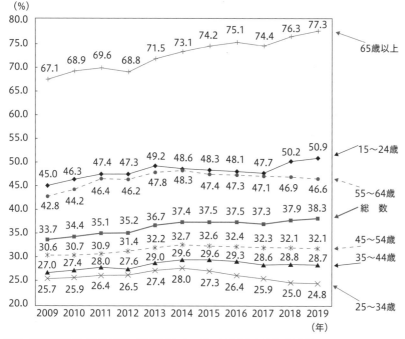

資料：総務省統計局「労働力調査（詳細集計）2019年（令和元年）平均（速報）」p.2, 2020.

2 雇用・労働の変化がもたらす影響

1 サービス業の拡大と雇用の流動化

　現代の日本経済はサービス産業（第3次産業）が主流となっている。サービス産業の発展は、農林漁業や製造業（工業経済）の縮小にあわせてもたらされ（「脱工業化」と呼ぶ）、これに伴い雇用の流動化（フレキシブル化）が進み、雇用形態が多様化してきた。日本では特に終身雇用や年功賃金といった「日本的雇用システム」が見直され、代わりに短期間・短時間等の有期（契約）雇用を増やすことで、雇い主がいつでも解雇や契約解除ができるように変更されてきた。

　さらにこの流れは派遣労働を増加させ、その結果、派遣契約を解除される「派遣切り」や、労働契約が満了しても更新しない「雇止め」が社会問題となってきた。

　さらに労働契約ではなく請負契約を結んで仕事を外注する（下請けさせる）「請負」が拡大している。（個人）請負労働者は社員ではなく独立した個人事業主（フリーランス）であるため、企業は人件費を抑え、

★サービス産業（第3次産業）
販売業、飲食業、技術職など、人に対してサービスを提供する産業。ソーシャルワーカーや医療・介護専門職など、医療・福祉の仕事もサービス産業である。

★雇止め
雇止めに対して、労働契約が通算5年を超える労働者については申し出によって無期労働契約に転換できるルールが2012（平成24）年から導入された。だが、実際にはそれを逆手に5年で雇止めにするケースが一般化している。

かつ社会保険加入などの雇用責任を逃れることができる。また、請負会社に雇われて働く請負労働者が、業務発注者から直接指揮命令を受け、社員のように働かされる「偽装請負」が社会問題となっている。請負労働者は請負会社との契約で報酬をもらうので、業務発注者から指揮命令を受ける立場にない。しかし、業務発注者は派遣労働者よりも安価に済む請負労働者を使用したがるのである。

請負労働はホームヘルプサービスやデイサービスの送迎業務など福祉・介護の現場でも普及している。こうした請負労働を含む「ギグワーク（単発労働）*」と呼ばれる雇用によらない働き方が拡大するなかで、従来の社会保障の方法が多くの労働者に適用できなくなっている。

2 ワーキングプアの諸問題

非正規雇用（アルバイト、パート、派遣、嘱託等）や請負労働の拡大に併せて、低賃金・不安定就労、低報酬を強いられる労働者が増えている。労働契約によらず、最低賃金法の適用も受けない働き方をする（個人）請負労働者の増加はその究極の姿である。こうした働き方をする人々は、就労しているにもかかわらず安定した収入を得られる保証はなく、貧困な状態に置かれているため「ワーキングプア（Working Poor）*」と呼ばれている。

近年日本では、完全失業率が改善されているものの、代わりにワーキングプアが増加している。このことは非正規雇用や請負労働が失業者の受け皿となってきたことを意味している。また労働基準法や労働契約法をはじめとする労働法が規制緩和されるのに伴ってワーキングプアが増加した事実もある。その意味でワーキングプアは政策的につくられたということである。

ワーキングプアの増加は社会経済および社会保障に多大な影響を与えている。たとえば低所得・不安定就労であれば長期の人生プランを立てにくいため、能力の向上や仕事のステップアップを望めず、家族形成も難しくなる。消費生活にも消極的になり、そのことがデフレ経済を招き、政府は税収を見込めなくなる。

また日本の社会保険は正規雇用労働者（男性）の加入を前提に制度化されてきた歴史があるため、非正規雇用労働者の加入枠が広げられているものの、無保険・無年金に陥る者が今後増加していく可能性がある。

3 雇用・労働政策と社会保障の課題

1 ワークフェア政策の展開

　日本の雇用・労働政策は長らく「完全雇用」を前提とし、それを補強するように日本的雇用システムと男性稼ぎ手モデルが維持されてきた。しかし 1990 年代以降は産業構造の転換やグローバル化といった変化を受けて雇用の流動化が進み、また増加した失業者を減らすため多様な就労促進策が導入されてきた。

　就労を促進する政策を一般的に「ワークフェア[★]」と呼ぶ。失業者が急増した時代（直近の日本では 1990 年代から 2000 年代まで）に、政府は経済不況を背景に雇用を減らした企業に対して雇用創出を促し、また失業者に対して再就職を支援しようと試みてきた。

　具体的に、雇用創出についていえば、労働者派遣事業の適正な運営の確保及び派遣労働者の保護等に関する法律（労働者派遣法：1985（昭和 60）年）、短時間労働者の雇用管理の改善等に関する法律（パートタイム労働法：1993（平成 5）年）、労働契約法（2007（平成 19）年）の制定・改正等によって非正規雇用枠の拡大を図り、企業が人を雇いやすくなるよう促してきた。非正規雇用（アルバイト、パート、派遣、嘱託等）や請負といった働き方は、こうした政府の労働規制の緩和によって導かれたとみることもできる。

　一方、失業者に再就職を促す政策としては、ハローワーク等を通した相談支援や職業訓練プログラムによる再就職支援、および雇用保険の教育訓練給付のような就労支援が実施されてきた。これらを「積極的労働市場政策[★]」と呼ぶこともある。

　不況が長く続いた平成時代は就職が極めて困難な「就職氷河期」と呼ばれ、多くの「フリーター[★]」および新卒無業者を生んだ。フリーターは一時期 200 万人を超え、社会問題となった。また彼らの一部は「ニート[★]」と呼ばれ、就労意欲や能力が低い若者として自己責任化された。フリーターとニートに対するワークフェア政策として多様な若年者雇用対策が実施されてきたが、現在 40 歳代に突入した「就職氷河期世代」には今なお非正規雇用労働者が多く、社会保険に加入できず公的扶助からも排除されやすいため、ワーキングプアの状態に陥ることがある。

★ ワークフェア（workfare）
労働（work）と福祉（welfare）の合成語であり、社会保障や公的扶助が就労による自立や社会参加を促進すること、あるいは就労に向けて努力すること（就労の意志や求職活動）を給付の要件にすることを意味する。

★ 積極的労働市場政策（Active Labour Market Policy）
失業者に手当等の現金給付を行う政策（消極的労働市場政策）に対して、ハローワークでの就職相談、職業訓練と資格取得促進等によって、失業者を早めに再就職につなげようとする就労支援策のこと（OECD による）。

★ フリーター
厚生労働省等の定義では、15 歳から 34 歳までの若年者（学生と主婦を除く）で、アルバイトやパートを職としている者、およびそれらの職を求めている者を意味している。日本の造語であり、一般的に使われるフリーターという言葉では年齢や身分の区分はしない。

★ ニート（NEET）
教育や職業訓練を受けておらず、就労も求職もしていない者（Not in Employment, Education or Training）と定義される。イギリスでつくられた造語。日本の厚生労働省の定義では、15 〜 34 歳の未婚者、という条件が加わる。フリーターは働く意思があるためニートには含まない。

2 障害者・女性に対する雇用政策

　障害者、女性、高齢者の社会参加に関する議論の高まりに伴い、これらの人々に対する就労促進・就労支援も拡充されてきた。

　日本の障害者雇用政策は、ノーマライゼーション理念の広がりや障害者運動を背景に早くから展開されてきた。1960（昭和35）年に制定された障害者の雇用の促進等に関する法律（障害者雇用促進法）は障害者雇用率（法定雇用率）制度を軸に障害者雇用を促してきた。また2013（平成25）年の同法改正で、障害を理由とする差別禁止原則、および事業主による合理的配慮の提供義務が導入された。

　女性に対する雇用政策は、1972（昭和47）年に制定された雇用の分野における男女の均等な機会及び待遇の確保等に関する法律（男女雇用機会均等法）を中心に進められてきた。同法は、職場での性差別を禁止する法律で、求人募集、配置、昇進、福利厚生、解雇などの条件や待遇における男女の均等な取り扱いを定めている。その後の法改正では、妊娠・出産・産休の取得等を理由とした不利益取り扱いの禁止、さらにはセクシュアル・ハラスメント（性的いやがらせ）防止の義務などが追加された。

　結婚・出産・介護を理由とする離職者を減らすために、育児休業、介護休業等育児又は家族介護を行う労働者の福祉に関する法律（育児・介護休業法：1991（平成3）年）の制定および雇用保険法による育児休業・介護休業給付の整備がなされてきた。特に日本では、結婚・出産に伴って離職する（せざるを得ない）女性が多かったが、これらの制度により一定の改善が図られてきた。

　障害者や女性の雇用政策で見落とされてきたこととして、賃金（所得）の問題が挙げられる。障害者や女性においては非正規雇用（あるいは社会的就労）が多く、十分な所得が保障されていない。就労しているにもかかわらず社会保険から排除され、また就労しているゆえに公的扶助から排除されるという現実がある。

3 ワークライフバランスと働き方改革

　正規雇用労働者の就労については、日本では特に長時間労働に起因する精神疾患、生活習慣病、過労死などが問題とされている。また少子化対策の議論のなかからも、子どもを産み育てやすい環境の整備が重視されるようになった。そこで「ワークライフバランス」の理念が注目されている。

　ワークライフバランスは「仕事と生活の調和」と訳されており、「仕事」と「仕事以外の生活」（休養、趣味、育児、介護、学習、地域活動等）との調和をとり、その両方を充実させる働き方・生き方を意味している。日本の取り組みとしては、「仕事と生活の調和（ワークライフバランス）憲章」（2007（平成19）年）と「仕事と生活の調和のための行動指針」（2010（平成22）年）が策定されている。

　2018（平成30）年に制定された働き方改革を推進するための関係法律の整備に関する法律（働き方改革関連法）では、長時間労働の是正、多様で柔軟な働き方の実現、雇用形態にかかわらない公正な待遇の確保等のための対策が掲げられている。こうした取り組みによって、「ディーセント・ワーク★」およびワークライフバランスの確保、そして非正規雇用労働者の処遇改善等が期待されている。

　ワークライフバランスの推進を含む「働き方改革」は、人口減少に応じて労働力人口の確保を図るとともに、産業構造の転換に対応する流動的な雇用（非正規雇用等）の拡大を促す側面をもつ。そこで、若者、女性、障害者、高齢者が結果的に非正規雇用に吸収され、低賃金で不安定な労働者となる現実がある。こうした意味で、現代の雇用・労働政策は労働者を人的資本として捉え、経済活動への参加、貢献を促すワークフェア政策としての性格を強くもっている。

　一方で、雇用・労働政策が「多様で柔軟な働き方」を保障しようとしていることは、就労困難者を含むさまざまな人々の意思を尊重した幅広い「労働」を保障しようとしている側面もある。そうであればその労働には、労働契約にもとづいて賃金を要求する一般就労に限らず、社会的就労（中間的就労）、あるいは参加、作業、訓練などに力点を置いた「活動」が含まれる必要があるだろう。

　こうした「活動」への参加を促す政策を「アクティベーション」と呼ぶことがある。社会的就労や地域活動というアクティベーションも含めた働き方の保障を視野に、労働政策を議論していく必要があるだろう。ただ、非正規雇用およびアクティベーションを含む多様な働き方は、必ずしも十分な賃金（所得）を保障できていないので、そのような働き方をする人々のための所得保障をどうするかが社会保障の課題となる。さらには、ワークライフバランスの推進によって勤務時間・日数が減った

★ディーセント・ワーク（decent work）
適正な仕事＝「働きがいのある人間らしい仕事」と訳される。1999年のILO（国際労働機関）総会の事務局長報告で提唱された考え方で、今日ではILOの目標と位置づけられている理念の一つである。

---

i　憲章と行動指針の具体的な内容は、ワークライフバランスが実現した社会として、①就労による経済的自立が可能な社会、②健康で豊かな生活のための時間が確保できる社会、③多様な働き方・生き方が選択できる社会、が掲げられている。

ことで収入減となり、生活困難に陥る労働者も現れる。雇用・労働政策がさまざまな展開をみせるなかで、それらの不備を社会保障でどのように補うべきかが問われている。

◇参考文献
・濱口桂一郎編著『福祉と労働・雇用』ミネルヴァ書房，2013.
・武川正吾編『シリーズ福祉社会学１：公共性の福祉社会学』東京大学出版会，2013.
・仁平典宏・山下順子編『労働再審５ ──ケア・協働・アンペイドワーク』大月書店，2011.
・小熊英二『日本社会のしくみ──雇用・教育・福祉の歴史社会学』講談社，2019.

第2章

社会保障の概念や
対象およびその理念

　現代社会における社会保障制度は、その種類も多く、複雑化している。また、社会の状況の変化に応じて頻繁に制度改革が行われる。複雑化した制度の仕組みをしっかり把握し、新しい改革の内容を知ることは重要であるが、制度の細部や目まぐるしい変化にばかり気を取られていると、社会保障の本質を見失い、全体像が把握できなくなるおそれがある。社会保障の具体的な制度や、政策上の課題を学ぶ前に、社会保障の基本的な考え方や歴史的な成り立ちについて理解を深めることが重要である。このような考え方のもとで、この章では、社会保障の概念と範囲、社会保障の役割と意義、社会保障の理念、社会保障の対象、そして社会保障の歴史的な展開について解説する。

社会保障の概念と範囲

学習のポイント

● 社会保障の定義についての説明をよく読み、社会保障の定義を理解する
● 社会保障制度の分類について学び、主な制度がどこに分類されるかを確認する
● 社会保険と公的扶助と社会手当のそれぞれの特徴・性格を把握する

1 ▷ 社会保障制度審議会の社会保障概念と 社会保障の定義の多様性

　今日の日本では、社会保障という概念は、社会保険（年金、医療保険、介護保険、雇用保険、労災保険）、生活保護、児童手当、社会福祉などの諸制度を指すものとして理解されることが多い。社会保障のこのような理解の出発点になったのは、**社会保障制度審議会**★による 1950（昭和25）年の「社会保障制度に関する勧告」（**1950 年勧告**と呼ばれる）における次のような社会保障制度の定義である。

★**社会保障制度審議会**
社会保障審議会設置法（1948（昭和 23）年）に基づいて内閣総理大臣の諮問機関として設置された。中央省庁再編に伴い 2001（平成 13）年に廃止された。

これまで関心をもったことがある社会保障制度をいくつか思い浮かべ、それぞれが、本章の社会保障の定義に当てはまることを確認するとともに、制度の分類でどの種類に当てはまるか考えてみましょう。

> 「いわゆる社会保障制度とは、疾病、負傷、分娩、廃疾、死亡、老齢、失業、多子その他困窮の原因に対し、保険的方法又は直接公の負担において経済保障の途を講じ、生活困窮に陥った者に対しては、国家扶助によって最低限度の生活を保障するとともに、公衆衛生及び社会福祉の向上を図り、もってすべての国民が文化的社会の成員たるに値する生活を営むことができるようにすることをいうのである。」

　この勧告は、戦災からの復興が進みつつあるなかで、社会保障制度の体系的な整備に向けての基本的な考え方と具体的な制度設計案を示したものであり、重要な歴史的意義をもつものである。このこともあって、この社会保障の定義はその後も、日本における社会保障の定義として使われることが多かった。

　ただ、日本には、社会保障制度全体を扱う統一的な法律が存在しないこともあり、この定義が社会保障の公的な定義として確立しているわけではない。国内外の社会保障の教科書をみると、**社会保障概念の定義**が、国により、時代により、また論者により異なり、多様性があることが明

記されることが多い。たとえば、あるベルギーの社会保障学者は、「社会保障の概念は、世界中で、ときにはきわめて多様に解釈されている。論者はそれぞれ、ともかくも自分自身の定義をもっているのである」と述べている。[1]

2 社会保障の範囲

　しかし、このことは、社会保障の理解の仕方が人によってバラバラで、共通の理解が成り立たないということを意味しない。社会保障の基本的な考え方や本質的な要素については共通の理解が成り立っている一方で、いくつかの点については違いが大きいということである。特に違いが大きいのは、**社会保障の範囲**、すなわちどのような制度を社会保障の制度体系のなかに含めるかという点である。

　イギリスでは、社会保障（social security）とは、所得保障にかかわる諸制度を指すものとして理解されている。アメリカは、1935 年に世界で初めて社会保障という名称を含む法律として社会保障法を制定し、そこには、社会保険制度、公的扶助制度、社会福祉サービスに関する規定が含まれていた。しかし、アメリカでは社会保障というと、社会保険制度、特に年金保険制度を指すものとして理解されるのが普通である。一方、ILO（国際労働機関[*]）では、社会保障の範囲をこのようなイギリスやアメリカでの一般的な理解より広くとらえている。ILO の社会保障にかかわる条約や勧告では、年金保険、労災保険、医療保険、失業保険、家族手当（児童手当）などが採り上げられている。

★ILO（国際労働機関）
第 4 章 第 2 節「1 社会保険と社会扶助の概念」参照。

3 本章での社会保障概念の定義

　さて、ここで日本の社会保障制度の現在の状況に即して社会保障の概念をどのように定義するかを考えると、出発点となるのは、「1 社会保障制度審議会の社会保障概念と社会保障の定義の多様性」で引用した社会保障制度審議会の 1950 年勧告の定義である。しかし、この勧告が提出されてから今日までの間に、社会保障にかかわる多くの制度が創設され、社会保障に期待される役割も多様化してきた。また多くの研究者が、それぞれの理論的立場に沿って、独自の社会保障の定義を示してき

た。このような点を考慮することは重要であるが、本書の性格上、特定の理論的立場に立つ厳密な定義を行うよりは、日本の社会保障の現在の状況を理解するのに有益であって、さまざまな理論的立場とも両立し得るゆるやかな定義が適当と考えられる。このような考え方に基づいて、ここでは、本書の前身である『新・社会福祉士養成講座⑫　社会保障』で示された定義に、若干の修正を加えたうえで、次のとおり社会保障を定義する。

> 「広く国民を対象にして、個人の責任や自助努力では対応し難い社会的リスクに対し、公的な仕組みを通じて給付を行うことにより、健やかで安心できる生活を保障すること」

　この定義について、いくつか補足的に説明しておく。

　「広く国民を対象にして」とは、国民全体が対象（適用範囲）になっていない制度は、社会保障とはいえないという意味ではない。歴史的にみれば、社会保険制度は、特定の産業や職業などの雇用労働者（被用者）を対象にしてスタートした場合が多く、次第に広く国民全体を対象とする方向で、対象を拡大してきた（第4節「2　人的適用範囲」参照）。また、取り扱う社会的リスクの性質に応じて、制度の対象が限定されることもある。現代でも、労働保険と呼ばれる雇用保険制度や労災保険制度は、もっぱら雇用労働者を対象としている。また、この定義における「国民」は、（日本の制度であれば日本国の）国籍を有する者を主に想定しているが、一定の基準を満たす外国人を含む場合もある（第4節「2　人的適用範囲」参照）。

　次に社会保障が対応する「社会的リスク」に、「個人の責任や自助努力では対応し難い」と認められたものという限定を設けている。このことで、この「社会的リスク」に具体的に何を含むかは、国や時代によっても違ってくるのであり、詳しく第4節「2　人的適用範囲」で説明するが、ここでは、さしあたり病気、障害、高齢、失業、子育てなどを想定しておく。なお、第4章では、より理論的に厳密に、社会保障制度のなかでも社会保険で対応するものは「リスク」であり、社会扶助で対応する「必要」（needs）であると区別しているが、ここでは、社会保険・社会扶助のどちらの方式をとるかを問わず、社会保障による対応の対象となるものを、「個人の責任や自助努力では対応し難い社会的リスク」と捉えておく。

さて、「公的な仕組みを通じて」という点であるが、これは、まず社会保障制度が、法律に基づいて創設され、実施されるものであることを示している。しかし、必ずしも国・地方自治体（中央政府・地方政府）が実施主体（社会保険の場合であれば保険者）になるとは限らず、その他の公共団体（今日の日本でいえば、全国健康保険協会や健康保険組合など（第5章第1節参照））の場合もある。

「給付を行う」という点に関しては、「給付」に、**現金給付**だけでなく、**現物給付**（物品の支給あるいはサービスの提供）も含まれることを確認しておきたい。

「健やかで安心できる生活を保障すること」というのは、社会保障の目的を示すものであるが、かなり幅広い内容を指し示す表現になっている。これは、今日の先進諸国において社会保障の制度体系が高度に発達し複雑化しており、社会保障に期待される役割も多様化している（第2節「1　個人の人生と社会保障の役割」参照）ことの反映である。

4　社会保障制度の体系と制度の種類

社会保障制度にはさまざまな種類のものがあり、それらは、「健やかで安心できる生活を保障すること」という共通の目的のもとで、一つの体系を成している。制度の種類の分け方には、①保障の方法に着目した分類と、②制度の目的に着目した分類がある。**表2-1**には、①と②それぞれについて、日本の現行の社会保障制度を前提にして標準的な分類方法と、それぞれの種類の主な制度を挙げた。

1　保障の方法に着目した分類

社会保険とは、社会保障の目的に即して、保険の技術を用いて財源調達と給付を行う仕組みであり、多くの先進諸国は、医療保険、年金保険、労災保険、雇用保険（失業保険）の各制度を有しており、ドイツと日本等では、さらに介護保険が実施されている。社会保険は、保険の技術を用いるという点で、生命保険、損害保険などの民間保険と共通性があるが、重要な相違点もある（第4章参照）。

公的扶助は、生活困窮者を対象として、保険の技術を用いずに給付を行う仕組みであり、日本の場合、生活保護制度が、その中心的な制度となっている。生活困窮者自立支援制度（第5章第5節「3　生活困窮

表2-1 社会保障制度の分類

①保障の方法に着目した分類	
制度の種類	主な制度
社会保険	医療保険、介護保険、年金保険、労災保険、雇用保険
公的扶助	生活保護、生活困窮者自立支援制度
社会手当	児童手当、児童扶養手当、特別障害者手当、特別児童扶養手当
社会福祉	障害者福祉、児童家庭福祉、高齢者福祉にかかわる諸制度
②制度の目的に着目した分類	
制度の種類	主な制度
所得保障	年金保険、労災保険（休業補償給付、傷病補償給付等）、雇用保険、社会手当の諸制度、生活保護
医療保障 （健康保障）	医療保険、労災保険（療養補償給付等）
介護保障	介護保険
社会福祉 （福祉サービス保障）	障害者福祉、児童家庭福祉、高齢者福祉にかかわる諸制度、生活困窮者自立支援制度

資料：筆者作成

者自立支援法」参照）は、現物給付が中心の制度であるが、生活困窮者を対象とするという点に着目すれば、公的扶助に分類される。

　社会手当とは、特別な出費が必要となる状況（たとえば子育てや重度の障害）や、収入を得るうえでの不利につながる状況（たとえばひとり親世帯）に直面しているなど、特定の条件を満たす人々を対象に現金給付を行う制度である。英語圏では、カテゴリー別給付（categorical benefit）と呼ばれることもある。

　社会福祉とは、社会保険、公的扶助、社会手当では適切に対応できない個別的な生活支援のニーズがある場合に行われる給付であり、現物給付が中心である。第5章第7節でみるように、具体的な制度としては多種多様なものがある。

　さて、社会保険と公的扶助と社会手当のそれぞれの特徴・性格については、表2-2に示すように、その財源とミーンズテスト*の有無に着目して比較すると理解しやすい。

　社会保険の財源は、保険料が基本である。しかし、制度の安定的な運営と、加入者（被保険者）の負担軽減という観点から、公費負担が入る、つまり費用の一部を国や自治体が負担する仕組みになっている場合もあ

★ミーンズテスト
（means test）
受給資格に関して、資産保有額または所得額の基準が設けられていて、給付の申請の際に、資産または所得に関する審査が行われることを指す。「資力調査」または「資産調査」と訳されることもあるが、第4章第1節1「保険と扶助の概念」では、所得の審査のみがある場合を「所得調査」、資産の審査もある場合を「資力調査」として区別している。

表2-2 社会保険、公的扶助、社会手当の違い

	社会保険	公的扶助	社会手当
財源	保険料（＋公費）	公費	主に公費
ミーンズテスト（資力調査）の有無	無	有	無、または緩やかなミーンズテスト有り

資料：著者作成

る（第3章参照）。給付については、保険料の負担を前提として、権利として給付が受けられる仕組みになっており、受給にあたってミーンズテストを受けることが求められることはない。

公的扶助の場合、給付の対象が生活困窮者に限定されることから、受給にあたってミーンズテストを受けることが求められる。その場合、一般的に、日本の生活保護制度のように、所得ばかりでなく資産を含めて厳格な基準での調査が行われる。

社会手当の場合、財源は、主に公費であるが、日本の児童手当の場合の事業主の拠出金（子ども・子育て搬出金）のように、ほかの方法により費用負担が行われることもある。ミーンズテストについては、それが課される場合と、課されない場合がある。ミーンズテストが課される場合でも、資産は調査の対象とせず、所得についての基準も公的扶助に比べると緩やかになる傾向がみられる。

なお、財源に着目すると、公的扶助、社会手当、社会福祉の間には、公費が基本になっているという点で共通性がある。そこで社会保険料による財源調達を基本とする社会保険に対して、公的扶助、社会手当、社会福祉を一括して社会扶助として理論的にとらえるという考え方もある（詳しくは、第4章第1節「1 保険と扶助の概念」参照）。

▌2 保障の目的に着目した分類

保障の目的に着目すると、社会保障の諸制度は、所得保障、医療保障、介護保障、社会福祉の4種類に分類される。論理的に考えれば、医療保障、社会福祉というより、「健康保障」「福祉サービス保障」という用語を用いたほうが明解だろうが、慣例に従って、「医療保障」「社会福祉」という用語を用いている。

---

i ここでいう社会扶助は、理論的な概念であるが、ドイツでは、日本の生活保護に対応する制度の名称が「社会扶助」である。そのような事情もあって、ヨーロッパでは、本書で言う公的扶助のことを指して「社会扶助」と言う場合がある。

所得保障とは、失業、疾病、障害、高齢、子育て等の社会的リスクの発生による所得の喪失・減少、あるいは特別な出費（家計支出の増加）の必要が生じた場合に、現金給付を行うことで最低限の生活水準を保障すること、あるいは、そのようなリスクの発生に伴う生活水準の低下を防ぐことを図ることを意味する。

　医療保障とは、疾病・傷害の治療や健康の維持・回復のために、適切な保健・医療サービスが公平に受けられる機会を保障することを指す。

　介護保障とは、介護を必要とする状態になった高齢者等に対して、適切な介護サービスが公平に受けられる機会を保障することを指す。

　社会福祉とは、障害者福祉、児童家庭福祉、高齢者福祉等にかかわる適切な福祉サービスを公平に受けられる機会を保障することを指す。

　それぞれについての主要な制度は、**表 2-1** に示したとおりである。労災保険と医療保険については、その制度のなかに目的が異なる給付が含まれているので、給付ごとに違った種類に分類されることになる。

◇引用文献
　1）D. ピーテルス，河野正輝監訳『社会保障の基本原則』法律文化社，p.7，2011.
　2）社会福祉士養成講座編集委員会編『新・社会福祉士養成講座⑫社会保障 第6版』中央法規出版，p.12，2019.

◇参考文献
　・土田武史編著『社会保障論』成文堂，2015.
　・菊池馨実『社会保障法 第2版』有斐閣，2018.
　・横山和彦『社会保障論』有斐閣，1978.

第2節　社会保障の役割と意義

学習のポイント

● 個人の人生において社会保障に期待される役割について学ぶ
● 社会保障の意義について、種々の学問分野で論じられてきたことの要点を学ぶ

　本節では、社会保障の役割と意義についてこれまで行われてきた多様な議論の共通項に注目しつつ、個人の人生において社会保障がどのような役割を果たすことが期待されているのかという点と、そのような役割を果たす社会保障の社会的意義がどのようなものであるのかという点について考えてみたい。

1　個人の人生と社会保障の役割

1　救貧と防貧

　救貧と防貧は、伝統的に社会保障の役割として重視されてきた。救貧を現代福祉国家の状況に即して定義すれば、貧困の状態にある人々に、その状態を脱却するのに必要な生活費を支給することである。これに対して防貧とは、貧困の状態に陥ることを事前に防止することを意味する。

　保障の方法による制度分類との関連をみると、救貧の役割を主に果たすのは公的扶助であり、防貧の役割を主に担うのは社会保険と社会手当である。社会福祉については、救貧の役割、あるいは防貧の役割が期待されていた時期もあったが、今日では、社会福祉は、経済状態（所得水準）とかかわりなく福祉ニーズを有する人々に必要なサービスを提供するものであるという「普遍的福祉」の考え方が浸透しており、救貧・防貧は、社会福祉の主要な役割とみなされていない。

2　所得維持とリスク分散

　人は、失業、疾病・傷害、障害、高齢等の社会的リスクに直面したとき、預貯金の活用や家族・親族の相互扶助などによって、ただちに貧困に陥ることを自力で回避できたとしても、経済生活や職業生活の不安定化は、健康の不調や家族関係の悪化、子どもの進学機会の制約などの新たな問

題を引き起こしがちである。そのようなことから、所得保障制度においては、最低限の生活を保障するばかりでなく、リスクが発生する前（たとえば、失業前や定年退職前）の所得の水準を維持することを目指す制度設計を取ることがある。その際には、保険のもつリスク分散機能が利用される。

3 セーフティネットの提供

日本において、社会保障の果たす役割との関連で、「セーフティネット」の概念が注目されるようになったのは、2000年代後半以降に「第2のセーフティネット」の整備の必要性が論じられるようになったことがきっかけである。この「第2のセーフティネット」は、「第1のセーフティネット」である社会保険制度と、「第3のセーフティネット」である生活保護制度の中間に位置するものとして捉えられている。この「第2のセーフティネット」の整備の必要が論じられるようになった背景には、非正規雇用が拡大していくなかで、正規雇用労働者を中心に組み立てられてきた雇用保険制度などの社会保険制度が、防貧機能を有効に果たせなくなってきたという事情がある。

このような状況のなかで、「第2のセーフティネット」にあたる施策として、2011（平成23）年には、「第1のセーフティネット」からこぼれ落ちた失業者への職業訓練や生活支援を提供する求職者支援制度が導入された。さらには、生活保護制度の受給者の増加、とりわけ稼働年齢層の受給者の増加傾向が続くなかで、生活困窮者自立支援制度が2015（平成27）年から実施された（第5章第5節「3　生活困窮者自立支援法」参照）。

一方、ほかの先進諸国の状況をみると、「第1のセーフティネット」である社会保険制度と、「第3のセーフティネット」である公的扶助制度の中間の位置を占める諸制度としては、児童手当や住宅手当などの社会手当制度が重要な役割を果たしていることが少なくない。このことを踏まえ、雇用労働の分野と社会保障の分野にまたがる体系的な「セーフティネット」整備の構想を提示したのが、埋橋孝文らの「4層のセーフティネット」のモデルである[1]（図2-1）。このモデルの《第2層》は前述の「第1のセーフティネット」に、《第3層》は「第2のセーフティネット」に、《第4層》は「第3のセーフティネット」にほぼ対応している。しかし、このモデルと「第1のセーフティネット」〜「第3のセーフティネット」の考え方の間には、いくつかの相違点がある。

このモデルでは、雇用・労働にかかわる規制・ルールや、社会サービ

★**住宅手当**
低所得世帯等の住宅費の負担軽減のための家賃補助制度（名称はさまざま。住宅ローン返済への補助を含む場合もある）。多くの先進諸国で導入済み。日本でも、生活困窮者自立支援制度の住居確保給付金など限定的な形で実施されている。

図2-1　4層のセーフティネット（埋橋らの改革案）

```
《第1層》雇用・労働にかかわる規制・ルール、社会サービス
  労働市場政策──最低賃金、雇用・解雇規制
          労働時間（育児・介護休業等）
          職業紹介・教育訓練など
  社会サービス──医療、介護、教育、住宅、相談など
```

```
《第2層》リスク対応としての社会保険
  社会保険──年金、医療、介護、雇用保険、労災補償
```

```
《第3層》新たな制度として導入
  社会手当──医療補助、家賃補助、失業扶助など
          職業紹介・教育訓練、相談援助など
  社会サービス──医療、介護、保育、住宅
          職業紹介・教育訓練、相談援助など
  給付付き税額控除
```

```
《第4層》最後の拠り所としての生活保護
```

出典：埋橋孝文・連合総合生活開発研究所編『参加と連帯のセーフティネット──人間らしい品格ある
　　　社会への提言』ミネルヴァ書房，2010. 図序 -3を一部改変

ス（医療、介護、保育、相談）を《第1層》として位置づけ、これら
の諸制度が、社会保険で対応するリスクの発生を予防する機能を評価し
ている。たとえば、解雇に対する法的規制の存在により、失業の発生が
抑制されることなどが想定されている。

　《第3層》には、多くの先進諸国に存在している「家賃補助」（住宅
手当）、アメリカ・イギリス・韓国などで導入され新しい政策手法とし
て注目されている「給付付き税額控除*」など、まだ日本には導入されて
いない制度が多く含まれる。埋橋らは、《第2層》の社会保険制度の防
貧機能が低下してきたことから、こうした制度を新たに導入して《第
3層》の機能を強化することを提唱している。

4　家族機能の代替と強化、自律的な人生の条件整備

　保育や介護など広範な社会福祉サービスが整備される以前の時期に
は、子育てや高齢者・障害者の介護・介助などの役割は、もっぱら家族
が担っていた。現代における児童・高齢者・障害者等のための保育・介
護等のサービスは、社会の変化のなかで弱まってきた**家族機能**を代替す
る役割を果たしている。その一方で、こうしたサービスは、子育てや介
護の役割を担う家族の負担やストレスを軽減することで、養育や介護な
どに係る家族機能を強化する役割を果たしている。

　しかし、今日の社会福祉サービスの役割を、貧困や家族機能との関連で

★給付付き税額控除
所得税について税額控
除を適用するととも
に、控除を適用すると
税額がマイナスになる
場合や、課税最低限以
下の所得の場合につい
ては、現金給付を行う
仕組み。アメリカ、イ
ギリス、韓国等で導入
されている。

捉えるだけでは十分でない。ノーマライゼーションの理念が広く受け入れられるなかで、特に障害者支援の分野においては、自らの意思と判断に基づいて人生を送ること、すなわち自律的な人生の条件を整備することを、社会福祉サービスなど社会保障の役割とみる考え方が広がっている。

5 専門的な医療・福祉サービスの利用機会の確保

近代社会において、医学研究の知見に裏付けられた専門的医療が発展を遂げてきたが、それがすべての人に利用可能になるためには、医療保険制度等の医療保障の発展を待つ必要があった。今日では、社会福祉サービスも、子どもの発達、心身機能と生活能力の維持・向上、複雑化した生活課題の解決などにかかわる専門的な支援を提供するようになっている。このような専門的な社会福祉サービスの利用機会をすべての人に提供することも社会保障の重要な役割となっている。

2 社会保障の社会的意義

Active Learning

「2 社会保障の社会的意義」の1～4の事項のうち、今の日本社会にとって一番大事だと自分が考えるのはどれなのか、それはどうしてか、考えてみましょう。

社会保障の社会的意義については、経済学、政治学、社会学などさまざまな観点から多くのことが論じられている。その主要な点を以下に紹介しておきたい。

1 所得再分配とビルト・イン・スタビライザー

社会保障の経済的機能として早くから論じられてきたのは、所得再分配とビルト・イン・スタビライザーという機能である。

所得再分配とは、市場によって分配された個人の所得を、何らかの方法で分配し直すことを意味する。所得再分配については、水平的再分配と垂直的再分配に区別される。水平的再分配とは、同じ所得階層間の再分配を指し、垂直的再分配とは、高所得層から低所得層への再分配を指す。ただし、社会保障にかかわるさまざまな制度が、垂直的再分配機能をもつかどうか、もつとしたらどの程度かということは、それぞれの制度の設計に依存する。たとえば所得比例型の年金制度の場合、垂直的再分配機能をもたない場合もある。しかし、先進諸国では、社会保障の制度体系全体でみると、一定程度の垂直的再分配機能をもつのが一般的である。

ビルト・イン・スタビライザーとは、財政制度が有する景気変動を自動的に安定化する機能である。社会保障に関していえば、特に雇用保険（失業保険）制度における失業者に対する給付が、不況時における有効

需要の拡大を引き起こすことを通して、景気の回復に寄与することが、この機能の現れとされる。

2 社会統合の維持

　社会学において、社会統合とは、「社会関係および社会集団間の関係が良好であり、社会システムに秩序がある状態のこと」を指す[2]。失業や疾病等が直ちに貧困につながるなど生活の安定が損なわれやすい状況が生まれれば、家族や地域社会などにおける社会関係が不安定化しがちであろう。所得の格差が拡大すれば、裕福な人々と生活に困窮する人々の間で対立感情が生まれ、社会的な紛争が発生するかもしれない。社会保障は、人々の生活の安定化を図り、垂直的所得再分配の機能を発揮することで、社会統合の維持に貢献すると考えられてきた。

3 福祉国家レジームと脱商品化・階層化・脱家族化

　今日、福祉国家の国際比較研究においては、エスピン－アンデルセン（Esping-Andersen, G.）が提起した福祉レジーム論が、パラダイム（標準的な研究の枠組み）となっている。この理論は、もともと1990年に原書が刊行された『福祉資本主義の三つの世界』において「福祉国家レジーム論*」として体系化されたものであり、福祉保障を中心とする社会政策が果たす脱商品化（de-commodification）と階層化（stratification）の機能に着目するものであった。

　脱商品化とは、資本主義経済のもとで、労働者が生計維持のために労働力をある種の商品として市場で販売することを実質的に強制される状態から、一定の条件の場合に解放されることを意味する。たとえば、高齢になった場合に、年金制度により生活費を保障されることで、無理に仕事を続けて健康を害することを避けられるということを意味する。階層化とは、社会政策が、その社会における社会階層を形作る機能を指す。たとえば、垂直的再分配の機能が強く作用する社会保障制度をもつ社会では、社会保障制度によって経済的な平等度が高まることになる。

　このエスピン－アンデルセンの福祉国家レジーム論に対しては、ジェンダーの視点を欠いた理論であるという批判が展開されるようになり、今日では、社会政策が果たす脱家族化（defamilialization）の機能も重視されるようになっている。脱家族化とは、家族のあり方とかかわりなく個人が生計を維持できる状況をつくり出すことを意味する。たとえば、社会保障・税制や性差別を禁止する労働規制によって、シングル・

★福祉国家レジーム論
福祉国家を、支出される社会保障費用の額などの1次元的指標で捉えるのではなく、独自の構造をもつ政策と制度の形態（レジーム）として捉えるという考え方。国家以外の主体も重視するという観点から、「福祉レジーム（論）」という概念に変更された。

マザーや単身の女性が、所得や職業キャリアの点で、結婚している女性に対して不利になることがない状況が実現していれば、これらの諸制度の脱家族化の機能が有効に作用しているとみることができる。

◼4 社会的投資としての社会保障

社会保障の経済的機能に関して、近年では、「社会的投資」という観点からの議論が国際的に展開されている。「社会的投資」の捉え方には論者による違いがあるが、日本における代表的な定義として、次のものを紹介しておきたい。

> 「福祉を「投資」と捉え、①一人ひとりが潜在能力を発揮できる条件を整え、個人がリスク回避する可能性を高め、②社会（とりわけ就労）への参加を促すことで、社会的排除や貧困の解消を目指す。具体的政策としては、さまざまな困難やケア責任を抱えた人々が就労できるような社会サービス（保育、介護、生活困窮者支援など）の提供、教育・訓練を通じた技能形成と適切な評価、すべての人の参加を可能にする多様な就労形態や場の形成、最低所得保障が柱となる。[3]」

ここでいう福祉は、職業紹介や職業訓練などの雇用政策、就学前教育や生涯教育、ジェンダー平等政策など、本章の社会保障の概念よりも広い分野を含む意味で使われているが、こうした福祉の諸分野への支出には、「見返り」が期待できるのであり、かつその見返りは、生産性の向上や競争力の強化、あるいは経済成長といった「経済的」なものばかりでなく、健康水準の向上、安定した職業キャリア、社会関係資本（ソーシャル・キャピタル[*]）の形成といった「社会的」なものを含むという考え方が示されている。

★社会関係資本
（social capital）
アメリカの政治学者パットナム（Patnum, R.）が提唱した概念で、社会組織・集団の有効な機能に結びつくような信頼関係、規範の共有、社会的ネットワークなどの特性を指す。

◇引用文献
1）埋橋孝文・連合総合生活開発研究所編『参加と連帯のセーフティネット──人間らしい品格ある社会への提言』ミネルヴァ書房，p.13，2010.
2）友枝敏雄「社会統合」庄司洋子ほか編『福祉社会事典』弘文堂，p.425，1999.
3）三浦まり「はじめに」三浦まり編『社会への投資──＜個人＞を支える＜つながり＞を築く』岩波書店，p.7，2018.

◇参考文献
・G. エスピン－アンデルセン，岡沢憲芙・宮本太郎監訳『福祉資本主義の3つの世界』ミネルヴァ書房，2001.
・G. エスピン－アンデルセン，渡辺雅男・渡辺景子訳『ポスト工業経済の社会的基礎──市場・福祉国家・家族の政治経済学』桜井書店，2000.
・土田武史編著『社会保障論』成文堂，2015.
・菊池馨実『社会保障の法理念』有斐閣，2000.
・菊池馨実『社会保障法 第2版』有斐閣，2018.

第3節 社会保障の理念

学習のポイント

● 日本国憲法第25条の規定を確認し、生存権について理解する
● 社会連帯の考え方と、この理念の重要性が広く認められている理由について学ぶ

社会保障を基礎づける理念として、広く認められている基本的なものは、生存権と社会連帯である。

1 生存権

日本では、国民の生存権保障にかかわる次の日本国憲法第25条の規定が、社会保障の理念の中核にあるものと理解されてきた。

> 第25条 すべて国民は、健康で文化的な最低限度の生活を営む権利を有する。
> 2 国は、すべての生活部面について、社会福祉、社会保障及び公衆衛生の向上及び増進に努めなければならない。

国民の生存権の規定に対応して、生存権保障に関する国家の責任が生じることになる。この**憲法第25条**の規定の法的解釈については、学説上も意見の対立がみられる。ここで規定されている権利が果たして裁判規範となり得るか、また、この1項と2項を一体的に解釈すべきか、分離して解釈すべきかなどの点に関してである。このような点は、社会保障に関する裁判での争点ともなってきた。しかし、この規定が憲法第13条とともに「社会保障法の制定根拠」「立法の指針」[1]として重要な位置を占めていることは広く認められている。冒頭で取り上げた社会保障制度審議会の1950年勧告は、憲法第25条に示された日本国憲法の理念を根拠として社会保障制度の体系的整備を提言していた。

日本国憲法には、**社会権**＊（社会的基本権ともいう）に関して、生存権とともに、教育権、勤労権、労働基本権に関する規定が設けられている。憲法における社会権に関する規定は、1919年にワイマール憲法（ドイ

Active Learning

生存権保障の責任を国家が果たすために必要な税・社会保険料の負担を国民が拒否するということはあり得るのか、それはどのような場合に起こり得るか、考えてみましょう。

★社会権
自由権との対比において捉えられる基本的人権の一群（一種類）である。国家の配慮、介入を通して、社会経済的に弱い立場の人々の保護、立場の改善が目指されるという点に共通の特徴がある。日本国憲法では、第25条〜第28条に、社会権にかかわる規定が設けられている。

ツ共和国憲法）に設けられて以降、多くの国の憲法に規定が設けられるようになってきた。そして、1948年の国連総会で採択された「世界人権宣言」は、社会保障と福祉に関する権利について、次のように明記している。

第22条　すべて人は、社会の一員として、社会保障を受ける権利を有し、かつ、国家的努力及び国際的協力により、また、各国の組織及び資源に応じて、自己の尊厳と自己の人格の自由な発展とに欠くことのできない経済的、社会的及び文化的権利を実現する権利を有する。

第25条
1　すべて人は、衣食住、医療及び必要な社会的施設等により、自己及び家族の健康及び福祉に十分な生活水準を保持する権利並びに失業、疾病、心身障害、配偶者の死亡、老齢その他不可抗力による生活不能の場合は、保障を受ける権利を有する。（第2項は省略）

また、日本国も批准している1966年の国際人権規約（社会権規約）においても、社会保障の権利について、次のように規定している。

第9条　この規約の締約国は、社会保険その他の社会保障についてのすべての者の権利を認める。

第11条
1　この規約の締約国は、自己及びその家族のための相当な食糧、衣類及び住居を内容とする相当な生活水準についての並びに生活条件の不断の改善についてのすべての者の権利を認める。締約国は、この権利の実現を確保するために適当な措置をとり、このためには、自由な合意に基づく国際協力が極めて重要であることを認める。（第2項は省略）

2　社会連帯

　社会連帯の理念に関しては、日本国憲法にこれを扱っている条文はない。また、生存権と比べると、社会連帯の理念の実現のためにどのような主体の責任で何を実行すればよいのかを明確にするのは難しいといえる。それにもかかわらずこの理念の重要性が広く認められているのは、次の理由による。

　第一に、歴史的に社会連帯を鍵概念として社会改革を推進しようとする「連帯主義」という思想潮流が、フランスの社会保障制度の形成に重要な役割を果たし、また国際的にも影響力を発揮した。日本において、

連帯主義は、大正期における近代社会事業の成立に影響を及ぼした。第二に、多くの国の社会保障制度体系で社会保険が中核的な位置を占めている。社会保険は、基本的に加入者（被保険者）の負担する保険料を財源として運営され、保険料の負担を前提として給付の権利が付与されることから、社会保険の存在理由を生存権のみで説明するのは困難である。それに対して、次に説明する社会連帯の基本的な考え方は、社会保険の基本原理に対応しているものといえる。

社会連帯とは、社会のなかで諸個人が相互に依存しつつ密接に結合している状態を指す概念である。連帯主義においてはそのような結合を、たとえば共済組合のように自発的に創り出す場合だけでなく、社会保険制度という形で国家が強制的に創り出すこともあり得るとみなした。「社会の構成員が生活保障の用意をすることは権利であると同時に、社会を保護するための義務でもあるから、社会保険への強制加入が正当化されうることを「社会連帯」の語で表現した[2]」のである。

現代の福祉国家では、多くの場合、累進課税により所得の高い者がより多くの費用を負担することで、社会保障の充実が図られる。あるいは、制度間財政調整を通して、財政力の強い社会保険制度が財政力の弱い社会保険制度を支援する仕組みも存在する。このような仕組みの存在も、社会連帯の理念で説明できる。社会連帯の考え方には、同じ社会の一員として、強い立場の者が弱い立場の者に援助を行う責務を負うということも含まれるのである。

★累進課税
課税対象となる所得等の額が高いほど、より高い税率を課す仕組みを指す。

★制度間財政調整
第3章第1節「3 社会保障制度における財政調整」参照。

◇引用文献
1）堀勝洋『社会保障法総論』東京大学出版会，p.134，p.152，1994.
2）小野塚知二「社会連帯」庄司洋子ほか編『福祉社会事典』弘文堂，p.445，1999.

◇参考文献
・菊池馨実『社会保障の法理念』有斐閣，2000.
・菊池馨実『社会保障法 第2版』有斐閣，2018.
・高藤昭『社会保障法の基本原理と構造』法政大学出版局，1994.

第4節 社会保障の対象

学習のポイント

● 社会保障でカバーするリスクの捉え方を学ぶ

● 社会保障の人的な適用範囲の捉え方を学ぶ

● カバーするリスクの範囲と、人的適用範囲の歴史的な拡大傾向を理解する

　社会保障の対象をどうみるかという点については、従来、カバーする社会的リスクの範囲、および「人的な適用範囲」という観点から論じられてきた。

 カバーする社会的リスクの範囲

　本章における社会保障の定義によれば、社会保障は、「個人の責任や自助努力では対応しがたい社会的リスク」に対応するものである。しかし、社会保障は、そのようなリスクのすべてに対応するものではない。カバーするリスクの範囲は、国によって違うこともあり得るのであり、また、時代とともに変化してきた。

表2-3　社会保障でカバーする社会的リスク

A．社会保障制度審議会 1950年勧告	B．D. ピーテルス 『社会保障の基本原則』
疾病	老齢［による稼得の喪失］
負傷	死亡［稼ぎ手の喪失］
分娩	労働不能
廃疾	［疾病・障害・出産による］
死亡	失業
老齢	家族負担
失業	保健医療
多子	ケア（依存状態）
その他の困窮の原因	生活困窮

出典：D. ピーテルス，河野正輝監訳『社会保障の基本原則』法律文化社，2011．を一部改変（［　］内は筆者の補足）。

　冒頭にあげた社会保障制度審議会の1950年勧告の社会保障の定義は、経済保障によってカバーされる社会的リスクとして、「疾病、負傷、分娩、廃疾、死亡、老齢、失業、多子、その他困窮の原因」をあげている（**表2-3**A。なお、「廃疾」は、現在は使われない言葉であり、「障害」に置き換えて考える必要がある）。これは、当時としては、社会保障でカバーする社会的リスクの範囲についての標準的な理解に基づくものだったと考えられる。

　経済成長期における各国の社会保障制度の大幅な拡充、そして、その後の「新しい社会的リスク」に対応する諸制度の整備を経た今日の時点でみると、このようなリスクの範囲の捉え方では不十分なことは明らかであろう。たとえば、ドイツ、日本、韓国などでは、「要介護」というリスクに対応する独立した社会保険制度（介護保険）を導入している。また、多くの先進国が、子どもの通常の養育費をカバーする児童手当ばかりでなく、障害をもつ子の養育や、要介護高齢者や障害者の介護に必要な費用をカバーする手当制度を導入している。

　ピーテルス（Pieters, D.）は、このような状況の変化を踏まえ、社会保障でカバーする社会的リスクとして、**表2-3**Bに示す8種のものを挙げている。「家族負担」は、通常の子育てばかりでなく、病気の家族の看護や親の介護などによる特別な出費が生じる場合を含んでいる。「ケア（依存状態)」は、自身が要介護状態になることを指している。ただし、このリストに、今日の社会保障がカバーするリスクのすべてが含まれているかといえば、そうはいえないだろう。本章の社会保障の定義では、社会福祉（サービス）も社会保障に含まれており、社会福祉は、定型化された社会保険や社会手当の給付では解決できないさまざまな生活問題への対応を期待されているからである。

2 ▶ 人的適用範囲

　人的適用範囲とは、一定の条件を満たした場合に社会保障の給付を受ける資格をもち、（さらに社会保険制度に関しては）社会保障の拠出（保険料負担）の義務を負う人々の範囲のことである。社会保障の人的適用範囲の歴史的変化については、次のように説明されることが多い。

　多くの国で、社会保障制度は、特定の産業・職業の雇用労働者を適用範囲とする社会保険制度からスタートした。その後、適用範囲は拡大さ

Active Learning

本章第5節の説明をもとに、日本の公的年金制度、医療保険制度において、歴史的にどのように人的適用範囲が拡大して「国民皆保険皆年金」が実現したのかを整理してみましょう。

★大陸型（ビスマルク
モデル）
歴史的には、労働者を
対象とする社会保険制
度を中心に社会保障が
発展を遂げ、医療保障
を医療保険制度によっ
て行い、年金・失業保
険が比例拠出比例給付
の形をとるという特徴
をもつとされる。ドイ
ツ、フランスが典型国
とされるが、現在は、
イギリス・北欧型の要
素も併せもつように
なっている。

★イギリス・北欧型（ベ
ヴァリッジモデル）
歴史的には、広く国民
を対象にする社会保険
や医療サービスを中心
に社会保障が発展を遂
げ、医療保障を国営・
公営医療制度によって
行い、年金・失業保険
が均一拠出均一給付の
形をとるという特徴を
もつとされる。現在
は、大陸型の要素も併
せもつようになってい
る。

れ、雇用労働者全体、さらに自営業世帯等もカバーし、国民全体を適用範囲とするようになった。

この説明は、社会保険を中心に社会保障制度体系の発展の全体的な傾向を明らかにするうえでは有益である。しかし、次の点も合わせて理解しておく必要がある。すなわち、社会保険のなかで、失業保険や労災保険は、「労働保険」とも呼ばれ、今日でも、基本的に雇用労働者を対象とした制度である。年金制度の場合も、イギリス、デンマーク、ニュージーランドのように、労働者を対象にした制度が最初に導入されたのではなくて、所得制限を伴う**無拠出老齢年金制度**（社会手当の一種とも見ることができる）からスタートして、最終的に国民全体を対象とする制度となったケースもある。

さて、人的適用範囲に着目して個別の社会保険制度を分類する場合、職域型（特定の産業・職業の従事者を加入者とする）と地域型（国民全体あるいは地域住民全体を加入者とする）という類型が用いられる。たとえば、現在の日本の国民年金制度は地域型、厚生年金制度は職域型に分類される。社会保障制度体系の類型との関連でみると、大陸型（ビスマルクモデル★）は、職域型（特に雇用労働者を対象とする制度）を中心に発展を遂げ、イギリス・北欧型（ベヴァリッジモデル★）は地域型の制度を中心に発展を遂げてきたとみることができる。

人的適用範囲に関するもう一つの重要な論点としては、**外国人**（日本国内に滞在している外国籍の者）を適用範囲に含めるかどうかという点がある。

日本国は、**内外人平等待遇**に関する規定を含むILO102号条約（1952（昭和27）年）、国際人権規約（社会権規約）（1966（昭和41）年）、難民条約（1951（昭和26）年）を批准しており、「内外人平等待遇は既に国際的に確立した原則[1]」であることが早くから指摘されてきた。かつては、国民年金法、児童手当法等に国籍要件が設けられていて、外国人は、制度の適用範囲から外されていたが、難民条約の批准（1981（昭和56）年）を契機に、これらの法律における国籍要件は撤廃されている。

ただ、外国人と言っても、一時滞在者、定住者、永住者、不法滞在者などその態様はさまざまであり、また、正規の就労資格をもつかどうかなどの点で違いもある。社会保障の各制度では、法令に基づいて制度の対象となる外国人の範囲が定められている。

なお、生活保護制度については、生活保護法は適用されないものの、特定の在留資格を有する場合に限って、行政措置として生活保護法の適

用と同等の取り扱いがなされている。生活保護制度における外国人に対
するこのような取り扱いについては、内外人平等待遇の原則という観点
からの批判的見解があり、裁判上の争点ともなっている。

◇引用文献
　1）堀勝洋『社会保障法総論』東京大学出版会，p.159，1994.

◇参考文献
　・奥貫妃文「外国人の生活保護受給権」『社会保障法』第33号，法律文化社，2018.
　・横山和彦『社会保障論』有斐閣，1978.

第 5 節　社会保障制度の展開

学習のポイント

● 救貧制度の限界が露呈するなかで、社会保険・社会手当が登場した経緯について学ぶ
● 第二次世界大戦後の社会保障の拡充と、福祉国家の危機以降の政策展開を理解する

▎1 ▎ 社会保障前史──救貧法とその限界

▎1▎ 救貧制度

　資本主義経済体制が確立し、社会の近代化、都市化が進展するなかで、貧困者を救済する仕組みが各国において発展を遂げていくが、このような仕組みを、一般に**救貧制度**という。救貧制度は、権利としてではなく、あくまで慈恵として救済を行うものであり、その背景には、貧困を個人の責任とみなす貧困観（**貧困の個人責任論**）と、国家や社会に頼ることなく自らの責任で生計を維持していくべきであるとする自助（あるいは生活自己責任）の思想があった。その一方で、社会生活の合理化が進み、近代的な行政システムが形成されていくなかで、救貧制度も、統一的で合理的な行政システムとしての性格を帯びるようになっていく。

▎2▎ イギリスの救貧法

　この救貧制度を基礎づける法律を**救貧法**（Poor Law）という。イギリスでは、1601 年にエリザベス救貧法が制定されて以降、繰り返し救貧法の改正が行われ、他国に先駆けて近代的な救貧制度が確立した。貧困の個人責任論による救援抑制と、統一的で合理的な制度の形成という観点が最も明確だったのが 1834 年の新救貧法であった。同法は、救貧制度運営の次の原則の実現を目指すものであった。

★ 新 救 貧 法（New Poor Law）
救貧法が大幅に改正されたので、このように呼ばれることが多いが、正式の法律の名称ではない。「改正救貧法」ともいう。

> ①院外救済（outdoor relief）の廃止：救済を受ける者は、労役場（workhouse）に収容することとされた。
> ②劣等処遇の原則（less-eligibility）の原則：救済を受ける者の生活水準は、救済を受けずに生活している労働者の最も低い水準を下回るべきものとされた。

③救貧行政の中央集権化の原則：中央に救貧行政当局を設置するとともに、救貧法行政に責任をもつ教区（地方行政単位）の連合体（教区連合という）の設置を可能にし、統一的な救貧行政の実施体制の確立を図る。

　貧困の個人責任論に基づく救援抑制は、ほかの国々の救貧制度にもみられる特徴であり、救貧制度には、貧困者の救済という点でさまざまな限界がみられた。

3 慈善活動と労働者の相互扶助組織

　救貧制度の限界を補ったものとして、一つには民間の慈善活動がある。社会の近代化に伴って、慈善活動は自発的に活動に参加する近代的な市民のボランティア活動として展開されていくが、そうした活動を組織的に展開し、援助活動の専門性を追求する動きが生じてくる。イギリスでは、1869 年に慈善団体の連絡調整を目的として慈善組織協会が誕生した。慈善組織協会は、貧困世帯を訪問して相談援助を行う活動の担い手の養成に取り組み、それが後の専門職としてのソーシャルワーカーの誕生につながっていく。1877 年には、アメリカ合衆国でも慈善組織協会が設立され、同様の取り組みが行われることとなった。

　救貧制度の限界を補っていたもう一つのものは、主に労働者層で構成された友愛組合、共済組合、協同組合等の相互扶助組織と、労働組合の相互扶助活動であった。加入者が掛け金を支払って基金をつくり、疾病、老齢、死亡などに際して給付を受ける仕組みであり、いわば社会保険の前身というべきものであった。

4 貧困観の転換

　救貧制度を、民間の慈善活動と労働者の相互扶助組織が補完する貧困対応の仕組みは、1870 年代半ばからの慢性不況による大量失業の発生等の状況のなかで、その限界を次第に露呈していった。イギリスでは、19 世紀末から 20 世紀初頭にかけて、チャールズ・ブース（Booth, C.）[i]とラウントリー（Rowntree, B.S.）[ii]が科学的な手法を用いて、それぞ

---

i 〔Charles Booth〕1840-1916. 汽船会社を興し、企業家として成功を収める。私費を投じ、社会改革に取り組む知識人の協力を得て、ロンドンで貧困調査を実施。
ii 〔Benjamin Seebohm Rowntree〕1871-1954. 企業家としてココア・チョコレート製造会社を世界的な企業に発展させる。労働者の福祉の改善につとめるとともに、ヨークで貧困調査を実施。

れロンドンとヨークで行った貧困調査のインパクトが大きかった。これらの調査では、住民のなかの貧困率が30.7％（ロンドン）あるいは27.8％（ヨーク）に及ぶこと、また貧困に陥った原因の多くが、失業、老齢、低賃金等、本人の責任によらない社会的要因によるものであることが明らかにされた。これらの調査などが明らかにした深刻な貧困の実態は、貧困の個人責任論の前提を掘り崩し、貧困問題の社会的解決の必要性の認識が次第に広がっていった。

5 日本の救貧対策

★恤救規則（じゅっ
　きゅうきそく）
明治政府から府県に出
された通達（明治7
年太政官達162号）。
貧困の救済は、人々の
間の相互扶助を優先さ
せ、公的救済の対象
は、親族の扶養を受け
られない極貧者等に限
るものとした。

　日本の明治・大正期の救貧対策は、1874（明治7）年の恤救規則に基づいて実施された。恤救規則による貧困救済は、救済制限的な性格が強く、統一的な貧困救済の実施体制を伴わないものであった。恤救規則による貧困救済の限界が明らかになるとともに、1917（大正6）年から1920（大正9）年にかけて、内務省と大都市圏の府県・市での救貧行政の実施体制の整備が進み、日本の社会福祉は「社会事業」の段階に進んだ。1929（昭和4）年には、救済の対象、給付内容、費用、実施体制などの規定を含む救護法が成立し、1932（昭和7）年から実施された。救護法は、「公的扶助義務の確立[1]」という意義をもつが、同法は、保護を受ける権利（請求権）を認めず、労働能力を有する者の受給資格を認めないなど、依然として救済制限的性格の強いものであった。

2 社会保険、社会手当、公的扶助の展開

1 社会保険、社会手当の導入

　救貧制度とそれを補う慈善や相互扶助組織による貧困問題への対応の限界が明らかになるなかで登場してきたのは、社会保険制度と社会手当制度であった。

　最初に社会保険を全国的な規模で導入したのはドイツであり、宰相ビスマルク（Bismarck, O.）のもとで、1883年に疾病（医療）保険、1884年に災害（労災）保険、1889年に老齢・廃疾保険（年金）に関する立法が行われた。その後、他の国々においても社会保険、さらには社会手当が導入されていくが、**表2-4**には、アメリカ合衆国保健福祉省の資料をもとに、労働災害、老齢・障害・遺族（年金）、疾病・出産（医療）、失業、家族手当（児童手当）の各部門の制度の導入年次を示した。

表2-4　先進諸国の社会保障制度の導入年次

	労働災害部門	老齢・障害・遺族部門	疾病・出産部門	失業部門	家族手当部門
オーストラリア	1902	1908	1944	1944	1941
オーストリア	1887	1906	1888	1920	1948
ベルギー	1903	1924	1894	1920	1930
カナダ	1918	1927	1957	1940	1944
デンマーク	1898	1891	1892	1907	1952
フィンランド	1895	1937	1963	1917	1943
フランス	1898	1910	1928	1905	1932
ドイツ	1884	1889	1883	1927	1932
アイスランド	1925	1909	1936	1936	1946
アイルランド	1897	1908	1911	1911	1944
イタリア	1898	1919	1912	1919	1937
日本	1911	1941	1922	1947	1971
ルクセンブルク	1902	1911	1901	1921	1947
オランダ	1901	1913	1913	1916	1939
ニュージーランド	1908	1898	1938	1930	1926
ノルウェー	1895	1936	1909	1906	1946
スペイン	1932	1919	1929	1919	1938
スウェーデン	1901	1913	1891	1934	1947
スイス	1911	1946	1911	1924	1952
イギリス	1897	1908	1911	1911	1945
アメリカ合衆国	1908	1935	1965	1935	－

注：アメリカには、家族手当部門の制度が存在しない。

資料：United States Department of Health and Human Services, *Social Security throught the World* 1983, 1984. より著者作成

第2章

社会保障の概念や対象およびその理念

労働災害、老齢・障害・遺族、疾病・出産、失業の各部門の制度は、大部分が社会保険制度である（イギリス、デンマーク、ニュージーランドの無拠出老齢年金のように社会手当制度とみなすべきものもある）。

　この4部門の導入年次を比較すると、労働災害部門の導入が早く進む傾向がみられる一方、制度の導入が遅れる傾向がみられるのは、失業部門である。もう一つの家族手当部門の場合、出生率の低下への対応から1932年に導入したフランスなどの例もあるが、多くの国に普及するのは1940〜1950年代である。

　日本は、1922（大正11）年という比較的早い時期に健康保険法を成立させ、疾病・出産部門の制度を導入したが、老齢・障害・遺族（年金）、失業、家族手当（児童手当）の各部門の制度の導入は遅れた。なお、日本の労働災害部門の制度の導入年次が1911（明治44）年となっているが、これは、この資料が、1911（明治44）年成立の工場法に業務災害についての事業主の扶助責任の規定があることをもって労働災害部門の制度の導入とみなしたためである。独立した社会保険制度として労災

保険制度が導入されたのは、労働者災害補償保険法が成立した 1947（昭和 22）年であった。

2 公的扶助の形成

　第 2 節で述べたとおり、社会保険・社会手当は、主に防貧機能を有するものであるが、救貧機能を有する制度の再編成も進んだ。受給者にスティグマを付与し、救援抑制機能をもつものとして批判の対象となっていった救貧制度は、受給に対する権利を保障する公的扶助制度へと移行していく傾向がみられた。

3 世界大恐慌と社会保障法

　1929 年からの世界大恐慌は、社会保障の展開に大きな影響を及ぼした。この恐慌に伴って、アメリカ合衆国で失業率が最大で 25％に達するなど、多くの国で失業問題が深刻化した。この問題に対しては、既存の社会保障制度での対応が困難な状況が生じ、社会保障の制度体系の再編や新たな制度の導入などの対応が行われた。アメリカでは、ニューディール政策の一環として、1935 年に、「社会保障」という語を含む世界最初の法律として知られる社会保障法が制定された。この法律には、年金保険・失業保険という社会保険、高齢者・視覚障害者・要扶養児童向けの公的扶助、そして社会福祉サービスの諸制度に関する規定が含まれ、それらの諸制度の総称として「社会保障」という概念が用いられたのである。

3 ▷ 第二次世界大戦後の社会保障の拡充と福祉国家体制の確立

1 ベヴァリッジ報告と福祉国家の構想

　第二次世界大戦は、約 5000 万人ないしそれ以上の犠牲者をもたらしたといわれるが、同時に、社会保障の拡充と福祉国家体制の確立の契機をつくりだした。

　「福祉国家（welfare state）」という言葉が広く使われるようになったきっかけは、戦中のイギリスで、ナチス・ドイツの「戦争国家（warfare state）」との対比で、戦後に目指すべき国家像を示すためにこの言葉が使われるようになったことであった。この「福祉国家」の中核となる社会保障の体系的整備の構想を示したのが、「ベヴァリッジ報告★」と呼ば

★ベヴァリッジ報告
委員会での検討に基づきウィリアム・ベヴァリッジの個人名でまとめられたので、このように呼ばれる。第 4 章第 1 節「3 扶助の理論」参照。

48

れるイギリス政府の委員会の報告であった。

　この報告が掲げた社会保障の第一の目標は、国家による**ナショナルミ
ニマム**の保障であり、それを均一拠出均一給付制の「国民保険」という
単一の社会保険制度を通して実現するものとされた。すなわちすべての
国民が、一定額の保険料を納め続ければ、高齢、障害などの社会的リス
クに直面した際に、救貧制度のようなスティグマを伴うミーンズテスト
を受けずに、最低生活費に相当する額の給付を平等に受けられるという
仕組みである。公的扶助制度としては、「国民扶助」という制度が導入
されるが、国民保険制度が有効に機能するようになれば、国民扶助制度
の役割は、例外的な場合への対応に限定されることになるとされた。

　また、この報告では、この仕組みが有効に機能するための前提条件と
して、①完全雇用の維持、②包括的な保健医療サービス制度の確立（無
料で利用できる国営医療制度の導入）、③児童手当の導入の 3 点を挙げ
ている。

2 福祉国家体制の確立

　イギリスでは、1945 年から 1948 年の間に、この報告書の提案に沿っ
て、家族手当、国民保険、国民保健サービス、国民扶助などの制度が導
入された。

　資本主義経済体制をとる先進諸国においては、第二次世界大戦直後の
復興期を経た後の 1950 ～ 1960 年代の時期は、大幅な社会保障の拡充
と福祉国家体制の確立の時期であった。完全雇用を目指す政策の推進、
ナショナルミニマムの保障、広範な社会サービス（医療、教育、福祉等）
の提供は、これらの国々のほぼ共通の政策目標となった。具体的な制度
設計の国ごとの違いは残ったとしても、社会的リスクに対応する新たな
給付の導入、給付水準の引き上げ、人的適用範囲の拡大などの点で、社
会保障の大幅な拡充が実現した。

3 戦中期からの国際的潮流の形成

　このような国際的潮流の形成の背景には、当時の政治・経済・社会状
況に加え、社会保障の充実と福祉国家の実現を戦後世界の構想の一要素
として位置づける考え方が、戦中から多くの指導者の間で共有されてい
たという事情もあった。

　1941 年 8 月のアメリカのルーズベルト大統領とイギリスのチャーチ
ル首相の共同宣言「大西洋憲章」では、戦後世界の構想について 8 項

★**ナショナルミニマム**
　（national minimum）
「国民的最低限」と訳
されることもあり、国
家が最低限度の生活を
国民に保障するという
原則を指す。ベヴァ
リッジ報告では、この
最低限度を上回る生活
水準の確保は、個人の
責任に委ねるべきとい
う考え方とセットで提
示された。

目の原則が提示された。その第五が、「両国は、労働条件の改善、経済的進歩、および社会保障をすべての者に確保するために、経済分野におけるすべての国家間の完全な協力を実現することを希望する」であった。この8項目の内容は、翌年1月の「連合国共同宣言」に引き継がれ、連合国の戦争目的を示すものとして位置づけられた。

　一方、ILO は、1942 年に『社会保障への途』と題する報告書を刊行し、社会保障の体系化の構想を示している。ILO は、さらに 1944 年5月の総会の際に、「フィラデルフィア宣言」を採択し、「国際労働機関の目的及び加盟国の政策の基調をなすべき原則」として、「完全雇用及び生活水準の向上」「団体交渉権の実効的な承認」などとともに、「保護する必要のあるすべての者に基本収入を与え、また包括的な医療（給付）を供するように社会保障の措置を拡張すること」を掲げた。そして、1948 年の国連総会で採択された「世界人権宣言」では、社会保障と福祉に関する権利が明記された（本章第3節参照）。

　イギリスのベヴァリッジ報告もまた、社会保障の充実と福祉国家の実現に向かう国際的な潮流の形成に寄与した。この報告は、フランス、オランダ、日本などの戦後の社会保障政策の展開に、相当な影響を及ぼしたことでも知られている。なお、この時期以降の日本の社会保障の展開については、「5　日本の社会保障の展開」でまとめて説明する。

4 ▶ 福祉国家体制の再編と社会保障の変容

1 福祉国家の危機

　1973 年の第一次石油危機を契機に、持続的な経済成長の時期は終わり、先進諸国は、不況とインフレーションが併存するスタグフレーションに直面した。経済の停滞に伴う失業率の大幅な上昇は、完全雇用という社会保障制度の安定的な運営の前提条件が失われたことを意味した。この事態は、福祉国家をめぐる国民のなかでの利害対立や政党間の対立を引き起こし、経済危機の原因を福祉国家に求め、「小さな政府」の実現により経済危機の克服策をめざす新自由主義（新保守主義）の影響力が強まった。

　こうして 1980 年代には、「福祉国家の危機」とも呼ばれる状況が生じた。各国政府のこの危機への対応には、いくつかのパターンがみられたが、どの国でも、社会保障制度の大幅な縮小を図るなどの急激な政策

転換は起きなかった。しかし、この時期以降に進展した経済のグローバル化、情報化、サービス経済化は、労働コスト削減の圧力の強まり、非正規雇用の拡大と雇用の不安定化、経済格差の拡大など、福祉国家体制にとって重大な挑戦ともいえる環境変化を引き起こした。社会生活の個人化と家族の変容、ジェンダー平等要求の強まり、高齢化と少子化などの諸変化への対応も、福祉国家体制の課題となっていった。

2 社会保障政策の動向

　このような状況変化のなかで、各国は、多様な社会保障改革を行っているが、ここでは、いくつかの特徴的な新しい傾向を取り上げることとしたい。

　その第一は、広義のワークフェア＊ともいうべきものであり、就労支援策と社会保障の結びつきを強めることを目指す政策の展開である。そこでは、失業者、あるいは生活困窮者に対して、失業保険や公的扶助の現金給付によって生活保障を行うというより、そうした人々を可能な限り就労に結び付けることで、生活の安定化を図ることが目指される。その具体的な取り組みは、国によって違うが、大きく分けて二つのアプローチがあった。第一は、現金給付に期限を設けたり、職業訓練への参加や求職活動を義務づけるなど規制的な面が強いアプローチ（狭義のワークフェア）であった。第二は、職業訓練、職業紹介、カウンセリングなどの多様な就労支援に重点をおくアプローチ（アクティベーション＊）であった。

　第二は、第2節の「2　社会保障の社会的意義」でも触れた非正規雇用の増加、ケア・サービスのニーズの増加などの「**新しい社会的リスク（new social risk）**」への対応を目指す政策の展開である。非正規雇用の増加への対応としては、正規雇用を前提にした社会保険制度等の改革や、既存の社会保障制度の限界を補う重層的なセーフティネットの構築への取り組みなどが行われている。高齢者介護のニーズ拡大に対しては、ドイツ、日本、韓国にみられるように介護保険制度の導入を通して、介護サービスの拡大と安定的な財源の確保を図るのが一つのアプローチである。他方では、要介護高齢者やその家族介護者に現金給付を行い、私的な介護者（外国人介護労働者を含む）の雇用を支援したり、家族介護の安定化を図るというアプローチもみられる。保育に関しても、保育サービスの拡大に消極的であったイギリス、ドイツ、韓国などの国々が、急速な保育サービスの供給拡大を図るなど、明らかな政策転換の動きが

★ ワークフェア
（workfare）
第 1 章　第 3 節 3「 雇用・労働政策と社会保障の課題」参照。

★アクティベーション
（activation）
→積極的労働市場政策
（Active Labour
Market Policy）
第 1 章　第 3 節 3「 雇用・労働政策と社会保障の課題」参照。

第
2
章

社会保障の概念や対象およびその理念

みられる。

　第三に、医療や福祉・介護のサービス供給の効率化の必要、あるいはこれらのサービスにおける消費者主義（consumerism）の浸透などを背景として、医療や福祉・介護サービスの提供システムの**市場化**（marketization）を目指す改革が進められてきた。もともと市場化が進んでいたアメリカなどの例を別にすると、1991年から実施されたイギリスのNHS（国民保健サービス）改革と「コミュニティケア改革」が市場化改革の端緒を開き、その後、スウェーデン、日本、オランダなどでも同様な性格の改革が進められた。

5 ▶ 日本の社会保障の展開

1 戦前・戦中期の社会保険

　日本で早く普及が進んだ社会保険制度は医療保険であり、1922（大正11）年に**健康保険法**が制定された。同法に基づく健康保険制度の強制加入対象者は、鉱業法※・工場法※の適用事業所の労働者（ブルーカラー）と年収1200円以下の職員（ホワイトカラー）に限られていた。保険者は、政府（政府管掌健康保険）と健康保険組合（組合管掌健康保険）の二種とされ、この方式は戦後も引き継がれた。また、保険給付の対象には労災も含まれていた。この制度の対象外であった販売・金融・保険等の業種の職員や商店員等を対象とする制度の創設は、1939（昭和14）年の職員健康保険法により実現したが、この制度は1942（昭和17）年に健康保険制度に統合された。

　農家世帯や都市自営業層、零細企業の労働者など、健康保険制度の適用対象外の人々を対象とする制度としては、1938（昭和13）年に**国民健康保険法**が制定された。同法による国民健康保険の保険者とされた国民健康保険組合は、市町村内の地区内の世帯主が組合員となる農村部の普通国民健康保険組合と、同一業種または同種の業務の従事者が組合員となる都市部の特別国民健康保険組合の二種で構成されていた。この組合の設立は任意とされ、原則として任意加入の制度であった。しかし、1943（昭和18）年度末までには、全国の市町村の95％に設立され、戦前期に医療保険の普及はかなり進んだといえる。

　年金保険については、1941（昭和16）年の**労働者年金保険法**制定により、健康保険法の適用対象事業所の男子労働者（ブルーカラー）を強

★鉱業法
1905（明治38）年制定。鉱業資源開発のための基本的諸制度を定めた法律であるが、業務上の傷病・死亡に対する扶助の規定を含んでいた。

★工場法
1911（明治44）年制定。日本で最初に制定された労働者保護立法。児童の就業禁止、女子・年少労働者の就業時間制限と深夜業および危険・有害な業務の禁止、業務上の傷病・死亡に対する扶助などを規定。

制加入の対象とする労働者年金保険が発足した。1944（昭和19）年の同法改正では、**厚生年金保険法**へと名称が変更され、女子労働者と事務職員等（ホワイトカラー）の雇用労働者等に対象が拡大された。

■2 生活保護法の制定から国民皆保険皆年金体制へ

1945（昭和20）年8月の終戦直後の日本政府にとっての緊急の課題は、引き揚げ者、失業者等の生活困窮者、また戦災孤児、傷痍軍人等への対応であった。国家責任による最低生活保障を求める占領軍当局の指示を受けて、1946（昭和21）年に**生活保護法**が成立し、生活保護制度がスタートした。同年に日本国憲法が制定されると、同法と憲法第25条の生存権保障の規定との関連が不明確で、保護受給の権利性が明確でないことが問題になった。そこで1950（昭和25）年に同法が改正され（新生活保護法）、**憲法第25条**との関係と保護請求権が明確化された。さらに戦災孤児、傷痍軍人の問題への対応を契機に、1947（昭和22）年に児童福祉法、1949（昭和24）年に身体障害者福祉法が制定された。生活保護法、児童福祉法、身体障害者福祉法を中心にした福祉行政の実施体制を指して、「**福祉三法体制**」という用語が使われる。さらに1951（昭和26）年には、社会福祉全分野の共通的基本事項を定める法律として社会福祉事業法が制定され、社会福祉法人制度が創設され、第一線の専門機関として福祉事務所が設置された。社会保険に関しては、1947（昭和22）年に失業保険法と労働者災害補償保険法が制定された。

この時期、本節「3 第二次世界大戦後の社会保障の拡充と福祉国家体制の確立」で触れた国際的な潮流に対応する形で、日本でも、社会保障制度の体系的整備の構想がさまざまな場で検討され、1950（昭和25）年には、最も体系的に、その基本的な考え方と具体的な制度設計案を示した社会保障制度審議会の勧告が発表された。その勧告内容は、直ちに実現することにはならなかったが、日本経済の一応の復興が達成されると、「**国民皆保険皆年金体制**」の実現に向けての動きが進展することとなった。この「国民皆保険皆年金体制」とは、既存の公的年金の適用対象外の国民を対象とする国民年金制度を創設するとともに、国民健康保険制度を全国に普及させて、すべての国民を、何らかの医療保険制度と年金保険制度でカバーすることで実現されるものとされた。「国民皆年金」は、**国民年金法**が1959（昭和34）年4月に制定され、1961（昭和36）年4月から国民年金がスタートすることで実現した。

第**2**章

社会保障の概念や対象およびその理念

「国民皆保険」は、1958（昭和33）年12月の国民健康保険法に基づいて、それまで未実施であった市町村が国民健康保険の実施に取り組み、最終的に横浜市、京都市、名古屋市、大阪市が1961（昭和36）年4月から国民健康保険を実施することで実現した。

■3 国民皆保険皆年金体制の展開と社会福祉・社会手当
——1960～1970年代

1961（昭和36）年4月に実現した国民皆保険皆年金体制は、いくつかの基本的な問題を抱えていた。

一つは、給付水準の低さである。例えば、1961（昭和36）年4月時点での国民健康保険の給付率は5割（患者負担が5割）であった。この給付水準の問題は、経済成長を背景として、1960～1970年代に相次いで行われた年金保険・医療保険の給付水準引き上げにより大きく改善された。特に1973（昭和48）年は、「福祉元年」ともいわれた年であり、「5万円年金」の実現、福祉年金の大幅引き上げ、自動物価スライド制の導入などの年金制度の改善、被用者保険の家族の給付率の5割から7割への引き上げと高額療養費支給制度の導入などの医療保険制度の改善、さらには老人医療費支給制度の実施（老人医療無料化）などの制度改善が集中的に行われた。

第二の問題は、制度間格差の問題であった。国民皆保険皆年金体制は、すべての国民を、勤め先や職業、居住地域などに応じて異なる医療保険・年金保険に加入させることで成立する「分立型皆保険皆年金体制」であった。それぞれの保険は独立して運営されるのが原則であり、給付水準や保険料負担にしばしば制度間の格差が生じた。1961（昭和36）年4月時点での国民健康保険の給付率は5割だったのに対し、被用者保険の本人は10割、家族は5割という給付率だった。

1960～1970年代の一連の制度改善で、制度間格差の是正が進み、その後、紆余曲折があったものの、2003（平成15）年度から医療保険の給付率（老人医療を除く）は7割に統一されている（老人医療の分野でも加入する制度による格差は原則的になくなっている）。しかし、保険料負担の面での格差は残ることとなった。

国民皆保険皆年金体制の第三の問題は、経済成長に伴って産業構造、人口構造に大きな変化が生じた場合に、この体制の維持が困難になり、大幅な再編が求められるという点である。この体制のスタート時点では、国民年金制度と国民健康保険制度は、自営業層を主な適用対象とし

ていたが、経済成長に伴う農業人口の減少は、両制度の勤労世代の加入者を減少させた。一方、人口高齢化の進展は、年金受給者、あるいは医療にかかることの多い高齢の加入者の割合を高めるので、これらの制度の財政状況を悪化させるのである。

　この問題への対応は、年金制度の場合は、1985（昭和 60）年の制度改革において、国民年金の適用対象に被用者を含めることなどを通して行われた（下記 **4** を参照）。医療保険に関しては、1982（昭和 57）年の老人保健法制定において、高齢者の医療費を公費と（各医療保険制度からの）拠出金で賄う仕組みである老人医療制度を導入することなどを通して、対応が行われることとなった。

　さて、社会福祉に関しては、この時期、貧困・低所得問題への対処に加えて、児童、障害者、高齢者等のそれぞれのニードに応じた専門的な支援を提供することに次第に重点が置かれるようになっていった。このような流れのなかで、1960（昭和 35）年に精神薄弱者福祉法（1999（平成 11）年に知的障害者福祉法に改称）、1963（昭和 38）年に老人福祉法、1964（昭和 39）年に母子福祉法（1981（昭和 56）年に母子及び寡婦福祉法に改称、さらにその後、2014（平成 26）年に「母子及び父子並びに寡婦福祉法」に改称）が制定された。「福祉三法体制」から「**福祉六法体制**」に移行したのである。

　社会手当については、児童扶養手当法（1961（昭和 36）年）、児童手当法（1971（昭和 46）年）により、児童扶養手当と児童手当が導入された。児童手当については、**表 2-4** に示すように、先進諸国では最も遅い時点での導入となったのであり、この制度の導入によって、ようやく先進諸国と同等の制度体系が整備されたのである。

■4 人口高齢化・少子化のもとでの社会保障制度の再編
——1980 年代以降

　1980（昭和 55）年以降、日本の福祉国家体制も、本節「4　福祉国家体制の再編と社会保障の変容」で論じたようなほかの先進諸国と同様の環境変化に直面し、社会保障制度の再編を迫られることとなった。しかし、社会保障政策の展開に影響を与えるいくつかの日本固有の環境要因も作用していたことにも留意する必要がある。

　その一つは、人口構造の急速な**高齢化**の進展であり、日本の高齢化率は、現在、世界で最高になっている。もう一つは、いわゆる**少子化**の進展であり、合計特殊出生率は 2005（平成 17）年に史上最低の 1.26 を

記録して以降、若干増加したものの、現在も、世界的にみて低い水準にある。もう一つは、バブル崩壊以降の長期不況と、それに伴う財政状況の悪化という要因である。

　1980（昭和55）年以降に実施された社会保障の制度改革は多岐にわたるものであり、近年の主要な制度改革については、本書の関係する章で説明がなされているが、ここでは、政策展開と制度改革の大きな流れをみておこう。

　年金制度については、1961（昭和36）年以来の大改革であった1985（昭和60）年の改革で、均一給付を行う国民年金を「1階部分」、比例給付を行う厚生年金、共済年金を「2階部分」とする「2階建て」年金制度への再編成が行われた。この改革では、同時に、障害者・女性の年金権の確立、高齢化の進展に対応するための給付の抑制というねらいに沿った制度変更も行われた。

　平均寿命の伸長に伴う年金支給開始年齢の引き上げは、諸外国でも取り組んできた改革であるが、日本の場合、企業等の定年年齢と年金支給開始年齢の間のギャップを埋めるための高年齢者雇用対策の推進と一体で改革を進める必要があり、1994（平成6）年と2000（平成12）年の改革で段階的に年金支給開始年齢が引き上げられた。

　2004（平成16）年の制度改革は、少子高齢化・長寿化が進展するなかで年金制度の財政的持続可能性を高めることを主たるねらいとする改革であり、基礎年金（国民年金）の国庫負担率を引き上げるとともに、「マクロ経済スライド*」により寿命の延びや少子化の進展に応じて給付水準を調整する仕組みが導入された。

★マクロ経済スライド
第5章第3節3「年金の給付」参照。

　医療保険制度については、高齢化の進展のほか、技術進歩その他の要因による医療費の持続的な増加に対応するために、1980年代以降、患者負担の引き上げが繰り返されてきた。高齢者の医療に関しては、2006（平成18）年の改革で、制度間財政調整の仕組みとしての老人医療制度に代わり、75歳以上の高齢者を被保険者とする独立した医療保険制度としての後期高齢者医療制度が導入された。また、この改革では、政府管掌健康保険制度（政管健保）が、全国健康保険協会管掌健康保険制度（協会けんぽ）へと再編された。そして、この改革以降、都道府県を単位とする医療保険者の再編・統合が進められることとなり、2015（平成27）年の制度改革により、都道府県が国民健康保険の財政運営の責任主体としての役割を担うこととなった。

　社会手当に関する2000（平成12）年以降の新しい動きとしては、

児童手当制度の充実と度重なる改革を挙げることができる（第1章第
1節「3 少子化対策と社会保障の課題」、第5章第6節「2 児童手当」
参照）。

　社会福祉に関しては、福祉六法体制の確立とともに成立した社会福祉
の制度枠組みを再編成する一連の制度改革が、1980年代半ばから進め
られてきた。2000（平成12）年の社会福祉事業法等の改正（社会福祉
事業法は社会福祉法に改称）による社会福祉基礎構造改革は、最も重要
な意義をもつ改革であり、この改革では、「利用者本位のサービス」の
実現に向けて、サービスの利用方式を「措置制度」から「契約制度」に
改めるなどの制度変更が行われた。

　高齢者介護分野では、1990（平成2）年度から実施された「高齢者
保健福祉推進十か年戦略」（ゴールドプラン）により、在宅サービスを
中心とする介護サービスの大幅な拡充が図られた。さらに、安定的な財
源の確保と、利用者本位のサービス提供体制の実現などを目的として、
2000（平成12）年4月から介護保険制度が実施された。介護保険制
度については、繰り返し制度改革が行われ、2011（平成23）年以降の
改革からは、「地域包括ケアシステム」の構築が改革の目標として掲げ
られている。

　障害者福祉分野では、2003（平成15）年度から、社会福祉基礎構造
改革の理念に沿って「利用者本位のサービス」を実現する仕組みとして
支援費制度が実施された。この制度は、2005（平成17）年の障害者自
立支援法成立に伴い、障害者自立支援制度に再編された。この制度は、
障害の種別を越えた一元的サービス提供体制の構築を目指すとともに、
居住支援機能と就労・介護等のサービス提供機能を分離して、支援を受
けながらの自律的な生活の実現を目指すという点でも画期的な性格のも
のであった。この制度は、2012（平成24）年の法改正により障害者総
合支援制度に再編された。

　児童福祉分野では、2012（平成24）年8月の子ども・子育て関連
三法の成立に基づき、「子ども・子育て支援新制度」が実施された（2015
（平成27）年度から本格実施）。この新制度の主な内容は、市町村計画
による保育サービスの計画的整備、「地域型保育給付」による保育ママ・
小規模保育等の地域型保育への財政支援、「地域子ども・子育て支援事業」
の充実、認定こども園制度の改善などである。

　2000（平成12）年前後からの日本の社会保障の新たな課題は、雇用
問題の深刻化と非正規雇用の拡大、そして経済格差の拡大と貧困問題の

深刻化への対応であった。正規雇用労働者を中心に組み立てられてきた社会保険制度のセーフティネット機能の限界が露わになっていくなかで、この問題への対応として、求職者支援制度などが導入され、さらに、2015（平成27）年から生活困窮者自立支援制度が実施された（第2節「1　個人の人生と社会保障の役割」参照）。また、子どもの貧困問題が新たに注目を集めることになり、2013（平成25）年には、子どもの貧困対策の推進に関する法律（子どもの貧困対策推進法）が制定された。

Active Learning

ここで取り上げた法律制定や制度改革のうち、関心をもったものを一つ取り上げて、参考書や事典などで詳しく調べてみましょう。

◇引用文献
1）右田紀久恵・高澤武司・古川孝順編『社会福祉の歴史——政策と運動の展開』有斐閣，p.233，1977.
2）歴史学研究会編『世界史史料10　20世紀の世界Ⅰ——ふたつの世界大戦』岩波書店，p.353，2006.
3）高橋武『国際社会保障法の研究』至誠堂，p.47，1968.

◇参考文献
・池田敬正『日本社会福祉史』法律文化社，1986.
・小山路男『西洋社会事業史論』光生館，1978.
・佐口卓『日本社会保険制度史』勁草書房，1977.
・塩野谷九十九・平石長久訳『ILO・社会保障への途』東京大学出版会，1972.
・平岡公一『イギリスの社会福祉と政策研究——イギリスモデルの持続と変化』ミネルヴァ書房，2003.
・平岡公一「ヨーロッパにおける社会サービスの市場化と準市場の理論」武川正吾編『公共性の福祉社会学——公正な社会とは』東京大学出版会，2013.
・平岡公一・杉野昭博・所道彦・鎮目真人『社会福祉学』有斐閣，2011.
・W. ベヴァリッジ，森田慎二郎ほか訳『ベヴァリッジ報告：社会保険および関連サービス』法律文化社，2014.
・松本勝明『ヨーロッパの介護政策——ドイツ・オーストリア・スイスの比較分析』ミネルヴァ書房，2011.
・横山和彦『社会保障論』有斐閣，1978.
・横山和彦・田多英範編著『日本社会保障の歴史』学文社，1991.

第3章

社会保障の財政

　少子高齢化、人口減少社会に入った今、社会保障の充実はいっそう重要な課題となっている。年金、医療、介護などを充実させるには、これらにかかる費用をどのようにして確保するかという問題も解決させる必要がある。現在の我が国では、この問題をどのような仕組みで解決しているのだろうか。その結果、現在社会保障にどの程度お金をかけることができているのだろうか。こうした側面から社会保障制度について考えることも、これからの社会保障を担う人々にとって重要である。

　そこで本章では、社会保障制度全体でみた収入（財源）と支出、我が国の経済のなかでみた社会保障、その経済効果についてみていく。そして、税や社会保障の財政負担の指標である国民負担率にも触れる。

社会保障の財政

- 社会保障財政を支える財源は多様であることを学ぶ
- 社会保険料、公費の社会保障財源としての性格を学ぶ
- 利用者負担、財政調整がある理由を学ぶ

1 社会保障財政を支える財源

1 多様な財源

　本書のほかの巻や章で学ぶように、社会保障制度には医療、年金、介護などのさまざまな制度がある。これらの制度を運営するには費用がかかる。その費用を社会全体で負担するための財源として、社会保険料、公費、利用者負担などがある。具体的な財源確保の方法は、制度ごとに法律などで決まっている。その詳細はほかの巻や章に譲り、ここでは社会保障制度全体でみた財源確保についてみていきたいと思う。

　図3-1は我が国の社会保障制度の財源確保の仕組みのイメージをまとめたものである。左端から生活保護、児童手当、児童・障害福祉があるが、これらは公費（税）で運営されている。国、都道府県、市町村による費用負担割合が決まっており、たとえば生活保護では国が費用の4分の3、都道府県や市が残りの4分の1を負担する。基礎年金（国民年金）から厚生年金まではすべて社会保険制度であり、社会保険料（図3-1では保険料）、公費負担の割合が制度ごとに決まっている。たとえば、基礎年金の費用は、社会保険料、公費（国）でそれぞれ費用の2分の1を負担する。一方で厚生年金（報酬比例部分）の費用はすべて社会保険料でまかなわれる。さらに、介護保険では社会保険料が費用の2分の1、公費として国が4分の1、都道府県が8分の1、市町村が8分の1を負担する。このように、社会保障制度の財源として社会保険料と公費（国、都道府県、市町村）があり、制度により負担割合は異なる。その理由はそれぞれの社会保障制度の創設、改革の経緯を反映しているからである。

　この図から社会保障全体で確保されている財源の規模を、2018（平成30）年度予算の数値でみてみよう。社会保険料は約70.2兆円、公

図3-1　社会保障財源の全体像（イメージ）

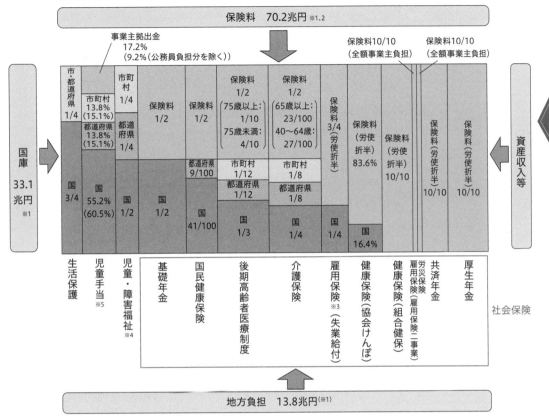

（注）※1　保険料、国庫、地方負担の額は平成30年度当初予算ベース。
　　　※2　保険料は事業主拠出金を含む。
　　　※3　雇用保険（失業給付）については、平成29～31年度の3年間、国庫負担額（1/4）の10％に相当する額を負担。
　　　※4　児童・障害福祉のうち、児童入所施設等の措置費の負担割合は、原則として、国1/2、都道府県・指定都市・中核市・児童相談所設置市1/2等となっている。
　　　※5　児童手当については、平成30年度当初予算ベースの割合を示したものであり、括弧書きは公務員負担分を除いた割合である。
出典：内閣府経済財政諮問会議経済・財政一体改革推進委員会社会保障ワーキンググループ第27回会議資料より「資料3-1　社会保障について（財務省提出資料）」p.6の厚生労働省作成資料を改変

費（国）は約33.1兆円、公費（地方負担）は約13.8兆円となっている。さらに年金制度などでは過去に支払われた保険料などをもとにした積立金があり、その運用益からの資産収入等も重要な財源である。つまり、社会保障財政を支える財源は、社会保険料、公費（国、地方自治体）、資産収入等と多様である。

2 社会保障の財源

❶社会保障財源の規模

　図3-1にある金額は予算としての数値である。そこで実際に財源として確保された金額、財源の種類別構成比をみてみよう。それを明らかにしてくれる政府統計として、国立社会保障・人口問題研究所『社会保

★政府統計
国や地方自治体などの行政機関が作成する統計であり公的統計ともいう。政府統計には、基幹統計（総務大臣が指定する特に重要な統計）、一般統計（基幹統計以外の政府統計）がある。

障費用統計』がある。この統計は、我が国の社会保障全体の規模や政策分野ごとの構成を明らかにし、社会保障政策や財政等を検討するうえでの資料とすることを目的としている。具体的には、医療、年金、介護などの社会保障で1年間にかかった費用が、OECD（経済協力開発機構）およびILO（国際労働機関）の基準により統計としてまとめられている。財源についてはILO基準で統計が作成されている。この統計をもとに、我が国の社会保障財政を支える財源の規模と種類別構成比をまとめたものが表3-1である。

　この表から、まず我が国の社会保障制度全体の財源の規模、つまり収入は2018（平成30）年度で約132.6兆円であり、同じ年度の社会保障給付費（約121.5兆円）を上回る。社会保障制度全体の収入は、社会保障制度の整備などを背景に、おおむね増加傾向をたどってきた。その推移をみると、1965（昭和40）年度は約2.4兆円、1970（昭和45）年度も約5.5兆円であったが、石油ショック後のインフレが起きた後の1975（昭和50）年度は約16.7兆円となった。その後も収入は増加傾向をたどり、1980（昭和55）年度の約33.5兆円を経て、バブル経済期の後半である1990（平成2）年度には約65.3兆円となった。バブル経済崩壊後の1995（平成7）年度には約83.7兆円の収入となったが、その後のデフレ不況等による社会経済状況の変化や資産収入の大きな変動により、収入が減少する年度が現れた。しかし、2005（平成17）年度には100兆円を超える収入となり、現在に至っている。

表3-1　社会保障の財源構成（ILO基準）

年度	収入（億円）	社会保険料	被保険者拠出	事業主拠出	公費負担	国庫負担	他の公費	資産収入	その他	社会保障給付費（億円）
1965(昭和40)	23,996	57.4	27.0	30.4	32.5	28.3	4.1	6.3	3.8	16,037
1970(昭和45)	54,681	59.6	28.5	31.2	30.0	26.4	3.6	8.8	1.6	35,239
1975(昭和50)	167,375	56.8	26.4	30.4	33.1	29.0	4.1	8.7	1.3	118,192
1980(昭和55)	335,258	55.6	26.5	29.1	32.9	29.2	3.7	9.7	1.8	249,016
1985(昭和60)	485,773	56.8	27.1	29.7	28.4	24.3	4.1	12.8	2.1	356,798
1990(平成2)	652,777	60.5	28.3	32.2	24.8	20.6	4.1	12.8	1.9	474,153
1995(平成7)	836,962	61.2	29.2	32.0	24.8	19.9	4.9	11.7	2.3	649,842
2000(平成12)	890,477	61.7	29.9	31.8	28.2	22.1	6.0	7.3	2.8	783,985
2005(平成17)	1,159,019	47.7	24.5	23.3	25.9	19.2	6.7	16.3	10.1	888,529
2010(平成22)	1,096,786	53.3	27.7	25.7	37.2	26.9	10.3	0.8	8.7	1,053,646
2015(平成27)	1,253,516	53.4	28.2	25.2	38.5	26.0	12.5	1.6	6.5	1,168,404
2018(平成30)	1,325,963	54.7	28.9	25.8	38.0	25.3	12.7	3.3	3.9	1,215,408

資料：国立社会保障・人口問題研究所「平成30年度 社会保障費用統計」2020.

❷社会保障財源の種類別構成

同じ**表 3-1** から社会保障財源の種類別構成比をみてみよう。社会保険料がその中心であることがわかる。これは**図 3-1** でも示したように、我が国の社会保障制度が社会保険方式を採るものが多いためである。実際に社会保険料が収入に占める割合をみると、2018（平成 30）年度で54.7％である。そのうち、**被保険者拠出**（会社等に勤めている人の負担）は 28.9％、**事業主拠出**（会社等の負担）は 25.8％である。つまり、社会保険料は被保険者と事業主が同じくらいの割合で負担している。年度をさかのぼる時系列でみても社会保険料の割合は最も高い。その水準は、1965（昭和 40）年度の 57.4％をはじめ、2000（平成 12）年度までは 50％台後半から 60％台前半で推移してきた。その後は、資産収入の割合が高くなる影響を受ける年度もあるが、2005（平成 17）年度以降は 47.7 ～ 54.7％の間で推移している。

公費負担の割合は 2018（平成 30）年度で 38.0％であり、これを国（国庫負担）と地方自治体（その他の公費）がそれぞれ 25.3％、12.7％となっている。時系列でみても、1965（昭和 40）年度から 1980（昭和 55）年度は 30％台前半で推移し、1985（昭和 60）年度から 2005（平成 17）年度は 24 ～ 28％程度で推移してきた。その後は、37 ～ 38％程度で推移している。国と地方自治体による負担割合をみると、国の割合のほうが高い形で推移している。1965（昭和 40）年度から 2018（平成 30）年度までの国の負担割合は 19.2 ～ 29.2％の間で推移している。同じ期間での地方自治体の負担割合は、3.6 ～ 12.7％であり、特に2010（平成 22）年度以降は 10％台で推移している。

図 3-1 の解説でも触れたが、我が国の社会保障制度には積立金があり、特に公的年金制度の積立金の規模は非常に大きい。そのため、積立金の運用益などで構成される**資産収入**も重要な財源である。その社会保障収入に占める割合は 2018（平成 30）年度で 3.3％となっている。時系列でみると、1965（昭和 40）年度で 6.3％であり、1980（昭和 55）年度までは 10％を下回る水準にあった。1985（昭和 60）年度以降をみると、10％を超える年度が多いが、変動も大きく、特に 2010（平成 22）年度では 0.8％となっている。年金の積立金は国内外の株式や公債の購入で運用されるので、株式や公債の価格変動、景気変動による利子・配当収入の変動の影響を受ける。このような影響が資産収入を大きく変化させる。こうした変動はあるものの、資産収入も社会保障財政を支える役割を果たしている。

第**3**章

社会保障の財政

以上のように、我が国の社会保障財源は社会保険料が中心である一方、公費負担も相当な割合を占め、資産収入も重要な財源である。つまり、我が国の社会保障財政を支える財源構成が実際に多様であることがわかる。

2　社会保障の主な財源

1　社会保険料

　我が国の社会保障制度は社会保険方式を採るものが多い。社会保険では法律に基づいて対象者全員を強制的に保険に加入、つまり被保険者とする。被保険者は収入などに応じて社会保険料を負担しなければならない（低所得者などへの社会保険料の減額、免除、猶予が認められる仕組みもある）。我が国には、医療、年金、介護、雇用、労働災害の五つの社会保険制度があり、それぞれに対して私たちや勤め先が社会保険料を負担する。そのため社会保険料の性格を**表3-2**からみると、社会保険制度のための財源という性格がある。

　社会保険料の算定は、制度ごとに法律などで決められた方法で行われる。たとえば勤め人が加入する社会保険（例：厚生年金や協会けんぽの健康保険）では、毎月の給料などをもとにした「**標準報酬**」に保険料率をかけて算定される。しかもその半分は雇用主（勤め先）が負担する。

表3-2　我が国の社会保障制度の財源としての社会保険料とその性格

<table>
<tr><td colspan="2"></td><td>社会保険料</td><td>公費（税）</td></tr>
<tr><td colspan="2">制度例</td><td>医療：健康保険（協会けんぽ、組合健保）、国民健康保険、後期高齢者医療制度
年金：厚生年金、国民年金
介護保険、雇用保険、労働災害補償保険</td><td>社会福祉（高齢者福祉、児童福祉、障害者福祉など）
公的扶助（生活保護）
公衆衛生など</td></tr>
<tr><td rowspan="4">性格</td><td>使いみち</td><td>医療、年金などの社会保険の制度ごとに専用の財源</td><td>社会保障のほか、教育、公共事業などの財源</td></tr>
<tr><td>負担額の決め方</td><td>収入などに応じた金額を支払う（社会保険に関する法律などに基づく）</td><td>収入、資産、消費などに基づいて決められた金額を負担（税金に関する法律などに基づく）</td></tr>
<tr><td>使われ方</td><td>医療や年金などの社会保険の給付に用いられる</td><td>児童福祉、老人福祉などに用いられる</td></tr>
<tr><td>給付と負担の関係</td><td>あり（社会保険料を支払った人に給付を受ける権利がある）</td><td>なし（必要な人に給付を行う）</td></tr>
</table>

資料：筆者作成

一方、自営業者などの地域住民が加入する国民年金では職業や年齢に関係なく社会保険料は定額である。

社会保険料はそれぞれの社会保険制度専用の財源なので、医療、年金などの社会保険制度の給付のために用いられる。たとえば年金の保険料は年金給付のために用いられ、医療保険や介護保険の給付には用いられない。

社会保険に加入することで、その制度からの給付を受けることができる。たとえば、健康保険に加入している人は健康保険証を医療機関で提示することで、利用者負担3割で診察を受けることができる。つまり、社会保険は加入と社会保険料負担が強制である一方、社会保険からの給付を受ける権利が与えられる。このような関係を「**給付と負担の関係**」があるという。これも社会保険料の重要な性格である。

2 一般会計

❶社会保障財源としての一般会計の性格

国による公費負担（税）、つまり**一般会計**からの社会保障制度への支出も社会保障財政を支える。まず一つは、高齢者、障害者、児童への社会福祉、生活保護、公衆衛生など、社会保険制度を採っていない制度の財源である。具体的には、保育所や障害者施設、生活保護といった福祉サービスは、税金でその費用が賄われている。ところが一般会計（公費）からの支出は、社会保障だけではなく、公共事業、教育などのほかの政策分野の財源でもある。社会保障に必要な費用は毎年の国や地方自治体の予算編成を通じて確保しなければならない。また、こうした公的サービスは、必要な人は誰でも利用できる。納税の有無、納税額の多寡は関係がない。そのため社会保険料でみられる「給付と負担の関係」は、公費（税）についてはみられない。

もう一つは、社会保険制度への補助財源としての役割である。**図3-1**でわかるように、基礎年金では給付費の50％、健康保険（協会けんぽ）では給付費の16.4％を国が負担する。一般会計から社会保険制度への補助がある主な理由として、①財政安定、②公的責任の遂行の二つを挙げておきたい。前者は、社会保険は強制加入であるため、低所得者も多く加入する。あらかじめ別に収入を確保しておくことで、低所得者でも負担できる水準に社会保険料を抑えることができる。後者は、高齢化が進んだ我が国において、老人医療や介護サービスは、なくてはならない**社会サービス**である。そのため、高齢化社会の**社会インフラと**

して、国や地方自治体の予算から費用を補助する必要がある、という考え方である。

❷国の一般会計における社会保障支出の状況

　国が一般会計予算から実際に社会保障へ支出した予算規模をまとめたものが**図3-2**である。それによると、2020（令和2）年度の社会保障関係費は約35.8兆円であり、一般会計の総額（約100.8兆円）の35.5％を占める。これは、国の一般会計のなかでは最大の支出項目である。ほかの一般会計の支出項目と比べると、国債費（国の借金を返す費用、約23.3兆円）、**地方交付税交付金**（地方自治体への補助金の一つ、約15.8兆円）を上回る。また、公共事業関係費（約6.1兆円）のおよそ6倍に相当する。社会保障関係費を時系列でみると、1965（昭和40）年度は5164億円であったが、1975（昭和50）年度には約3.9兆円、1990（平成2）年度には約11.6兆円となるなど増加傾向にある。

　その内訳をみると、2015（平成27）年度までは社会保険費（国民年金の国庫負担分等、2010（平成22）年度以降は年金医療介護保険給付費）が最も多い。社会保障関係費の内訳が見直されたあとの2020（令和2）年度でも、**年金、医療、介護給付費**だけで約80％を占める。その他の経費として、少子化対策費が8.5％、生活扶助等社会福祉費が11.7％などとなっている。

図3-2　国の社会保障関係費の推移（一般会計予算、当初予算ベース）

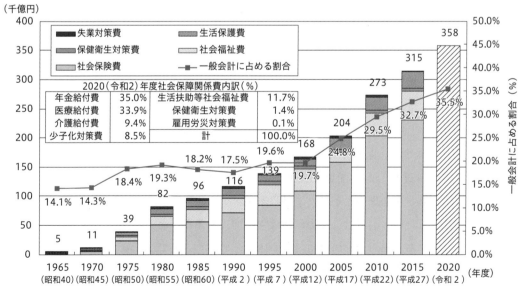

資料：財務省「財政統計」各年版より作成
注：2010（平成22）、2015（平成27）年度の社会保険費は年金医療介護保険給付費、失業対策費は雇用労災対策費である。2020（令和2）年度は社会保障関係費の内訳が大きく変わったのでグラフでは総額のみ。

3 地方財政

　地方財政も社会保障財政を支えるという重要な役割を果たしている。社会保障に関する経費として**民生費**と**衛生費**がある。民生費と衛生費の規模は、2018（平成30）年度の金額（決算額）でそれぞれ約25.7兆円、約6.2兆円であり（都道府県と市区町村間の財政移転を除いた純計）、地方自治体の支出（約98.0兆円）のそれぞれ26.2%、6.4%を占め、民生費は地方自治体の支出の最も多くを占める。都道府県と市町村に分けてみると、民生費はそれぞれ支出の15.9%、36.3%を占める。都道府県の支出のうち民生費は教育費に次いで多く、市町村の支出のなかで民生費は最も多い。

　民生費の内訳をみると、**児童福祉費**は2018（平成30）年度で34.0%となっており、1965（昭和40）年度からみても、2割から3割程度で推移している。

　老人福祉費は1980（昭和55）年度から2割以上を占めており、2018（平成30）年度では24.3%となっている。生活保護費は1965（昭和40）年度、1970（昭和45）年度には民生費の多くを占めていたが、1990（平成2）年度以降は2割を下回る水準で推移している。

図3-3　地方自治体の民生費および衛生費の推移

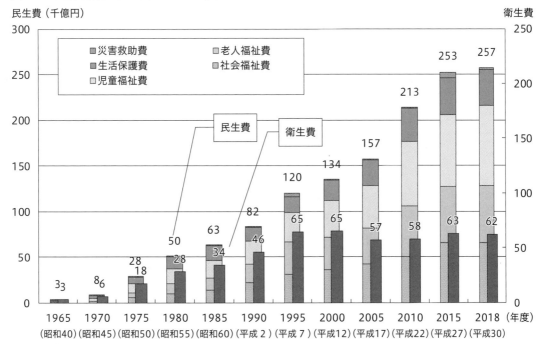

注：都道府県と市区町村の純計
資料：総務省『地方財政白書』各年版より作成

これらの支出のなかから、地方自治体が条例に基づいて行う地方単独
事業の割合をみると、2018（平成30）年度の民生費のうち、都道府県
分では18.0％、市町村分では14.8％である。

4 利用者負担

社会保障からのサービスは、私たちにとって必要なものである。その
ため、国や地方自治体が社会保険料や公費を使って私たちに提供する。
こうしたサービスは無料であることがもっとも望ましい。病気になった
り、介護が必要になったりしたときに医療や福祉サービスが無料である
ことは、私たちにとって安心である。

しかし、無料で利用できるために、必要を超えてこうしたサービスを
利用してしまうおそれもある。たとえば、病気が治ったのに理由もなく
引き続き入院することがあてはまる。こうした不必要なサービス利用を
抑えるとともに、利用者自身が社会保障のサービスに費用がかかってい
ることを意識してもらうために、**利用者負担（一部自己負担ともいう）**
が存在する。たとえば医療保険では原則として費用の3割の自己負担
があり、介護保険では原則として費用の1割の自己負担がある。この
ような利用者負担も社会保障財政を支えている。

3 社会保障制度における財政調整

一般に社会保障制度では、それぞれの制度ごとに必要な費用を確保す
ることが原則である。たとえば医療保険で必要な費用は、被保険者が支
払う社会保険料や法律に基づいて算定される公費で賄われるべきであ
る。しかし、制度によっては高齢者や低所得の人が多いために、その制
度だけで必要な費用を賄うことができない場合がある。これに対応する
仕組みが**財政調整**である。同じ種類の社会保険の制度間の拠出金などで
の資金移転がそれに該当する。特にこの仕組みは医療、年金、介護保険
でみられる（具体的な制度内容は第5章参照）。

---

i　国と地方財政からの社会保障関係の支出を、地方交付税交付金、国庫支出金等の国
　と地方自治体の間の財政資金の移動を考慮した形で推計すると、2018（平成30）
　年度で約58.3兆円となり、国と地方の財政規模（約169.2兆円）の34.4％となる
　（総務省『令和2年版 地方財政白書』2020.）。
　民生費などの地方財政からの支出の詳細は共通⑥『地域福祉と包括的支援体制』参照。

　このような社会保険制度間での資金移転の規模は、国立社会保障・人口問題研究所『社会保障費用統計』でわかる。それによると、2018（平成 30）年度の社会保障給付費で**他制度からの移転**による収入が特に多いのは、国民年金（約 20.9 兆円）、後期高齢者医療制度（約 6.3 兆円）、厚生年金（約 5.0 兆円）、国民健康保険（約 3.7 兆円）、介護保険（約 2.7 兆円）である。一方、**他制度への移転**の支出が特に多いのは、厚生年金（約 23.5 兆円）、協会けんぽ（約 4.5 兆円）、組合健保（約 4.3 兆円）、国民健康保険（約 2.5 兆円）である。このように社会保険制度間の資金移転は相当な規模になっている。

◇**参考文献**
・国立社会保障・人口問題研究所「社会保障費用統計」（各年度版）
・厚生省『厚生白書 平成11年版』ぎょうせい，1999.
・総務省『地方財政白書』（各年度版）

第3章　社会保障の財政

社会保障給付費・内訳・動向

- 社会保障給付費からその規模と推移を学ぶ
- 社会保障給付費の内訳と誰に重点が置かれた支出が多いかを学ぶ

1 社会保障費用の統計

　第1節で少し触れたが、社会保障の費用、財源に関する統計として、国立社会保障・人口問題研究所『社会保障費用統計』がある。社会保障の支出に重点を置いて再度説明すると、医療、年金、介護などの社会保障制度からの1年間の支出をまとめた統計が公表されている。その基準として、OECD（経済協力開発機構）およびILO（国際労働機関）が定めた基準がある。前者は「社会支出」、後者は「社会保障給付費」と呼ばれる統計の基準である。両者の違いは、後者は社会保障制度から対象者に直接給付される費用に限られる一方で、前者はそれに施設整備費が含まれていることである。さらに前者ではOECDにより同加盟国を中心とした国際比較データが近年整備されている。

　社会支出では、その総額のほか、高齢、障害、保健などの政策分野別の統計が作成されている。社会保障給付費でも、その総額に加えて、医療、年金、福祉その他の部門別統計が作成されている。高齢者や児童・家族関係の社会保障給付費の統計もある。さらには、第1節で取り上げた財源の統計もある。しかも我が国の場合は長期時系列の統計が整っている。よって、国際比較は社会支出、過去からの動きをみる場合には社会保障費用統計を使うことが多い。

　この統計では、医療や介護などの自己負担は含まれない。さらに、社会保障の収入と支出は、国の制度に基づくものを原則としているが、2019（令和元）年度公表の統計では、地方単独事業を総合的に計上した数値が公表された。具体的には2015（平成27）年度にさかのぼって、

---

i　以前はILO基準のデータでも国際比較が可能であった。しかし現在では、新しいデータに更新されている状態ではない。社会支出による国際比較の詳細は第6章第2節を参照。

社会支出、社会保障費用統計、社会保障の財源について、地方単独事業を含めた場合の金額が公表されている。その背景として、政府の「社会保障・税一体改革大綱（平成 24 年 2 月 17 日閣議決定）」や「公的統計の整備に関する基本的な計画（平成 30 年 3 月 6 日閣議決定）」での指摘や要請がある。地方自治を所管する総務省から必要なデータの提供を受けることで、地方単独事業の総合的な計上が可能になった（詳細は、国立社会保障・人口問題研究所社会保障費用統計プロジェクト（2019）を参照）。

なお第 4 節で取り上げるが、国内総生産（GDP）でよく知られる内閣府「国民経済計算」でも、社会保障の給付や負担の流れをみることができる。

2 ▶ 社会保障支出の規模と動向

1 社会保障給付費の規模とその動向

ここでは社会保障費用統計のうち、長期時系列の統計が利用できる社会保障給付費（ILO 基準）から社会保障の支出規模をみていく。それをまとめた**図 3-4** によると、社会保障給付費の規模は 2018（平成 30）年度で約 121.5 兆円である。これは同じ年度の国の一般会計予算（約 97.7 兆円、当初予算）を上回り、東京都の一般会計予算（約 7.0 兆円）の約 17 倍に相当する。なお、一人当たりの給付費は約 96.1 万円である。

社会保障給付費は社会保障制度の整備等とともに増加してきた。その推移をみると、1965（昭和 40）年度の社会保障給付費は約 1.6 兆円であり（一人当たりでは約 1.6 万円）、1970（昭和 45）年度でも約 3.5 兆円であった。しかし、昭和 48 年度以降は、いわゆる「**福祉元年**」における給付改善と、第一次石油危機を契機としたインフレに対応した年金の物価スライドによる給付水準の大幅引き上げ等により、社会保障給付費は大幅に増加した。とくに 1975（昭和 50）年度には 11.8 兆円と、1970（昭和 45）年度の約 3.4 倍に達した。その後も、高齢化の進展、各種施策の充実等により金額は増加し続け、1985（昭和 60）年度には約 35.7 兆円に達した。

社会保障給付費は、生命や健康を守るために必要不可欠な給付や、高齢化の進展等により給付の対象者が増加していく給付等から構成されている。そのため、経済の状況にかかわらず金額が増加する側面がある。

図3-4　社会保障給付費の推移

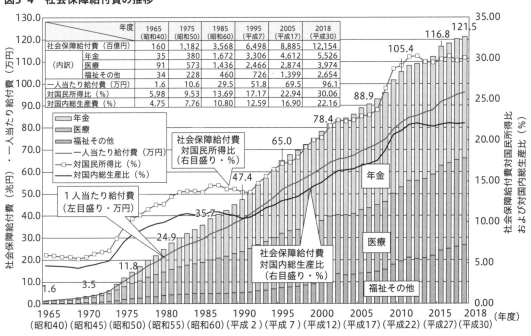

年度	1965 (昭和40)	1975 (昭和50)	1985 (昭和60)	1995 (平成7)	2005 (平成17)	2018 (平成30)
社会保障給付費（百億円）	160	1,182	3,568	6,498	8,885	12,154
（内訳）　年金	35	380	1,672	3,306	4,612	5,526
医療	91	573	1,436	2,466	2,874	3,974
福祉その他	34	228	460	726	1,399	2,654
一人当たり給付費（万円）	1.6	10.6	29.5	51.8	69.5	96.1
対国民所得比（％）	5.98	9.53	13.69	17.17	22.94	30.06
対国内総生産費（％）	4.75	7.76	10.80	12.59	16.90	22.16

注：図中の数値は、1965（昭和40）、1970（昭和45）、1975（昭和50）、1980（昭和55）、1985（昭和60）、1990（平成2）、1995（平成7）、2000（平成12）、2005（平成17）、2010（平成22）、2015（平成27）、2018（平成30）年度の社会保障給付費（兆円）である。
資料：国立社会保障・人口問題研究所「平成30年度 社会保障費用統計」2020.

★社会保障給付費
「2040年を見据えた社会保障の将来見通し（議論の素材）」（内閣官房・内閣府・財務省・厚生労働省）2018.によると、2040年度の社会保障給付費は約188.2〜190.0兆円（計画ベース）になる見通しである。

実際に、バブル経済期やその後の不況期等の間も社会保障給付費★は増加し続け、1990（平成2）年度には約47.4兆円に、2000（平成12）年度には約78.4兆円に達した。21世紀に入り、その規模は80兆円を超え、2009（平成21）年度に初めて100兆円を超え現在に至っている。

なお、一人当たりの金額では、1975（昭和50）年度に10万円を超え、1986（昭和61）年度には30万円を超えた。2000（平成12）年度には60万円を超え、2015（平成27）年度に90万円を超えて現在に至っている。

2 我が国の経済規模に対する比とその動向

社会保障給付費の我が国の経済規模との対比として、まず国民所得に対する比は、2018（平成30）年度では30.06％となっている。この比を時系列でみると、1965（昭和40）年度から1970年代初めまでは、5〜6％の間で推移していた。1973（昭和48）年度以降は、上に述べた背景と経済成長率の低下により、1973（昭和48）年度の6.54％から1982（昭和57）年度の13.67％へと約10年間で2倍程度に上昇した。その後は1992（平成4）年度まで13〜14％の間で推移した。

しかし、バブル経済崩壊後の 1992（平成 4）年度以降も社会保障給付費が着実に増加する一方で、国民所得が伸び悩んだ結果、この比は再び上昇傾向となり、2000（平成 12）年度には 20.31％と初めて 20％台に達した。その後も上昇傾向をたどり、2010（平成 22）年度以降は 29 ～ 30％の水準にある。

　次に国内総生産（GDP）に対する比は 2018（平成 30）年度で 22.16％である。同じ年度の対国民所得比より低い。この比を時系列でみると 1965（昭和 40）年から 1970（昭和 45）年代初めまでは 4 ～ 5 ％台で推移していた。すでに述べた背景により、1973（昭和 48）年度の 5.37％から大きく上昇し、1980（昭和 55）年度には 10％に達し、1982（昭和 57）年度には 10.90％となった。その後は 1993（平成 5）年度までは 10 ～ 11％台で推移した。バブル経済崩壊後の 1994（平成 6）年度からはこの比は上昇傾向をたどり、2001（平成 13）年度には 15.73％と初めて 15％に達した。そして、2009（平成 21）年度は 20.67％と初めて 20％台に達した。その後は若干の変動を伴いつつ上昇傾向をたどっているが、水準としては 21 ～ 22％の間で推移している。

　なお、ここで挙げた国民所得、国内総生産とは、国の経済規模を示す国民経済計算の指標である。現在は国内総生産を国の経済規模の指標として使うことが多い。両者の違いをまとめると次のとおりである。国内総生産とは、ある国や地域のなかで 1 年間の経済活動で生み出した価値の総額である。企業の売り上げから仕入れを引いた金額のようなものである。国民所得は国内総生産から固定資本減耗（減価償却費のようなもの）、間接税から補助金を引いたもの（純間接税）の二つを引いて、海外からの所得（海外で得た所得）を加えたものである。海外からの送金が多いという場合でもない限り国民経済計算の定義のうえでは国内総生産は国民所得よりも大きい。そのため、社会保障給付費の対国内総生産比は国民所得比より小さくなる。

---

ii　詳細については以下の内閣府経済社会総合研究所 web サイトを参照。
　　https://www.esri.cao.go.jp/jp/sna/seibi/kouhou/93kiso/93snapamph/chapter1.html#zu_1

3 社会保障支出の内訳

1 社会保障給付費の部門別・機能別内訳

図3-4から2018（平成30）年度の社会保障給付費を部門別にみると、「医療」が約39.7兆円、「年金」が約55.3兆円、「福祉その他」が約26.5兆円（うち介護対策は約10.4兆円）となっており、年金が最も多くなっている。しかし、部門別の推移をみると、医療が長い間社会保障給付費の中心であった。その規模は、1965（昭和40）年度で約9100億円（社会保障給付費に占める割合は約57％）であり、その後も金額が増加するなか、社会保障給付費に占める割合は1970年代前半の年度まで50％台で推移した。

一方、年金は1965（昭和40）年度で約3500億円（同約22％）であったが、その後は金額が大きく増加し、1981（昭和56）年度には医療を初めて上回った。年金の金額はその後も増加し続け、現在に至っている。このような年金の拡大は、年金制度の充実・普及（厚生労働省「令和元年国民生活基礎調査」によれば、高齢者世帯の約95％が公的年金・恩給の受給世帯である）等が原因である。

福祉その他の金額は最も少ないが、1965（昭和40）年度から2018（平成30）年度までおおむね増加傾向にある。また、社会保障給付費に占める割合は1965（昭和40）年度（21.2％）から1991（平成3）年度（10.5％）までは低下傾向にあった。しかし、その後は上昇に転じ、**介護保険**が施行された2000（平成12）年度には14.4％となり、その後は緩やかに上昇し、2018（平成30）年度には21.8％となっている。

表3-3は機能別にみた社会保障給付費である。この表から2018（平成30）年度の数値をみると、「高齢」（老齢年金や介護）が約57.3兆円（社会保障給付費の47.1％）、「保健医療」（医療保険など）が約38.1兆円（同31.3％）、「家族」（児童手当や保育など）が約8.6兆円（同7.1％）、「遺族」（遺族年金など）が約6.5兆円（同5.3％）、等となっており、高齢者に関係が深いと考えられる機能で金額が多くなっている。これらの割合を統計がさかのぼることができる1994（平成6）年度と比較すると、高齢の割合は、1994（平成6）年度の41.3％から2018（平成30）年度の47.1％へ、保健医療は37.1％から31.3％へと変化している。その他、家族は2.9％から7.1％、遺族は8.4％から5.3％へと変化している。

表3-3　機能別社会保障給付費

	1994（平成６）年度		2018（平成30）年度	
	金額（兆円）	構成比	金額（兆円）	構成比
総数	60.7	100.0%	121.5	100.0%
高齢	25.1	41.3%	57.3	47.1%
遺族	5.1	8.4%	6.5	5.3%
障害	1.7	2.9%	4.8	3.9%
労働災害	1.0	1.7%	0.9	0.8%
保健医療	22.5	37.1%	38.1	31.3%
家族	1.8	2.9%	8.6	7.1%
失業	1.9	3.1%	1.4	1.2%
住宅	0.1	0.2%	0.6	0.5%
生活保護その他	1.4	2.4%	3.3	2.8%

資料：国立社会保障・人口問題研究所「平成30年度 社会保障費用統計」2020. をもとに作成

2 高齢者および児童・家族関係給付費

　社会保障給付費では、その給付対象者に着目して、高齢者に関係が深い制度からの給付費である「**高齢者関係給付費**」、子どもや家族に関する制度の給付費である「**児童・家族関係給付費**」の統計がある。これをもとにまとめた**表3-4**をみると、次のようになる。

　まず、高齢者関係給付費（年金、老人医療、老人福祉等）は、1973（昭和48）年度には約1.6兆円（社会保障給付費の25.0％）であったが、1985（昭和60）年度には約12倍の約18.8兆円（同52.8％）となり、1995（平成７）年度にはさらに約2.3倍の約40.7兆円（同62.6％）に達した。2018（平成30）年度には約80.8兆円と社会保障給付費の66.5％を占めるようになっている。なお、その内訳は年金保険が中心である。

　次に、児童・家族関係給付費（児童福祉、育児休業等）をみると、1975（昭和50）年度は約6800億円、1985（昭和60）年度も約1.5兆円、1995（平成７）年度でも約2.1兆円に過ぎなかった。2018（平成30）年度では、その間に推計の対象となる制度に変更があったが、金額で9.0兆円、社会保障給付費に占める割合も7.4％にとどまる。児童・家族関係給付費には、保育等の児童福祉が最も多く、児童手当等がこれに次ぐ。ただし、子どもの医療費などが含まれていない。それを考慮しても高齢者関係給付費より規模は著しく小さい。

　このように、我が国の社会保障給付費は、年金や医療が中心であり、高齢者に関係する給付に重点が置かれていることがわかる。

Active Learning

高齢者関係給付費と児童・家族関係給付費が表3-4で示されているように変化してきた背景について、第1章および第2章第5節で説明されている人口・経済社会の変化や社会保障の政策展開との関連を踏まえて考えてみましょう。

表3-4　高齢者関係給付費および児童・家族関係給付費の推移

		1973 (昭和48)	1975 (昭和50)	1985 (昭和60)	1995 (平成7)	2005 (平成17)	2015 (平成27)	2018 (平成30)
金額 (億円)	高齢者関係給付費	15,642	38,754	188,288	407,109	619,682	777,398	808,268
	年金保険	10,757	28,924	144,549	311,565	452,145	540,844	552,211
	高齢者医療	4,289	8,666	40,070	84,525	106,669	139,768	150,716
	老人福祉	596	1,164	3,668	10,902	59,613	95,061	103,572
	高年齢雇用継続	–	–	–	117	1,256	1,725	1,769
	児童・家族関係給付費	–	6,785	14,511	21,105	35,759	76,240	89,945
	児童手当等	–	1,829	4,617	5,112	11,579	28,442	27,076
	児童福祉	–	3,549	6,836	11,177	18,399	36,964	51,013
	育児休業給付	–	–	–	327	1,428	5,100	6,327
	出産関係費	–	1,407	3,058	4,489	4,353	5,734	5,529
社会保障給付費に占める割合(%)	高齢者関係給付費	25.0	32.8	52.8	62.6	69.7	66.5	66.5
	児童・家族関係給付費	–	5.7	4.1	3.2	4.0	6.5	7.4

注：1．高齢者医療に相当する老人保健制度では、対象年齢を2002（平成14）年10月より段階的に70歳以上から75歳以上に引き上げている。2008（平成20）年度から後期高齢者医療制度が実施されている。
2．児童手当等は児童手当および児童扶養手当を指す。
3．児童関係給付費は1975（昭和50）年度からの数値がある。2015（平成27）年度以降については、2006（平成18）年度の障害者自立支援法の施行に伴い、児童福祉サービスの対象から外れた費用があることに留意する必要がある。2010（平成22）年度は、これまでの児童手当にかわって「子ども手当」が実施され、2012（平成24）年度に現在の「児童手当」に制度が変わっている。2015（平成27）年度から保育に要する費用に加え、小学校就学前の子どもの教育に要する費用も計上している。
資料：国立社会保障・人口問題研究所「平成30年度 社会保障費用統計」2020. を一部改変

◇参考文献

・国立社会保障・人口問題研究所「社会保障費用統計」（各年度版）
・国立社会保障・人口問題研究所社会保障費用統計プロジェクト「平成29年度社会保障費用統計―概要と解説―」『社会保障研究』第4巻第3号，国立社会保障・人口問題研究所，pp.387～402，2019.

第3節 国民負担率

学習のポイント

● 国民負担率の定義、その水準や動向を学ぶ

● 国民負担率をみるときの留意点を学ぶ

1 国民負担率の定義、水準

　これまでにみてきたように、社会保障財政を支える財源として、社会
保険料や公費（税）などがある。特に後者を指す社会保障関係予算は国
の一般会計のなかで最も多くの割合を占めている。そのため、社会保障
だけでなく、教育や公共事業などを含めた公的分野の負担のあり方につ
いて、「国民負担率」という指標を用いて議論することがある。国民負
担率とは、「租税および社会保障負担の合計の国民所得に対する比」で
ある。租税は国税（所得税や消費税など）と地方税（住民税など）を合
わせたもの、社会保障負担は社会保険料と考えてよい。これらの合計を
国民所得と比較したときの水準が国民負担率である。これが高いほど国
の経済のなかで公的な負担が大きいといえる。なお、国民負担率は財務
省が毎年公表している。

　国民負担率の動きをまとめたものが**図3-5**である。これをみると、
2020（令和2）年度の国民負担率は44.6％であり、その内訳は国税が
16.4％、地方税が10.1％、社会保障負担が18.1％となっている。その
推移をみると、1970（昭和45）年度の24.3％から若干の変動をもち
ながら上昇し、1979（昭和54）年度には30.2％と初めて30％台に達
し、1990（平成2）年度には38.4％となった。その後は国民所得の伸
びもあり、1994（平成6）年度には35.4％まで低下したが、1990年
代後半は35～36％で推移した。2000（平成12）年度から2005（平
成17）年度は34～36％台で推移した。その後は変動をもちながら上
昇傾向をたどり、2014（平成26）年度には42.1％と40％台に達し、
現在に至っている。

　国民負担率にはもう一つ指標があり、租税と社会保障負担に財政赤字
を加えたものの国民所得に対する比として、「潜在的な国民負担率」が

★**国民負担率**
国民負担率の定義は、
「財政構造改革の推進
に関する特別措置法」
（平成9年法律第109
号）を参照。なお、国
民負担率は我が国で作
られている指標であ
る。諸外国や国際機関
では税や社会保障負担
の国民経済に対する規
模は、国内総生産
（GDP）に対する比で
表す統計が利用できる。
財務省による国民負担
率の国際比較は本書第
6章第2節を参照。

Active Learning

国民負担率という言
葉のイメージと、本
節で説明されている
事柄との間にズレが
ないかどうか、考え
てみましょう。

図3-5 国民負担率の推移

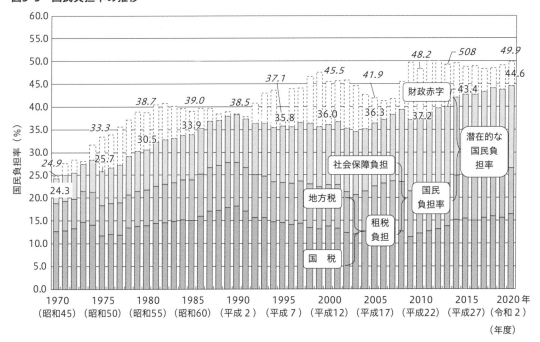

注：財政赤字がない場合、国民負担率と潜在的な国民負担率は一致する（例：1990（平成２）年度）
資料：財務省 HP 資料（令和２年６月閲覧）より作成

ある。ある年度の財政赤字が０である場合には、国民負担率と潜在的な国民負担率は一致するが、両者の差は財政赤字の規模の国民所得に対する比となる。2020（令和２）年度の潜在的な国民負担率は49.9％と、国民負担率を５％程度上回っている。

2 国民負担率についての留意点

このように、我が国の国民負担率は40％台に達している。税金や社会保険料の負担が低いほうがよいとすれば、国民負担率も低いほうがよい。しかし、国民負担率については以下の点に留意する必要がある。

まず、国民負担率はあくまでも負担に関する指標である。政府が提供するさまざまな公的サービスを考慮していない。単純な比較であるが、2018（平成30）年度の国民負担率44.6％に対して、第２節で取り上げた同年度の社会保障給付費の対国民所得比は30.06％である。両者を差し引くと14.54％となる。社会保障だけでもかなりの負担が人々に戻ってきている。つまり、政府への負担が大きいことは、その分だけ公的サービスにお金をかけていることを意味する。

第**3**章　社会保障の財政

◇**参考文献**
　　・厚生省『厚生白書　平成11年版』ぎょうせい，1999.
　　・内閣府『経済財政白書』（各年度版）

ISBN978-4-8058-8246-7

C3036 ¥2500E

1 社会保障と国民経済

　この章では社会保障と財政ということで、財源と支出のことを取り上げてきた。社会保障に多くの費用がかかることは、財政の大きな負担になっていることを意味する。税金や社会保険料を負担する私たちの立場からすると、こうした公的な負担が増えると、手元に残るお金が少なくなり、日常生活で必要なモノやサービスを購入できなくなる。一方で、人々を雇用する企業の立場からみても、税金や社会保険料が増えることは、人件費の増加、企業のもうけが減ることを意味する。こうした考え方からすると、社会保障の負担が増えることは私たちの家計や企業活動、つまり経済にはマイナスの影響しかないことになる。

　ところが第3節で説明したように、私たちが納めた税金や社会保険料は、社会保障やその他の公的サービスの形で私たちに戻ってくる。これらの公的サービスは私たちの生活にとって重要なものである。たとえば医療、介護、保育は、私たちの生活になくてはならないものである。つまり社会保障は人々の暮らしを支えるという重要な役割を果たしていることに疑問の余地はない。ここではそれをお金の形、つまり経済という視点から捉えてみることが話の中心となる。

　それでは、私たちが納めた税金や社会保険料と社会保障などの公的サービスの関係を、我が国の経済のなかでみるとどのように「見える化」できるのだろうか。それを試みたものが**図 3-6** である。この図は内閣府「国民経済計算」の数値などをもとにまとめたものである。この統計での分類をもとに、我が国の国民経済を構成する部門（プレーヤー）として、家計（一般の家庭）、企業（金融部門、非金融部門）、政府（国、地方自治体、社会保障部門）を設定した。これらの部門の間で、税金や

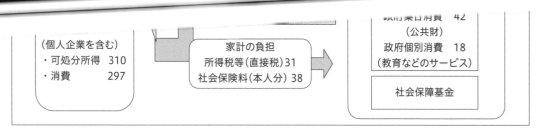

（個人企業を含む）
・可処分所得　310
・消費　297

家計の負担
所得税等（直接税）31
社会保険料（本人分）38

政府集合消費　42
（公共財）
政府個別消費　18
（教育などのサービス）

社会保障基金

注：
1．数値は端数処理の関係で合計が合わないことがある。
2．企業は銀行等の金融機関とその他の企業を合わせたもの、政府は国、地方政府と社会保障基金を合わせたもの。家計部門には個人経営の企業を含む。対民間非営利団体（NPO）を除く。
3．給料、社会保険料は国民経済計算ではそれぞれ、賃金・俸給、社会負担と呼ぶ。社会保険料の雇用主分は給料（賃金・俸給）に含まれる。また、企業以外から受け取る給料（公務員等の給与）は省略した。
4．政府の主な収入である、直接税、間接税は国民経済計算ではそれぞれ、経常税、生産・輸入品に課される税と呼ばれる。この他に、財産所得、経常移転等がある。主な支出である、社会保障は、国民経済計算では社会給付と呼ばれる。政府個別消費は、教育等のサービスの対象となる人々に個別に提供される公共サービスのうち、保健医療を除いたものである。政府集合消費は、警察、外交、国防のような社会全体に対して提供されるサービス（公共財）である。
5．国民所得と国内総生産の関係は次のとおり。
　国民所得＝国内総生産－（間接税（生産・輸入品に課される税）－補助金）－固定資本減耗＋海外からの所得
資料：厚生省『厚生白書 平成11年版』の図をもとに内閣府「国民経済計算」等を用いて作成

社会保険料を納める流れがある一方で、社会保障やその他の公的サービスが提供される流れを中心にお金の流れをまとめている。

　この図から2018（平成30）年度の我が国の経済規模は、国内総生産（GDP）では約548兆円、国民所得では約404兆円である。家計は所得税などの直接税を約31兆円、社会保険料（本人分）を約38兆円負担する。企業は法人税などの直接税を約26兆円、社会保険料（雇用主分）を約41兆円負担する。そして消費税を含む間接税は約46兆円（消費税は約18兆円（財務省資料による）)を社会全体で負担している。

---

i　その他に民間非営利団体（NPO）部門もある。また、家計は企業に雇用されるという前提を置いた。政府や民間非営利団体で働くケース（公務員や団体職員になる）は図が複雑になるので省略した。

これらを合計すると、政府の収入は約188兆円となる（各項目の統計での定義、端数処理のため合計が合わない場合がある）。一方、政府が提供する公共サービスとして、社会保障給付（社会給付）は約117兆円、一般の行政サービスの約81兆円である、これらを合計すると約198兆円となる。このように、家計、企業、政府の各部門の間でお金の流れがある。

2　社会保障の経済効果

1　社会保障がもたらすさまざまな経済効果

社会保障からの給付は私たちの経済の中でどんな位置を占めるか。それでは、これを経済への影響、つまり「経済効果」としてみてみよう。ひとことで経済効果といっても、経済には生産、雇用、消費といったさまざまな側面がある。そこでこれらの側面から経済効果をまとめてみたものが図3-7である。

この図にある「生産波及効果」とは、社会保障が充実することで直接、間接に必要なモノやサービスの生産が増える効果である。次に「雇用創出効果」は、社会保障の充実により新たに働く人が増える効果である。

図3-7　社会保障の経済効果（概念図）

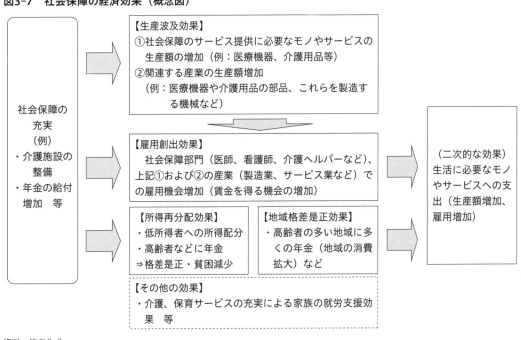

資料：筆者作成

得られる。

このように、社会保障の経済効果としてさまざまなものがある。

2 社会保障の経済面での課題

社会保障には経済効果がある一方で課題もある。ここでは経済面での課題として、いくつか挙げておきたい。

まず社会保障にかかる費用が今後増加することによる財源確保である。2018（平成30）年度の社会保障給付費は約121.5兆円であるが、第2節の側注（p.72）にもある政府の見通しによると、これが2040（令和22）年度には約188.2～190.0兆円にまで増加する。増加する費用は主に社会保険料や税財源で賄う必要がある。これらを主に負担しているのは、現役世代と呼ばれる就労している人々である。しかし我が国では高齢化が進み、人口も減少している。さらに我が国では今後大きな経済成長は期待されていない。そのため、現役世代だけでなく、高齢者などで経済力がある者も費用を負担する側にまわるような、社会全体で社会保障の財源を負担し合う仕組みが必要である。

次に、社会保障分野での人材確保である。近年、介護や保育サービスなどのニーズが増え、社会保障分野で働く人材へのニーズは高くなっている。こうした人材は専門的な知識や技能が必要であり、これまでも人材育成は行われてきた。しかし、若年層が減る一方で、労働条件の厳しさもあり、福祉に関する資格は取得しても就労しない、就労しても定着しないといった課題がある。人材確保とその定着のためには、賃金などの処遇改善、キャリアパスの充実などの取り組みを進める必要がある。

人口減少社会のなか、人材確保策の一つとして、介護などでの**外国人**

Active Learning

あなたの居住地域もしくは出身地域に、社会保障がどのような経済効果をもたらすか考えてみましょう。

分野での支援を進めることが重要である。

　さらに、我が国には高度な情報通信技術（ICT）がある。医療や介護などの社会保障分野でも、ICT を活用した機器の開発、活用が進みつつある。その例として、介護ロボットの開発や活用がある。こうした機器のなかには、介護スタッフが介護される高齢者を移動させるときに、必要な力や体にかかる負担を軽減させるものもある。こうした機器の開発や活用が進むことが望まれる。

　そして、社会保障分野はさまざまな法律や規則でサービス提供の基準が決まっている。その目的には、適切なサービス提供に加え、利用者やそこで働く者の権利や安全の確保もある。そのため、各種法令や規則、個人情報保護、各種のハラスメント防止などのガイドラインなどの遵守を忘れてはならない。そして、違反があった場合のペナルティや再発防止も重要である。

◇参考文献
　・国立社会保障・人口問題研究所「社会保障費用統計」（各年度版）
　・厚生省『厚生白書 平成11年版』ぎょうせい，1999.
　・京極高宣『社会保障と日本経済「社会市場」の理論と実証』慶應義塾大学出版会，2007.
　・医療経済研究機構『医療と福祉の産業連関に関する分析研究』医療経済研究機構，2004.
　・内閣府『経済財政白書』（各年度版）

社会保険・社会扶助・民間保険の関係

　社会保障の議論では、社会保障制度を「社会保険」と「社会扶助」という方式の違いで区分し、それぞれの考え方や特徴を比較検討することがある。保険と扶助の違いは単に財源の違いだけでなく、制度の性質にも大きくかかわっている。ソーシャルワーカーは多様な社会保障制度を活用しながら支援を展開するゆえに、保険と扶助のそれぞれの特徴、長所・短所、課題を理解しておく必要がある。また支援を行うなかで、生命保険をはじめとする民間保険の役割および課題について理解を求められることがある。社会保険、社会扶助、民間保険の特徴を十分に理解したうえで制度活用と課題改善に向けた視点をもつことが不可欠である。

保険と扶助の概念

1 保険と扶助の概念整理

★社会扶助
社会保険と社会扶助を
対比させる際に用いら
れる概念。社会保険方
式でなく、資力調査ま
たは所得調査を伴って
給付される社会保障制
度をあらわすのが一般
的。日本では「公的扶
助」と同義で用いられ、
生活保護を意味するこ
ともあるが、児童手
当、公費負担医療、社
会福祉サービス等も含
める場合もある。

　社会保障の政策・制度に関する議論では、「社会保険」と「社会扶助」を対比しながらそれぞれの特徴を理解することが多くある。こうした整理は、保険方式を用いた制度（社会保険）と扶助方式を用いた制度（社会扶助）の特性を比較し、それぞれの長所・短所を踏まえた制度運営を行い、かつ改善を促していくために役立つ。

　たとえば、日本で年金制度といえば保険方式（年金保険）が基本であるが、デンマークやカナダでは扶助方式の年金制度（保険料を必要としない税負担による年金）が基本にある。また医療に関していえば、日本では医療保険が中心であるが、イギリスやスウェーデンの医療は保険ではなく税金で運営されている。このように、社会保障の方式にはさまざまなバリエーションが考えられ、日本の制度の長所、課題を考えるにあたって、保険と扶助の比較による理論的な整理が大きな意味をもつのである。

　以下ではまず「保険と扶助」の考え方および原理的な違いを理解することで、「社会保険と社会扶助」の各制度の特徴と課題を考える手がかりを得たい。ただし厄介なことに、保険と扶助（および社会保険と社会扶助）は対比して議論されているものの、明確な対概念になっているとは必ずしもいえず、また原理的な整理が十分になされているともいえない状態にある。それでも保険と扶助を区分し、その違いを整理することによって、日本の社会保障の政策・制度の現状と課題について数多くの発見ができることは確かである。

　保険と扶助、社会保険と社会扶助という用語自体がそもそも理解されにくいものなので、はじめに用語の整理をしておく。

社会保障として行われる公的な保険（社会保険）だけでなく、民間企業等が行う生命保険や損害保険といった私的な保険（民間保険）においても活用されている技術である。こうした原理・技術は一定の確立された体系をなしていて、保険学として成り立っている。

　保険の原理・技術を応用していれば、実施主体が政府であろうが民間企業であろうが保険と呼ぶことができる。そして政府（もしくは公法人）が行う公的保険を一般に社会保険と呼び、社会保険方式の制度として分類している。

❷扶助（assistance）

　扶助は、保険のように確固たる原理・技術の体系が確立されているとはいえず、保険方式を用いない制度をまとめてあらわしている。保険が「備える」「予防する」ものであるのに対して、扶助は「助ける」「救済する」という性格があると考えられている（**図4-1**）。

　扶助は政府が用意するものであり、一般財源（公費負担）による給付を特徴としている。民間企業が従業員に対して手当を支給したり、社会

図4-1　保険と扶助の簡単な整理

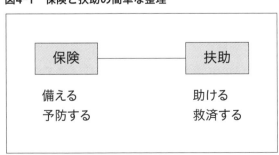

資料：筆者作成

的保険ともいう。

社会保険方式といえば、保険料を財源にしているが、さらに財源の面において保険方式であること（財政方式）が重要である場面、それだけでなく、給付の面においても保険の原理もしくは技術——あらかじめ定められたリスクに対応して保障を行う等の考え方と仕組み（❶を参照）に則っていることを含んでいる。単に財源が保険方式であるという意味ではないことに理解が必要である。

日本で社会保険といえば、具体的には、年金保険、医療保険、介護保険、雇用保険、労災保険の五つを指すのが一般的である。

❹社会扶助（social assistance）

社会扶助とは、保険方式ではなく、扶助方式＝税方式（公費負担方式）を用いた社会保障制度をあらわしている。財源が税金（一般財源）であって保険料の拠出がいらないという意味だけでなく、給付の方式においても、定められた事故に対応する保険のように機械的な給付をするわけではないという特徴をもっている。

また社会扶助では一般的に資力調査または所得調査（所得制限）が行われ、受給資格が制限されている。しかしそのいずれも行わない（収入による基準で受給資格を制限しない）社会扶助も海外にはある。

日本では社会扶助よりも「公的扶助（public assistance）」という概念のほうが一般的で、その代表は生活保護制度であるとされている。それは間違っていないが、社会扶助には、生活保護のように貧困を対象に資力調査を要件とする制度に限らず、児童手当、児童扶養手当、無拠出制年金（最低保障年金）、失業扶助（求職者給付）、住宅扶助（住居確保給付金）等のように、所得調査（所得制限）を要件とする数多くの給付制度が含まれると理解されている。

そこで、社会扶助の中身をさらに整理し、あくまで貧困を対象に資力調査を行うものを社会扶助（または公的扶助）とし、収入基準を設ける程度の緩やかな所得調査（所得制限）のみを行う制度、もしくは児童や障害者といった対象別カテゴリーを特定して現金給付を行う制度を「社会手当」と区別することがある（図4-2）。

児童福祉に限らず、公衆衛生や障害者医療等の公費負担医療制度、そして一般財源による措置＊や自立支援給付＊によって実施されている多くの社会福祉サービス（児童福祉法、各種障害者福祉法、各種虐待防止法等に基づく）も社会扶助に含まれることになる。

　このように、社会保険と社会扶助の区分はその原理的な対比に基づくというよりも、第2節でみるように社会保障政策の歴史的・社会的な文脈のなかで説明されてきた部分が大きく、また議論の場によって意味が変化する。

2　保険の理論

❶リスク

　保険の理論において、保険はリスク（危険）を分散する仕組みだとされている。リスクという言葉は幅広い領域で用いられていて曖昧な概念であるが、保険理論におけるリスクとは、損失が発生する不確実性（損失の可能性）をあらわす。人間の生活・人生におけるリスクは、病気、障害、老化、死亡、失業、労働災害などさまざまな事故＊によって発生する。これらの事故によってリスクが発生することに備えるための仕組みが保険である。

　このように保険は、できれば起こってほしくない不幸なリスクに備えて保障するという発想に基づいている。したがって、結婚、出産、子どもの大学進学といった（喜ばしい）イベントも起こってほしくないことになるわけだが、それらに伴う出費やケア負担こそがリスクだと考えれ

★措置
保護や援護が必要である人に対して、その必要性や条件を満たしているのかなどを行政（自治体）が判断、決定する仕組み。施設や事業者は行政から措置委託費を受けてサービスを運営する。利用者側にサービスの選択権はほとんどなく、行政の権限や裁量で決定される。

★自立支援給付
障害者福祉サービスで用いられている給付方式。利用者（障害者）は受けたいサービスについて相談を行い、自己選択のもと事業者と契約し、行政が利用料の一部を支払う。

★事故
リスクを発生させる事象・事故そのもの。リスクの原因となる事故や災害を意味する。保険学では「ペリル」と表現することもある。

★蓋然性
偶然ではなく、確率的に起こり得ること。本来、可能性は有無（0か100）で表現するが、蓋然性は確率で表現する。

★簡易生命表
年齢別、性別による死亡率（誕生日から次の誕生日までに死ぬ確率）や平均余命を統計によって示した表。厚生労働省が毎年発表している。

★収支相等の原則
加入者が支払う保険料の総額と受給者が受け取る給付金の総額が同等でなければならないとする原則。

ばよいだろう。

　また、リスクが発生する回数や可能性（蓋然性）は確率であらわされる。死亡する確率や乳がんになる確率など、人の生命やライフイベントの発生についての確率統計はビッグデータを蓄積することで明確になり、一定の予測もできる。たとえば生命保険では、年齢・性別による死亡率および平均余命の統計をまとめた「簡易生命表」が活用されている。保険において確率統計が必要不可欠であるということは、リスクの発生率がわからない事柄は保険にはなじまないということを意味している。

❷保険の原則

　理念型としての保険が成り立つためには、次の条件が成り立っていることが必要だとされている。これを保険の原則として概観しておこう。

①　リスクの発生が規則的であること

　あらかじめ予測でき（偶然ではなく）、確率的に必ず起こるであろうリスクに対応するのが保険である。言い方を変えれば、保険はあらかじめ定められ、想定されたリスクのみにしか対応しない。それゆえに、認定されていない難病や障害は保険では対応できないし、ストレス性の精神疾患や過労死は労災認定されなければ保険として対応できないのである。さらには、貧困、いじめ、ひきこもり、そして虐待・DVのような暴力被害といった問題もリスクとして予測できず、保険では対応しないことになっている。

②　収支が保たれること

　収支が保たれなければ、保険は破綻する。もう少し丁寧な言い方をすると、すべての加入者が支払う保険料の総額が、すべての受給者が受け取る給付金の総額と等しくならなければ、保険財政が成り立たなくなる。これを「収支相等の原則」と呼ぶ。もちろんこれは保険理論の話であり、現実の社会保険では公費負担がなされる場合があって、この原則は必ずしもあてはまらない。とはいえ、社会保険でも何らかの形で収支を合わせることが求められるのも確かである。

　保険の収支を保つには、まずその保険に賛同する加入者がいなければならない。そして加入者がもれなく拠出し、基金をプールしておく必要がある。その保険の理念が理解されていなかったり、保険の実施者が信頼されていなかったりすると、加入者が減ったり保険料の滞納者が増えたりする。

……………………（兄返り）があることを保証しているわけではない。

　リスクに応じて負担と給付が等価交換されるべきだとしたら、保険事故の確率が正確に把握されていなければならない。人の生死や人口に関する客観的な統計は「簡易生命表」や「人口動態統計」として厚生労働省が公表しているが、失業する確率、労災に遭う確率といったものは社会的・政治的な影響を受けやすい。

　確率の統計はあくまで数学的に導き出された期待値（計算の結果）であるから、現実の人間に起こるリスクの発生率と完全に一致するものとはいえない。それでもそれぞれの加入者が支払うべき保険料の額を、確率の計算で導き出された数字に近づけておくことが求められる。そこで、確率の数字を求めるにあたっては「大数の法則」に基づいて計算することが重要だとされる。

　たとえば、コインを投げて表が出るか裏が出るかの確率は（数学的には）50％であるが、10回投げただけでは、そのうち5回が必ず表になるとは限らない。3回しか表にならなければ確率は30％になってしまう。だが、もし1億回投げたら限りなく50％に近い数字が得られるだろう。このように母集団を増やすほど、より数学的に正確な確率の数値（期待値）に近づけることができるわけである。つまり保険では、できるだけ加入者が多いほど正確なリスク発生率をもとに計算ができ、正確な保険料を決めることができるということだ。

　とはいえ、この話もあくまで理論の話であり、たとえば少子高齢化の進行は当初の予想よりもはるかに急激であり、「正確な計算」は困難であり、かつそれを踏まえた社会保険制度の改革が政治的に困難であるのが現実である。

険・社会扶助・民間保険の関係

WZ（P＝保険料、W＝事故発生率、Z＝給付額）の計算式であらわされる。

★等価交換
同じ価値のものを交換すること。負担した額と受給する額が同等であること。

★大数の法則
母数（加入者）が多いほど正確な確率計算に基づいた事故発生率に近い数字を導き出せること。母数が多いほど確率の計算は正確になること。

とすれば、たとえば、喫煙者は生活習慣病になりやすいと見られるので生命保険においては高リスク者であるし、残業の多い会社は高い確率で過労死のリスクを生じさせる会社であると考えられる。

　そこで、保険者は保険加入に条件や制限を設けることがある。たとえば既往歴がある者には保険に加入させないといったものである。こうして高リスク者は保険の利用可能性が狭められてしまう。だが福祉的な観点からみれば、高齢であったり既往歴があったりする高リスク者ほど生命保険に入ってリスクに備えるのが望ましい。しかし保険はこれらの人々（必要のある人々）を排除するよう働くので、病気や障害のある人、高齢者、低所得者は保険に入りたくても入れなくなる。

　高リスク者は、自分に不利になる「負の情報」（既往歴など）を隠して保険に加入しようとするかもしれない。たとえば過去に大病したことや事故を起こしたことを隠すなどのように。このように、リスクが発生する可能性があることをわかっていながら、高リスク者が保険契約することを逆選択と呼ぶ。逆選択の結果、高リスク者ばかりが保険に加入し、保険事故（給付）が多発する。その結果保険料が高くなり、低リスク者はますますそのような保険には入ろうとしなくなる。

　このようなことが起こるのは、保険取引において情報の非対称性があるからである。保険が適正に運営されるには、保険の実施者と加入者が対等な関係にあり、両者の間で情報が等しく共有されていなければならないが、どちらかが情報を隠したり偽ったりすると逆選択が起こる。

　また、保険に加入する者は加入しない者に比べてリスク管理がルーズになりがちである。保険に加入する者は、加入しているという安心感から気の緩みが生じ、リスクが発生しても大丈夫だと考えるため、結果的にリスク発生率を高めてしまう。こうした事態をモラル・ハザードと呼ぶ。たとえば、公的な医療保険があることによって人々が健康な食生活に気をつかわなくなり、生活習慣病にかかってから事後的に診療や薬の処方を求めることがあるだろう。モラル・ハザードは、社会保障がよく整備された社会ほどリスクの発生率が高まるという事態をももたらす。失業保障が手厚いフランスでは失業率がつねに高く、人々は失業に不安を抱かないとされることにもあらわれている。

確率論的には計算できないので、つねに政治的な論争となり、価値判断を伴うものとなる。たとえば、生活保護が必要かどうか、児童虐待をしている疑いのある家族に介入すべきかどうか、といった判断を伴う問題である。

理論的には、必要は個人の主観的な欲望・欲求というよりも（市場によって満たされる需要でもなく）、客観的・社会的な価値判断や、規範的・道徳的な基準（正義や権利等）に基づいて充足されるべき状態だとされている。何かが必要であるということは、一定の価値判断に基づいて想定された「望ましい状態」に照らして「不足するものがあること」を意味している。

2 扶助における資力調査

「ベヴァリッジ報告★」は保険と扶助の違いを端的に整理している。それによれば、保険は拠出に基づく権利としての給付であるが、扶助は「必要の証明と資力調査」を条件とした給付であるとされる[1]。つまり扶助においては必要の確認が求められ、そのため扶助の制度では資力調査が行われる。

現金を給付する扶助の場合は、必要のない人が受給を望んだり、実際に受給したりするので（一般にこれをフリーライドまたは不正受給という）、それらをなくす（減らす）には「ほんとうに必要かどうか」を確認するための資力調査または所得調査（所得制限）が必要になると考えられている。

だが一方で、資力調査を行うことは扶助のアクセシビリティ（利用し

うなニーズに応えるべきか、必要と需要は何が違うかといった議論。社会福祉では「人間の基本的必要(basic human needs)」が探究されている。J. ブラッドショーの必要論では、必要の四つの次元が説明され、必要の規範性が指摘されている。

★ベヴァリッジ報告
1942 年にウィリアム・ベヴァリッジがまとめたイギリスの社会保障計画。正式な名称は「社会保険と関連サービス」。貧困をはじめとする「五つの巨悪」を根絶し、また「ナショナル・ミニマム」（最低生活保障）としての社会保障を確立させる意義を示した。このレポートに基づき戦後イギリスは福祉国家を築き、世界の社会保障の発展に影響を与えた。

やすさ）を低下させ、選別に伴うスティグマ（汚名、恥辱感）を負わせ
る。さらに資力調査には専門的な価値判断が必要だと考えられているた
め、パターナリズム*に陥りやすい。生活保護のような選別性の強い扶助
では、資力調査は申請時だけでなく、ソーシャルワーカーによって自立
助長として金銭管理や健康管理を含む自立の指導が行われることで、生
活改善や社会適応が求められる。これらは扶助の受給に際して義務に
なっていくから、資力調査と同じ機能をもつ。

　資力調査が行われるもう一つの理由は、生活自助原則と呼ばれる倫理
を一般の人々に徹底させるためである。それは、扶助への依存を排除し、
労働倫理に基づいて自活することを「自立」と呼ぶような価値・倫理を
補強するからである。

3 扶助の難しさ

　扶助に伴う資力調査は客観的な判断基準をもって行われていると考え
られているが、そもそも必要の判断には価値判断が伴うので、現実には
客観的（合理的）には決定しにくいものである。つまり何が必要か、誰
に扶助を行う必要があるかという議論はつねに論争的で、政治的に決定
されている部分が大きい。どのような必要に対して扶助を出すべきか、
どの程度の必要に応えるべきかが争われたり、あるいはそのような議論
自体が無視されたりする（議論の余地を与えられなかったりする）。こ
れを「必要解釈の政治」と呼ぶ。

　たとえば、シングルマザーの必要とは何かを考えるとき、シングルで
あるからこそ就労と子育てが両立できる支援が必要だと考える人もいる
し、また就労せずに子育てに専念できる金銭給付が必要だと考える人も
いる。さらにある人は「再婚」こそが必要だと考えたり、親との同居が
必要だと考えたりする。

　このように、必要の中身は議論され解釈される事柄であって、資力調
査にみられるような合理的な基準あるいは単眼的な視点だけに基づいて
決めることは難しいものである。シングルマザーに扶助を給付するとし
ても、それは生活のための資金なのか、子どもの文化教育のための資金
なのか、母親の健康や休息のための資金なのか、考えていく必要に迫ら
れる。そこにはいくつもの必要の議論と決断がある。つまり扶助におい
て最も重要なことは、何が必要かという話し合いであるといえよう。

　ここまでの保険と扶助の原理的な説明を対比させて整理すると、
表4-1のようになる。

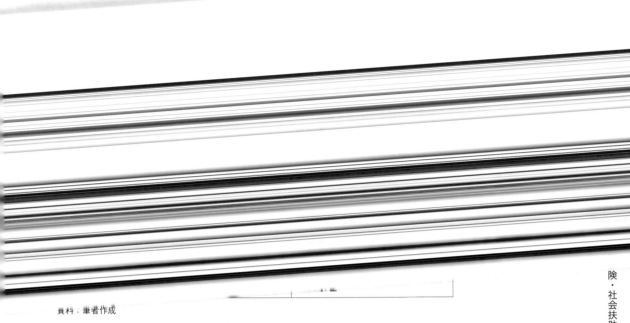

資料：筆者作成

◇**引用文献**

1）W. ベヴァリッジ，一圓光彌監訳『ベヴァリッジ報告──社会保険および関連サービス』法律文化社，p. 5, p. 221, 2014.

◇**参考文献**

- ・武川正吾『福祉社会──包摂の社会政策 新版』有斐閣，2011.
- ・田花康人・岡村国和編著『読みながら考える保険論 増補改訂第 3 版』八千代出版，2018.
- ・L. ドイヨル，I. ゴフ著，馬嶋裕・山森亮監訳『必要の理論』勁草書房，2014.
- ・近見正彦・掘田一吉・江澤雅彦編『保険学 増補版』有斐閣，2016.
- ・長沼建一郎『図解テキスト 社会保険の基礎』弘文堂，2015.

1 社会保険と社会扶助の概念

1 社会保険と社会扶助の歴史的形成

　第1節では「保険と扶助」の考え方および原理的な違いを整理した。これを踏まえて、この節では、社会保障の方式としての「社会保険と社会扶助」の比較を行い、社会保障の政策・制度の特徴と課題を捉えていく手がかりを得たい。

　結論からいえば、社会保険と社会扶助の区分は「保険と扶助」の原理的・技術的な違いというよりも、社会保障の歴史的経緯のなかで、また政策論的な関心のなかで明確化されてきたものである。以下では、社会保険と社会扶助の概念が成り立つまでの歴史的経緯を確認しつつ、両者の違いを明らかにする。

　保険の歴史は古代ギリシア・ローマ時代に遡ることができるとされ、一般的には13世紀以降のヨーロッパにおける民間保険の発達から説明されている。船舶による地中海貿易が発展した当時、それに伴って民間の海上保険が広がるようになったとされている。貿易で莫大な利益を得ようとする商人が、天候や海賊による被害に遭って航海に失敗した場合に備えて海上保険が利用された。その後16世紀以降、都市化が進んだドイツやイギリスでは相次いで大火が発生するようになり、民間会社による火災保険が発達したとされている。

　海上保険や生命保険として発達した保険が、政府による社会保険に初めて応用されたのは19世紀末のことであった。それは、1880年代のドイツ（プロイセン王国）で宰相ビスマルクが社会保険を導入したことで知られている。医療保険（1883年）、労災保険（1884年）、障害・老齢年金保険（1889年）などを世界に先がけて導入したビスマルクは、国家主導によって労働者のための社会保険を用意することで、工業化が

★**海上保険**
船舶の海難事故（天候による沈没や座礁、海賊による被害に遭うこと）に備えて加入する船舶の保険。保険の原点とされ、自動車保険や火災保険の先がけとなってきた。

★**火災保険**
家屋の火災等に備える保険。現代では、地震、台風、落雷、浸水などの自然災害、空き巣被害に備える保険、それらの多様な保障内容を含む住宅総合保険など、火災保険から発展した多様な住宅保険等がある。

★**ビスマルクの社会保険（3部作）**
ドイツ（プロイセン王国）でビスマルク宰相が導入した世界で初めての社会保険。それらは、医療保険（1883年：疾病保険と訳されることもある）、労災保険（1884年）、障害・老齢年金保険（1889年：廃疾・老齢年金保険と訳されることもある）である。

……示された。扶助という概念が初めて用いられたのは、このときであるとされている。しかしその案はあくまで議論に留まり、救貧法が公的責任で貧困救済する制度としての「公的扶助」へと改良されることはなかった。

2 社会保険と社会扶助の確立

1940年代に入って、各国の社会保障政策に大きな影響を与えたレポートが二つ示されている。一つが国際労働機関（以下、ILO）がまとめた「社会保障への途」、もう一つがイギリスの「ベヴァリッジ報告」である。両者は、社会保険と社会扶助の関係を整理しながら、両者の組み合わせによって社会保障が形成されていることを説明している。

ILOの報告書「社会保障への途」（Approaches to Social Security：1942年）は、社会保険方式と社会扶助方式の特徴の違いを考察し、それらの調整と統合によって成り立つ社会保障制度の意義について論じている。当時いくつかの先進国で、すでに社会保険は国民全体をカバーする普遍的な所得保障制度となりつつあった。そして、救貧制度の改良、あるいはホームレス対策や一部の障害者対策、母子家庭対策といった「特別な人々」への取り組みから社会扶助が形成され始めていた。だが当初から社会扶助は社会保険の「従属的な関係」にあると一般的に考えられていた。つまり社会保険のほうが普遍的・一般的なもので、社会扶助は選別的・特殊的なものとみられていた。

このような見方を覆すように、同報告書は両者が相互に接近している状況を捉え、各国が社会保険と社会扶助の相互関係によって成り立つ包括的な社会保障を計画することが必要であると論じたのである。

★ ILO
国際労働機関（International Labour Organization）と訳される。完全雇用と社会保障の推進、労働者の労働条件と生活水準の改善等を目的とする国連の専門機関。1919年に創設され、本部はスイスのジュネーブにある。

方、「ベヴァリッジ報告」は、救貧制度に代わるイギリスの新しい
社会保障計画を示したもので、その最も重要な方法として社会保険を位
置づけ、そして社会扶助（国民扶助）は社会保険を補うものと整理して
いた。なお社会扶助は社会保険を補うものしあるが、「扶助は、社会保
険の適用範囲がどれだけ拡大されても、社会保険を補足するものとして
欠くことができない」と記している[2]。

また、①基本的なニーズに対する社会保険、および②特別なケースに
対する社会扶助に加えて、③基本的な給付に対する付加としての任意保
険、によって所得保障は補完されるとしていた。社会保険、社会扶助、
民間保険という三者関係の重要性をすでに見越していたのである。

「ベヴァリッジ報告」における社会保険と社会扶助[*]

社会保険は「被保険者本人または被保険者に代わる者による強制保険
料の事前の拠出を条件として、請求時の個人の資力に関係なく、現金給
付を支給する」もの。

社会扶助は「請求時に困窮していることが証明された場合に国庫より
支払われる現金給付で、事前の拠出が問われることはないが、個々の事
情が審査され、その事情に応じた額が支払われる」もの[3]。

ベヴァリッジ報告が想定した社会扶助は、王立救貧法委員会が示した
「公的扶助」よりも公的責任を明確にしたもので、国民の権利として保
障される扶助として考えられていた。こうした議論により、イギリスで
は、強制加入の年金保険・失業保険・労災保険を含んだ国民保険法、お
よび社会扶助としての国民扶助（national assistance）法、および公
費負担医療である国民保健サービス（NHS）法が整備された。

なお、「社会保険を補完する社会扶助」というベヴァリッジが示した
制度の骨格は、1960年代以降少しずつ修正されていき、社会扶助のス

の進展とともに工場労働者や炭鉱労働者の労働環境が悪化し、保険という方法によって労働者の健康を保障する必要性が高まった。労働運動と人権思想の高まりも受けて、1922（大正 11）年に日本で最初の医療保険である健康保険法が制定された。医療保険はその後も加入者を拡大する必要に迫られ、1938（昭和 13）年に国民健康保険法が制定された。また保険方式の年金については、労働者年金保険法（1941（昭和 16）年：のちの厚生年金保険法）が最初であった。

公的扶助の概念が初めて使われたのは、GHQ による「**社会救済に関する覚書**」（1946（昭和 21）年）である。戦前に公的扶助に類する制度がなかったわけではないが、その概念は元来日本にはなかった。GHQ は、1930 年代のアメリカのニューディール政策に着想を得て、日本に対して "public assistance" を制度化するよう指示した。その当初の訳は「公的扶助」ではなく「社会救済」であった。

その後、日本国憲法（1946（昭和 21）年）第 25 条で社会保障と社会福祉という概念が示されたわけだが、それらの意味は十分に整理されていなかった。ILO や国連等の議論を踏まえ、1950（昭和 25）年に社会保障制度審議会は「社会保障制度に関する勧告」（通称「50 年勧告」）として、「社会保障制度」を定義した（第 2 章第 1 節参照）。そして、これから整備すべき統一的な社会保障制度の体系を示し、その中身として「社会保険」「国家扶助」「公衆衛生及び医療」「社会福祉」の四つを挙げている。

「社会保険」とは、医療保険、年金保険、失業保険、労災保険を意味すると考えられ、また当時日本には社会手当は存在していなかったので、「国家扶助」とは生活保護のことであった。そして「公衆衛生及び

★社会救済に関する覚書
1946（昭和 21）年に占領軍最高司令部（GHQ）が示した指令「社会救済」（SCAPIN 775）のこと。GHQ はこれにより、国家責任、無差別平等、救済費非制限を原則とする公的扶助を導入するよう日本政府に提示し、生活保護法につながった。

「福祉的制度」としての機能を有するものと書かれている……しかし、「社会保障制度は、社会保険、国家扶助、公衆衛生及び社会福祉の各行政が、相互の関連を保ちつつ総合一元的に運営されてこそはじめてその本然の目的を達することができるであろう」とも記述している。ILO報告書およびベヴァリッジ報告の双方の影響を強く受けていることもうかがわせる。

その後、社会保障制度審議会は1993（平成5）年に『社会保障将来像委員会第一次報告・社会保障の理念等の見直しについて』をまとめ、「50年勧告」が示した社会保障の概念と範囲の議論を整理しなおしている。社会保険と社会扶助の関係性について、同報告書は次のように記述している。

　社会保障は、歴史的には、貧困者を救済する公的扶助と、貧困に陥るのを防止するための社会保険との二つの制度を起源として形成されてきた。このため、社会保障を公的扶助と社会保険の統合形態だとする考えがある。しかし、今日では、公的扶助ほど厳しい資産調査又は所得調査を行わないが、社会保険としてではなく、一般財源による給付を行う分野も社会保障の中で重要性を増してきている。例えば、児童手当などの社会手当、福祉サービス、公費負担医療などであるが、公的扶助を含めてこれら一般財源による給付を社会扶助と呼ぶとすれば、社会保障は社会保険と社会扶助から成るということができる。社会保障の中心的な給付は所得保障、医療保障及び社会福祉であるが、これらはいずれも社会保険又は社会扶助のどちらの形態でも行うことができる。

なお、同報告書は、社会保障制度の外にある「社会保障に関連する制度」として、税制上の控除制度、雇用政策、住宅政策等の重要性を指摘した点でも注目された。

2 社会保険方式と社会扶助方式

現代において、社会保険と社会扶助の違いは、「保険と扶助」の原理的な違いを踏まえつつ、社会保険方式と社会扶助方式の違いとして理論的にも整理されている。**表 4-2** は、社会保険方式と社会扶助方式の違

第一に、社会保険は保険料を拠出させることで給付の権利性を高めることができると考えられている。つまり負担と給付の関係が明確であり、支払った見返りに権利を得られるという考え方は人々の理解を得やすく、資本主義的な交換原理にもかなっている。

ただし、社会保障の権利（社会権）はそもそも負担に伴う権利ではなく、国民にはじめから与えられている権利である。また、権利に対して義務を強調する考え方もあるが、義務は必ずしも保険料の拠出や労働によって果たさなければならないわけではない。義務をコミュニティで分担して、払える人が払い、払えない人が受給するということも可能である。

この保険料と権利性との関連については、さらにいくつかの論点がある。一つは、負担しなければ給付がないとしたら、負担できない者と負担しない者の問題が残されるという点である。いわゆる未加入者、保険

表4-2　社会保険方式と社会扶助方式の違い

	社会保険方式	社会扶助方式
リスク分散の技術（保険）を用いるか【保険性があるか】	用いる	用いない
保険料・税を負担することで給付を得られるか【対価性があるか】	負担することで給付される	負担と給付は対になっていない
保険料・税の納付額が給付額に反映するか【等価性があるか】	緩やかに反映する	反映しない
財源	保険料を基本とするが、税負担部分がある	税を基本とする

出典：堀勝洋『社会保障・社会福祉の原理・法・政策』ミネルヴァ書房，2009．p.35の図を一部改変

料未納者の問題である。年金保険の場合、未加入・未納は無年金につながり、さらに定められたすべての保険料を納めていなければ満額の年金をもらうことはできず、低年金（年金額が低いこと）にもなる。雇用保険の場合、被保険者にふくまれない非正規雇用労働者や長期失業者は給付を受けられないので、すべての人々の失業に備える制度にはなり得ていない。

このようなことがないように、日本の年金保険では保険料の免除・猶予制度を設けているが、無年金・低年金の完全な回避には至っていない。「皆年金」といいながら、負担できなければ最低限度の年金さえも受け取れないことは大きな問題である。

二つ目に、社会保険の普遍性についての理解を問いなおす必要がある。というのも、社会保険は幅広い人々が利用できる「普遍主義」を特徴とし、一方社会扶助は対象を絞り込んで制限する「選別主義」であると理解されることがある。しかしこの理解では、社会保険の整備こそが社会保障の普遍化のカギということになってしまう。普遍主義かどうかは理念・対象・方法など多義的なものなので、社会保険であっても資格要件によって対象を選別することはあるし、すべての人々に平等な給付を行うわけでもないので、社会保険は普遍主義であると一概に評価すべきではない。

❷就労意欲

第二に、社会保険は保険料を支払って給付の権利を得るために、人々の就労意欲を高める効果があるとされる。とりわけ日本の厚生年金のように、フルタイムの正規雇用で高所得であるほど年金額も増加するという逆進的な所得保障の制度になっていると、そのような正規雇用労働を望む人が増えるかもしれない。

対する社会扶助はフリーライドや依存を多く生むので効率が悪いとされる。人々が労働倫理に基づいて就労し、自助を基本に社会が回っていくほうが社会全体の幸福度が増すという考え方（功利主義）にしたがえば、就労意欲を高めることは重要である。

だが、保険料の負担が重くなった現代では、保険料負担が就労意欲の減退を招いている事実もあり、就労意欲を高めているとは言いきれない。そのうえ正規雇用が減少し、非正規雇用が拡大するなかで、こうした考え方の前提が問われている。そもそも保険の権利を得るために人は労働するのかという問題でもある。そして、就労もしくは就労意欲に価値を置くことで、就労（賃金労働）できない者の社会的地位は低められ

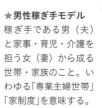

合や連帯、秩序維持に貢献しているとされる。たとえば、日本の健康保険や厚生年金のような被用者保険は、世帯を単位としている。稼ぎ手である夫が加入すれば、専業主婦である妻と子は扶養家族として保険の被扶養者の地位を得ることができる。

　このとき社会保険は「男性稼ぎ手モデル[★]」を前提としている。これにより専業主婦の保険料が免除されたり、遺族給付を得られたりといった「優遇」が与えられ、そのような女性の貧困を予防することができる。その代わりに女性は従属的な地位に置かれ、さらに正規雇用で就労する女性との公平性に関して課題があると見ることもできる。

　近年では、男性稼ぎ手モデル世帯は急速に減少しているが、社会保険における世帯主義は変わっていない。社会保険がそのようなスタイルの家族像もしくは家族形成を促しているのだとしたら、それはジェンダー不平等を助長する制度となる。

❹予防機能

　第四に、保険の理論で説明されているとおり、保険には予防機能があり、あらかじめ定められたリスクに対応するものである。事後的に対応する扶助に比べて、予防に重点を置くことは意味をもつであろう。だが保険は予期されたリスク以外の多くの必要を取りこぼしてしまう。社会保険でもこの点は同じであるが、そのために社会扶助が用意されており、両者がセットで機能しなければ社会保障は成り立たないといえる。

　さらには、普遍的な手当のような社会扶助がリスクに対して予防的に働くとみることもできるだろう。

❺安定財源の確保

　第五に、社会保険のほうが長期的に見て安定的な財源が確保できるとされている。社会扶助は政治(選挙)や財政事情に左右されやすいので、社会保険のほうが独自の安定した財源を長期で確保しやすい。とはいえ、日本の社会保険の多くは公費負担によって財政をまかなっている部分があり、財政規模も大きいため、社会扶助と同様に政治の影響を受けやすい。

★男性稼ぎ手モデル
稼ぎ手である男（夫）と家事・育児・介護を担う女（妻）から成る世帯・家族のこと。いわゆる「専業主婦世帯」「家制度」を意味する。

社会保険・社会扶助・民間保険の関係

1 共助としての保険、公助としての扶助

社会保険と社会扶助は、近年では「共助」と「公助」という表現に言い換えられて説明されることがある。内閣府の社会保障の在り方に関する懇談会は、2006（平成18）年に「社会保障の在り方に関する懇談会最終報告書」をまとめ、「自助、共助、公助」という概念を用いて「社会保障についての基本的考え方」を次のように示した。

我が国の福祉社会は、自助、共助、公助の適切な組み合わせによって形づくられるべきものであり、その中で社会保障は、国民の「安心感」を確保し、社会経済の安定化を図るため、今後とも大きな役割を果たすものである。

この場合、全ての国民が社会的、経済的、精神的な自立を図る観点から、

1）自ら働いて自らの生活を支え、自らの健康は自ら維持するという「自助」を基本として、

2）これを生活のリスクを相互に分散する「共助」が補完し、

3）その上で、自助や共助では対応できない困窮などの状況に対し、所得や生活水準・家庭状況などの受給要件を定めた上で必要な生活保障を行う公的扶助や社会福祉などを「公助」として位置付けることが適切である。

その「共助」のシステムとしては、国民の参加意識や権利意識を確保する観点からは、負担の見返りとしての受給権を保障する仕組みとして、国民に分かりやすく負担についての合意が得やすい社会保険方式を基本とすべきである。その際には、国民皆保険・皆年金体制を今後とも維持していく必要がある。

現在の我が国の社会保険においては、被保険者・事業主・公費の負担比率は概ね1：1：1となっているが、今後の高齢化等に伴い公費負担割合の高い高齢者関係給付が増加することから、公費負担の比重が高まっていくことが見込まれている。社会保険においては、今後とも、コスト意識を喚起する観点、事業主も社会保障制度の利益を受け得るという観点からも、労使折半を原則とする社会保険料を基本とする。そして、税財源による公費負担は、国民皆保険・皆年金体制を堅持する観点から、主に社会保険料の拠出が困難な者を保険制度においてカバーするために投入することを基本とすべきである。

★社会保障の在り方に関する懇談会
内閣官房長官が主宰し、関係閣僚や有識者から成る懇談会として2004（平成16）年から2006（平成18）年まで計18回の会合を行い、報告書「今後の社会保障の在り方について」をまとめた。

★自助、共助、公助
現代社会は自助を原則とし、次に社会保険である共助、その次に社会扶助である公助が国民を支えるとする議論を政府が展開した。その後、市民活動・住民活動等を意味する「互助」を取り入れ、「自助・互助・共助・公助」のバランスを強調する議論が示されるに至っている。

同報告書の特徴……的に捉え、……づけをしている点……おりである。

　自助とは「自ら働……健康は自ら維持す……ことを意味してい……社会経済の基本で……あるとされている。

　共助とは「生活の……を意味している。す なわち社会保険を意……返りとしての受給権 を保障する仕組み」……保険の理論に基づい ており、社会保険の……いない。また「国民 に分かりやすく負担……保険方式を基本とす べきである」として……険であることを強調 している。

　公助とは「自助や……の状況に対し、所得 や生活水準・家庭状……必要な生活保障を行 う公的扶助や社会福……助と共助では対応で きない事柄に対して……であると強調してい る。

　なお、厚生労働省……」等において、「自助 ・共助・公助」に加えて「互助」の概念を取り入れ、地域包括ケアシス テムが「自助・互助・共助・公助」によって成り立つことを説明してい る。互助とは、相互に支え合うという意味では共助と共通するが、費用 負担が制度的に裏付けられていない自発的なものであるとされる。

2 社会保険と社会扶助の接近

　内閣府・社会保障の在り方に関する懇談会が示すように、近年日本の 社会保障を「自助→共助（社会保険）→公助（社会扶助）」という段階 で考えようとする議論が一般化している。しかし、実際の社会保障制度 の歴史的・社会的な成り立ちをみると、社会保険と社会扶助は接近する 形で統合的に社会保障制度の体系を形成しており、特に社会保険が扶助 の性格を強めたり、扶助を求めたりしている部分が広がっている。

　たとえば、財政面でいえば、基礎年金や介護保険の公費負担割合が ５割に達するなど、社会保険財政は「扶助的」な性格を強めている。 また給付面や運営管理面においても、社会保険は保険の原理に基づく純 粋な保険方式ではなくなっている部分がある。社会保険は元来保険でカ バーされない層にも加入の枠を広げたり、給付の機会を与えたりしてい

★社会保険の扶助化
社会保険が扶助方式の
性格を帯びていく様子
をあらわした言葉。反
対に、介護保険法や障
害者総合支援法が導入
されたこと等をもって
社会保障が「保険化」
すると理解する議論も
ある。

、保険料の減免制度、自
に、「自助・共助・公助」の関
て厳密性をもたせた議論をするこ

　社会保険方式が社会扶助方式に接
化」と呼ばれることもある。ロザンヴァ
険社会の衰退」と表現して、むしろ扶助の積
彼によれば、20世紀初頭から半ばまで、社会
では、相互扶助を掲げる保険が人々の連帯を促す
は連帯の哲学に立脚することができた。だが、現代
なくなっている。たとえば長期失業者、ホームレス、
マザー、性的マイノリティといった社会的排除に対して社
な機能を発揮できず、むしろ保険によって階層間・世代間の
り立たせることが困難になっている。

　そこで現代では、社会の連帯を促すために、保険ではない原理か
られている部分がある。デンマークやカナダでは、年金制度は保険方
では未加入・未納者が出てくることを見越して、公費負担による年金制
度を導入している。またイギリスやスウェーデンでは、保険方式による
年金を補うための公費負担による「最低保障年金」を用意している。ダ
イバーシティを前提に人々の社会的連帯や社会統合を図るために、社会
保険と社会扶助の役割を再確認する議論もあり、その延長でベーシック
インカムの議論に目を向けることもできるだろう。

★ダイバーシティ
多様性、多文化性。性
別、人種、国籍、宗教、
年齢、身体、経歴など
の多様さ。

★ベーシックインカム
基本所得と訳される。
すべての人々（個人）
に対して無条件で（資
力調査を行わず）毎月
定額の給付金を支給す
るという扶助（手当）
の仕組み。新しい所得
保障制度として構想さ
れ、ヨーロッパや南米
では実験的に導入され
ている。

◇引用文献
1）ILO，塩野谷九十九・平石長久訳『ILO・社会保障への途』東京大学出版会，pp.103 〜 104，1972.
2）W. ベヴァリッジ，一圓光彌監訳『ベヴァリッジ報告——社会保険および関連サービス』法律文化社，p. 188，2014.
3）同上，p. 188

◇参考文献
・佐口卓・土田武史『社会保障概説 第6版』光生館，2009.
・近見正彦・掘田一吉・江澤雅彦編『保険学 増補版』有斐閣，2016.
・長沼建一郎『図解テキスト 社会保険の基礎』弘文堂，2015.
・庭田範秋『社会保障論——現代における保障と保険の理論』有斐閣，1973.
・平田冨太郎『社会保障』日本労働協会，1974.
・横山和彦『社会保障論』有斐閣，1978.

i 　『連帯の新たなる哲学—福祉国家再考』（勁草書房）などの著書があるフランスの政治学・歴史学研究者。連帯のためには保険ではなく扶助による再分配が重要であるとしている。

第3節　社会保険と民間保険の現状

● 生命保険と損害保険の違いおよび種類について理解する

● 社会保険と民間保険の違いおよび種類について理解する

1　社会保険と民間保険の種類

1　民間保険の種類

　第1節で整理したように、保険の原理は社会保険よりも、むしろ生命保険や損害保険のような民間保険において厳密に用いられている。民間保険は社会保障制度ではないが、人々の生活上のリスクに備えるという意味で社会保障と同様の機能をもつことがあって、関連して理解を深めておくべきものと考えられている。そこで以下では、社会保険と民間保険の種類や違いについて整理する。

　はじめに、社会保険と民間保険の具体的な制度、保険商品を整理して、その多様な種類を確認しておく（**表4-3**）。

2　生命保険

　生命保険は人の生存または死亡に対して給付を行う民間保険である。死亡保険（終身保険）と生存保険に分けることができ、このうち生存保険は生存中に発生するリスクに対して給付するもので、年金保険や学資保険がある。個人年金とも呼ばれる年金保険は、公的年金とは異なり給付期間が無期ではなく有期の場合が多い。年金保険も学資保険も積立保険（老後や進学に備えて積み立てる）であり、貯蓄的な要素が強い。なお、死亡保険と生存保険を組み合わせたものを生死混合保険と呼ぶこともある。

　年金保険の一つとして、個人が毎月決まった掛け金を拠出し、その資金の運用実績により将来の年金給付額が変動する確定拠出年金があり、貯蓄・資産形成型の個人年金として位置づけることができる（確定拠出年金をはじめとする個人年金については『第5章　第3節　5企業年金と個人年金　**3**個人年金』参照）。

表4-3　社会保険と民間保険の種類

社会保険	民間保険	
年金保険：厚生年金、国民年金 医療保険：健康保険、国民健康保険 介護保険 雇用保険 労災保険：労働者災害補償保険	生命保険	
	死亡保険：死亡に備える 生存保険：年金保険、学資保険など生存中のリスクに備える 第三分野の保険：理論上は損害保険であるが、生命保険の特約として実施されている（三大生活習慣病特約、障害特約、入院特約、介護特約、傷害特約など）	
	損害保険	
	海上保険：海難事故や運送上の事故に備える 火災保険：住宅総合保険、地震保険など 自動車保険：自動車損害賠償責任保険（自賠責）、自動車総合保険（任意保険） 第三分野の保険：日常生活や旅行時の事故やけが等に備える（傷害保険、ボランティア保険、ペット保険、海外旅行保険など）	

資料：筆者作成

　病気やけがに備える保険は、理論上は生命保険でも損害保険でもない「第三分野の保険」という分類になるが、実際のところでは生命保険の特約として組み合わされていることが多い。これには、生活習慣病特約（がん保険など）、障害特約、入院特約、介護特約、傷害特約などが含まれる。

　簡易生命保険（かんぽ）は旧郵政省が扱っていた生命保険であり、1916（大正5）年に国営事業として創設されたものである。国営でありながらも強制加入ではないため公的保険ではなく民間保険に分類されてきた。郵政民営化によって2006（平成18）年から株式会社かんぽ、2007（平成19）年に株式会社かんぽ生命保険として完全民営化された。現在でも郵便局を窓口として「かんぽ生命」として生命保険や年金保険を扱っている。

　また、協同組合等（全国共済農業協同組合、消費生活協同組合等）が扱う「制度共済」と呼ばれる保険がある。全労済、都道府県民共済、コープ共済、JA共済といった名称で知られている。共済とは相互扶助という意味であり、各種協同組合は職域・地域の連帯意識に基づいて相互扶助としての保険事業（共済事業）を展開してきた。現代ではそれらの組合員でなくても加入できる。

3 損害保険

　損害保険は、損害（モノ）や傷害（人身）を中心とした事故に対して給付を行うものであり、生命保険以外のさまざまな保険が含まれている。歴史的には海上保険と火災保険が原点としてあるため、現在でも海上火災保険と称する保険会社が多くある。火災保険の発展型として、現代では住宅総合保険や地震保険などが含まれる。

　自動車保険には、自動車損害賠償責任保険（自賠責）と自動車総合保険（任意保険）があり、前者は自動車ごとに必ず加入しなければならない強制保険である（強制加入であるが公的保険には分類されない）。

　その他の損害保険として、日常生活や旅行時の事故やけが等に備える保険（傷害保険、ボランティア保険、ペット保険、海外旅行保険など）がある。これは生命保険の特約と同様に、理論上は第三分野の保険として整理されるものである。

2　社会保険と民間保険の違い

社会保険と民間保険

　社会保険と民間保険は、いずれも保険の原理に基づいて運営されている部分において共通点を有している。あらかじめ定められたリスクに対応することや、そのリスクの発生が確率統計として把握されていること等である。また、保険は基本的に貯蓄ではなく「掛け捨て」という考え方が適している点においても、本来は社会保険と民間保険に共通する特徴となる部分である。保険に加入する者がリスクの発生に備えなくなるモラル・ハザードという点も、双方に共通して起こりがちなことである。

　一方で、社会保険と民間保険には多くの異なる特徴がある。

　第一に、実施主体において、社会保険は政府（または運営を委託された公法人）が実施するものであり、国家の管理下で運営されている。民間保険は民間企業（株式会社、相互会社*、協同組合等）が実施しており、保険商品として市場原理に基づいて運営されている。この第1点目は以下のすべての項目にかかわり、大きな違いを生む。

　第二に、社会保険は強制加入であるが、民間保険は任意加入である。民間保険が任意加入であるということは、個人の自由選択に任されているようにみえる。だが、実質的には低所得者は保険料の負担が困難であるため民間保険に入るという選択肢をもたない。

★**相互会社**
保険業法に定められた固有の法人制度。民間保険は、株式会社ではなく特殊な非営利法人である相互会社として、保険による相互扶助を目的に運営することができる。相互会社が運営する保険では、理念上、保険契約者（加入者）は社員となる。

★応能負担と応益負担
応能負担とは支払い能力に応じて負担すること。すなわち、高所得者の負担は多く、低所得者は少なくすること。応益負担とは利益（見返り）に応じて負担すること。すなわち、給付やサービスを得る人が、得ない人よりも多くの負担をすること。

Active Learning

民間保険との違いを理解しながら、どのような点で社会保険制度が重要な役割を果たしているのか考えてみましょう。

第三に、2点目の裏返しであるが、社会保険は強制加入であるゆえに、必然的に低所得者や無所得者にも配慮しなければならない。それゆえに社会保険には保険料の免除・猶予の制度が設けられており、公費負担によって所得による負担能力の格差に配慮している。それは「応能負担」ということでもあり、所得再分配を意識するものである。ただし、こうした措置にもかかわらず日本の社会保険には未加入者が発生しており、特に無年金者の発生は「皆年金」という理念に反する重大な問題である。

一方、民間保険には負担能力の格差に配慮する仕組みはなく、「応益負担」となっている。民間保険は任意加入とされているが、実質的に低所得層には無縁なものであり、さらに中間所得層であっても十分な保障内容を備えた保険に加入することが難しいという現状がある。

第四に、保険で保障される給付は、社会保険は最低限（ナショナル・ミニマム）の保障であるのが一般的であり、負担と給付の関連性（等価性）はあまりない。たとえばサラリーマンが加入する健康保険の保険料は報酬比例であるため高所得層ほど多くの保険料を支払うが、だからといって高額な医療をより多く受けられるということにはならない（所得再分配の機能をもつ）。社会保険の給付は支払いとは無関係に平等であり、給付の水準は一律である。一方、民間保険は「給付・反対給付均等の原則」に従っており、負担に見合った保障内容が用意される。

第五に、財政面では、社会保険は公費負担（国庫補助）等で補われる場合があって、必ずしも保険料だけで収支バランスが取られているわけではない。もちろん公費負担を含めて何らかの形で収支が相等になることが求められるが、現実の制度では、保険の原則である「収支相等の原則」が徹底されているわけではない。一方で、民間保険に公費からの補助はなく、収支相等の原則が守られている。

以上の議論の要点をまとめたのが**表4-4**である。

表4-4　社会保険と民間保険の違い

	社会保険	民間保険
実施主体	政府	民間企業（株式会社、相互会社、協同組合等）
加入	強制加入（対象は全国民）	任意加入（低所得層は負担できないので加入しにくい）
負担	保険料の免除・猶予があり、所得格差に配慮している（応能負担）。	なし（応益負担）
給付	給付は一律、かつ最低限であるのが一般的。また、保険料額と給付との関連性は薄い（所得再分配機能をもつ）。	保険料額に見合った給付を得られる（給付・反対給付均等の原則）。
財政	公費負担があり、保険の収支は保険料だけで賄われているわけではない。	公費負担はなく、保険の収支を合わせる必要がある（収支相等の原則）。

資料：筆者作成

第
4
章

社会保険・社会扶助・民間保険の関係

◇**参考文献**
・長沼建一郎『図解テキスト　社会保険の基礎』弘文堂，2015.
・内閣府・社会保障の在り方に関する懇談会「社会保障の在り方に関する懇談会最終報告書」2006年　https://www.kantei.go.jp/jp/singi/syakaihosyou/dai18/18siryou3.html

第5章

社会保障制度の体系

　本巻の中心となる、社会保障の各制度の概要を説明する章である。ソーシャルワーカーとして、各制度の基本的な仕組みや考え方を知っていることは不可欠であり、国家試験でも本章の内容が最も多く問われている。医療保険については、健康保険、国民健康保険、後期高齢者医療制度などからなる体系の下での負担と給付について説明する。介護保険については、本章では社会保険としての負担と給付の仕組みを学ぶ（介護サービスの詳しい内容については社会専門②『高齢者福祉』を参照）。年金では、職種ごとの制度への加入と、基礎年金と厚生年金による2階建て給付の体系による、負担と給付の仕組みを理解してほしい。労働保険では、労災保険と雇用保険の仕組みを学ぶ。また、児童手当などの社会保険方式ではない現金給付について、社会手当としてまとめている。そのほか本章では、生活保護のほか社会福祉の諸制度について、制度体系を学ぶ観点から概説する（詳細は社会専門④『貧困に対する支援』、社会専門⑤『保健医療と福祉』等を参照）。

第 1 節　医療保険制度の概要

学習のポイント

● 日本の公的医療保険制度の全体像、体系と沿革を学習し、公的医療保険の類型、被用者保険と地域保険の保険給付の種類と特徴を把握する

● 各制度の財源構成を理解し、公的医療保険制度全体の保険財政の仕組みを把握し、患者・医療提供者・保険者からみた医療費の流れを理解する

● 医療保険制度とは原理が異なる医療に関する公的助成制度を学ぶ

1　公的医療保険の体系

1　多元的な制度体系による国民皆保険

　日本では、原則としてすべての国民が何らかの公的医療保険に加入し、保険料を納めることで、すべての保険医療機関で医療サービスを受けることができる。これを**国民皆保険**といい、1961（昭和 36）年に国民皆保険が実現した。

　ただし、国民皆保険といっても、歴史的な成り立ちにより、日本の公的医療保険制度は一元的な制度体系にはなっていない。複数の制度、複数の運営主体（保険者）による多元的な制度体系のもとで運営されており、制度ごとに根拠となる固有の法律があり、保険者ごとに保険料の算定などに違いがある。これは、同じ社会保険方式をとる労働者災害補償保険、雇用保険との大きな違いである。

2　公的医療保険の沿革

　日本の公的医療保険は、大別すると、**職域保険（被用者保険）**、**地域保険（国民健康保険）**、そして 75 歳以上の人が加入する**後期高齢者医療制度**に分けられる（図 5-1）。

　このなかでも、職域保険である被用者保険のルーツが最も古く、1922（大正 11）年の**健康保険法**にさかのぼることができる。健康保険法は、第一次世界大戦後の労働運動への対応としてドイツのビスマルクの疾病保険制度等に倣って導入されたものであり、創設当初は工場や鉱山等で働く労働者向けの制度であったが、時代とともに適用業種が拡大

★**国民皆保険**
厳密には日本人のみならず、日本に住所のあるすべての居住者が加入できる。ただし、生活保護の対象で医療扶助を受ける人は適用除外となる。

★**日本の公的医療保険制度**
歴史についてさらに深く学びたい人は、吉原健二・和田勝『日本医療保険制度史（第 3 版）』東洋経済新報社, 2020、土田武志「国民皆保険 50 年の軌跡」『季刊社会保障研究』第 47 巻 第 3 号 , pp. 244～256, 2011. 参照。

図5-1　医療保険制度の体系

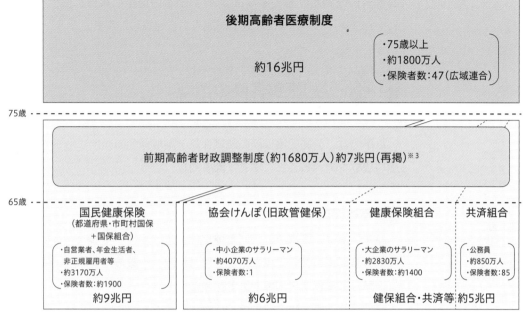

医療保険制度の体系

後期高齢者医療制度

約16兆円

・75歳以上
・約1800万人
・保険者数：47（広域連合）

75歳 -------

前期高齢者財政調整制度（約1680万人）約7兆円（再掲）※3

65歳 -------

国民健康保険	協会けんぽ（旧政管健保）	健康保険組合	共済組合
（都道府県・市町村国保 +国保組合）			
・自営業者、年金生活者、非正規雇用者等 ・約3170万人 ・保険者数：約1900	・中小企業のサラリーマン ・約4070万人 ・保険者数：1	・大企業のサラリーマン ・約2830万人 ・保険者数：約1400	・公務員 ・約850万人 ・保険者数：85
約9兆円	約6兆円	健保組合・共済等 約5兆円	

※1　加入者数・保険者数、金額は、令和元年度予算ベースの数値。
※2　上記のほか、法第3条第2項被保険者（対象者約2万人）、船員保険（対象者約10万人）、経過措置として退職者医療（対象者約4万人）がある。
※3　前期高齢者数（約1680万人）の内訳は、国保約1250万人、協会けんぽ約320万人、健保組合約90万人、共済組合約10万人。

資料：厚生労働省「社会保障審議会医療保険部会（令和2年2月27日）」参考資料 p.16

され、本格的な被用者保険として発展した。

　昭和に入ると、**国民健康保険法**が1938（昭和13）年に制定され、被用者ではない農村等の地域住民を対象とする国民健康保険制度が創設された。創設当初は任意の制度であったが、**健民健兵政策**の推進により、第二次世界大戦中には実質的に国民皆保険に近い体制にまで至った。だが、敗戦、戦後の混乱により、公的医療保険制度は実質的に機能不全になった。

　その後、新憲法の下で社会保障制度の再建、再構築が図られたが、分立した制度の枠組みを維持した状態で1961（昭和36）年には国民皆保険を達成した。高度経済成長の進展とともに保険の給付水準、内容ともに拡充が図られ、現在の公的医療保険制度の基本的枠組みが確立された。

　高齢化の進展を背景に、1973（昭和48）年には**老人医療費無料化**が図られたが、高度経済成長の終焉とともに見直しが図られ、1982（昭和57）年には、**老人保健法**が成立した。老人保健法による老人保健制度により、高齢者の医療費を、異なる保険制度間で調整し拠出する仕組

みが導入された。その後、老人保健制度は、2006（平成18）年の医療制度構造改革により見直しが図られ、2008（平成20）年4月に**後期高齢者医療制度**（老人保健法は、「高齢者の医療の確保に関する法律」に名称変更）という75歳以上が加入する独立した制度となった。

以下では、公的医療保険の職域保険、地域保険の類型に沿って、各制度の概要を述べることにする（**図5-2**）。

1 職域保険

職域保険は、職域単位（同業種単位、企業単位）で形成された医療保険であり、被用者を対象とした**被用者保険**（一般被用者保険、特定被用者保険）と職種別・同種同業者保険に区分される。

職域保険の主流は、前者の被用者保険であり、文字どおり、被用者を対象とした保険である。ここでいう被用者とは、企業や事業所等に雇われた会社員（いわゆるサラリーマン・OL等）や公務員、私立学校教職員、さらには船員などが含まれる。

後者の職種別・同種同業者保険としては、土木・建築業や理容・美容業、医師・歯科医師、弁護士など職種別の組合が挙げられるが、歴史的な経緯もあり、国民健康保険法が適用されることから、地域保険にも区

★**被扶養者**
被用者保険における被扶養者の範囲については、配偶者（内縁関係を含む）と3親等内の親族のうち、年齢要件（75歳未満）、同居要件、収入基準などの諸条件に適合するものとなっており、所得税の扶養の範囲とは一致しない。なお、日本の被用者保険では、被扶養者の人数は保険料算定基準には入っておらず、被保険者本人の標準報酬月額によって定められる保険料率と事業主負担で決まる。国民健康保険には、「被扶養者」の概念が制度上なく、加入者となる。

図5-2　公的医療保険の類型

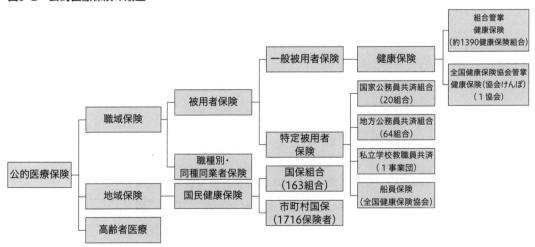

出典：健康保険組合連合会『図表で見る医療保障』p.56，2019．を一部変更

分される。本稿では、混乱を避けるために、以下の職域保険の記述は、保険料の算定、事業主負担や被扶養者[★]の設定など制度上の共通性が大きい被用者保険（一般被用者保険、特定被用者保険）について述べることにする。

2 一般被用者保険（健康保険）

　代表的な日本の被用者保険は、一般被用者保険である健康保険である。健康保険には、**組合管掌健康保険**と**全国健康保険協会管掌健康保険**がある。

　健康保険法において、健康保険が適用される事業者は、常時 5 人以上の従業員を雇用する事業者および法人事業所であり、強制適用事業所となる。強制適用とならない事業者であっても、手続きにより任意適用事業者になることが可能である。適用事業所に勤務する被用者（日雇等臨時雇用者を除く）は、原則、健康保険の被保険者となることが義務づけられている。

❶組合管掌健康保険（組合健保）

　組合管掌健康保険（以下、組合健保）は、主に大企業（そのグループ企業）の会社員およびその被扶養者（扶養家族）が加入する健康保険である。組合健保の保険者は、健康保険組合と呼ばれる公法人が担っており、単一型（一企業が単独で設立、被保険者数 700 人以上）、総合型（同業種の複数の企業が共同で設立、被保険者数 3000 人以上）、地域型（同一都道府県内に展開する健康保険組合が合併した場合）がある。組合健保全体[★]で、2018（平成 30）年 3 月末時点で、全国に 1394 組合あり、約 2948 万人（被保険者約 1649 万人、被扶養者約 1299 万人）となっている。

　保険料は、基本的に、被用者本人の標準報酬月額[★]等に応じた**保険料率**、**事業主負担**によって決まるが、歴史的に、従業員の福利厚生としての機能を担ってきたこともあり、保険料率は 3 ％〜 13％の範囲で各健康保険組合が決定することができ、事業主負担も法定の 2 分の 1 以上の設定が可能、さらに独自の付加給付ができるなど裁量がある。2019（平成 31）年度の平均保険料率[★]は 9.218％となっている。

　だが、近年では大企業でも健康保険組合をもたず、あるいは健康保険組合を解散し、全国健康保険協会管掌健康保険に移行する例が増加している[★]。この背景には、高齢者医療に対する被保険者 1 人当たり拠出金負担額が増加するなか、健康保険組合の 6 割以上が赤字経営となって

★組合健保加入者数
厚生労働省「社会保障審議会医療保険部会（令和 2 年 2 月 27 日）」参考資料 p.18 参照。本稿の**図 5-1**は、令和元年度予算ベースの数値であるが、約 2830 万人と減少している。2016（平成 28）年 10 月からの従業員 501 人以上の規模の企業を対象とした被用者保険の適用拡大などにより、被扶養者が減少、被用者が増加傾向にある一方で、大規模組合の解散等により加入者数は伸びていない。

★標準報酬月額
被用者保険における保険料や保険給付の算定に用いられる報酬月額の区分（標準報酬月額等級表）ごとに設定されている金額。標準報酬月額等級表は保険者によって異なる。実際に支給されている報酬の額とは完全に一致しない。標準報酬月額×保険料率×事業主負担（2 分の 1 以上）で計算・算定される。同様に賞与に対しても保険料算定に用いられる標準賞与額が設定されている。

★ 2019（平成 31）年度の平均保険料率
健康保険組合連合会『決算資料』(2019) 参照。

★健康保険組合の減少
2018（平成 30）年 3 月末で 1394 組合であったが、2019（平成 31）年 4 月で、全国で 1388 組合に減少している。

おり、保険料の軽減、付加給付を出すなど福利厚生としての機能を果たすことが実質的に困難な保険者が増加傾向にあると考えられる。

❷全国健康保険協会管掌健康保険（協会けんぽ）

全国健康保険協会管掌健康保険（以下、協会けんぽ）は、主に中小・零細企業の会社員およびその被扶養者が加入する健康保険で、かつては政府管掌健康保険と呼ばれており、保険者は社会保険庁であった。だが、2009（平成21）年12月31日の社会保険庁廃止に先立ち、2008（平成20）年10月1日に設置された全国健康保険協会に保険者機能が移管された。

協会けんぽの加入者数は、2018（平成30）年3月末で約3893万人（被保険者約2320万人、被扶養者約1573万人）となっている。日本で最大規模の単独保険者となっている。

協会けんぽの保険料は、組合健保と同じく被用者本人の標準報酬月額に保険料率を乗じて決まるが、事業主負担は2分の1と固定されている。また、保険料率は都道府県単位（支部）で算定されており、2019（平成31）年度の保険料率は、全国平均保険料率10%（9.63%～10.75%の範囲）となっている。2020（令和2）年度も、全支部の平均保険料率は10%を維持しているが、都道府県ごとの医療費等を反映し、保険料率が都道府県によって変わっている（表5-1）。なお、標準報酬月額の等級は1～50までに分かれている。ここでは、北海道支部の例を挙げている（表5-2）。

このほか、協会けんぽとは独立した別の制度であるが、全国健康保険協会が保険者となっている健康保険法第3条第2号被保険者（日雇特例被保険者）を対象とする健康保険がある。

３ 特定被用者保険（共済等）

特定被用者保険とは、公務員、私立学校の教職員、船員を対象とした医療保険で、一般被用者保険である健康保険法とはそれぞれ異なる別の法律によって規定されている。医療保険については、多くが健康保険法に準じる内容となっている。

特定被用者保険の代表的なものとして、❶国家公務員共済組合、❷地方公務員共済組合、❸私立学校教職員共済制度、❹船員保険がある。

❶国家公務員共済組合

国家公務員共済組合は、国家公務員共済組合法により、国家公務員とその被扶養者が加入する共済組合であり、各省庁に加え、衆議院や参議

★協会けんぽの加入者数

厚生労働省「社会保障審議会医療保険部会（令和2年2月27日）」参考資料p.18参照。近年、健康保険組合の解散による移行、側注「組合健保加入者数」（p.117）で述べた被用者保険の適用拡大などにより、加入者が増加傾向にあり、2019（令和元）年11月末の加入者数は約4041万（被保険者数は、約2477万、被扶養者数は約1563万）となっている。

★保険料率（北海道支部の例）

40歳から64歳の被保険者は介護保険第2号被保険者であるため、健康保険料率（10.41%）に介護保険料率（1.79%）が加わる。

★共済

共済は、短期と長期に分かれており、短期が医療、長期が年金となっており、ほかの制度とは異なる特徴がある。

118

表 5-1 協会けんぽの都道府県単位保険料率（令和 2 年度）

北海道	10.41%	滋賀県	9.79%
青森県	9.88%	京都府	10.03%
岩手県	9.77%	大阪府	10.22%
宮城県	10.06%	兵庫県	10.14%
秋田県	10.25%	奈良県	10.14%
山形県	10.05%	和歌山県	10.14%
福島県	9.71%	鳥取県	9.99%
茨城県	9.77%	島根県	10.15%
栃木県	9.88%	岡山県	10.17%
群馬県	9.77%	広島県	10.01%
埼玉県	9.81%	山口県	10.20%
千葉県	9.75%	徳島県	10.28%
東京都	9.87%	香川県	10.34%
神奈川県	9.93%	愛媛県	10.07%
新潟県	9.58%	高知県	10.30%
富山県	9.59%	福岡県	10.32%
石川県	10.01%	佐賀県	10.73%
福井県	9.95%	長崎県	10.22%
山梨県	9.81%	熊本県	10.33%
長野県	9.70%	大分県	10.17%
岐阜県	9.92%	宮崎県	9.91%
静岡県	9.73%	鹿児島県	10.25%
愛知県	9.88%	沖縄県	9.97%
三重県	9.77%	全国平均	10.00%

資料：全国健康保険協会 HP

第5章 社会保障制度の体系

院の共済組合などの 20 団体が国家公務員共済組合の連合組織である国家公務員共済組合連合会に加入している。

❷地方公務員共済組合

　地方公務員等共済組合法により、地方公務員とその被扶養者が加入する共済として地方公務員共済組合がある。東京都職員、地方職員、指定都市職員、市町村職員、都市職員の共済組合に加え、都道府県警察職員と警察庁職員等が加入する警察共済組合や、公立学校職員や都道府県教育委員会と、その教育機関の職員が加入する公立学校共済という 64 団体が、地方公務員共済組合の連合組織である地方公務員共済組合連合会に加入している。

❸私立学校教職員共済制度

　私立学校教職員共済制度は、私立学校教職員共済法により、私立学校の教職員とその被扶養者が加入する制度で、日本私立学校振興・共済事

表5-2　協会けんぽ北海道支部の標準報酬月額と保険料の設定（令和2年度）

標準報酬		報酬月額		全国健康保険協会管掌健康保険料			
				介護保険第2号被保険者に該当しない場合		介護保険第2号被保険者に該当する場合	
				10.41%		12.20%	
等級	月額			全　額	折半額	全　額	折半額
		円以上	円未満				
1	58,000	～	63,000	6,037.8	3,018.9	7,076.0	3,538.0
2	68,000	63,000 ～	73,000	7,078.8	3,539.4	8,296.0	4,148.0
3	78,000	73,000 ～	83,000	8,119.8	4,059.9	9,516.0	4,758.0
4（1）	88,000	83,000 ～	93,000	9,160.8	4,580.4	10,736.0	5,368.0
5（2）	98,000	93,000 ～	101,000	10,201.8	5,100.9	11,956.0	5,978.0
6（3）	104,000	101,000 ～	107,000	10,826.4	5,413.2	12,688.0	6,344.0
7（4）	110,000	107,000 ～	114,000	11,451.0	5,725.5	13,420.0	6,710.0
8（5）	118,000	114,000 ～	122,000	12,283.8	6,141.9	14,396.0	7,198.0
9（6）	126,000	122,000 ～	130,000	13,116.6	6,558.3	15,372.0	7,686.0
10（7）	134,000	130,000 ～	138,000	13,949.4	6,974.7	16,348.0	8,174.0
11（8）	142,000	138,000 ～	146,000	14,782.2	7,391.1	17,324.0	8,662.0
12（9）	150,000	146,000 ～	155,000	15,615.0	7,807.5	18,300.0	9,150.0
13（10）	160,000	155,000 ～	165,000	16,656.0	8,328.0	19,520.0	9,760.0
14（11）	170,000	165,000 ～	175,000	17,697.0	8,848.5	20,740.0	10,370.0
15（12）	180,000	175,000 ～	185,000	18,738.0	9,369.0	21,960.0	10,980.0
16（13）	190,000	185,000 ～	195,000	19,779.0	9,889.5	23,180.0	11,590.0
17（14）	200,000	195,000 ～	210,000	20,820.0	10,410.0	24,400.0	12,200.0
18（15）	220,000	210,000 ～	230,000	22,902.0	11,451.0	26,840.0	13,420.0
19（16）	240,000	230,000 ～	250,000	24,984.0	12,492.0	29,280.0	14,640.0
20（17）	260,000	250,000 ～	270,000	27,066.0	13,533.0	31,720.0	15,860.0
21（18）	280,000	270,000 ～	290,000	29,148.0	14,574.0	34,160.0	17,080.0
22（19）	300,000	290,000 ～	310,000	31,230.0	15,615.0	36,600.0	18,300.0
23（20）	320,000	310,000 ～	330,000	33,312.0	16,656.0	39,040.0	19,520.0
24（21）	340,000	330,000 ～	350,000	35,394.0	17,697.0	41,480.0	20,740.0
25（22）	360,000	350,000 ～	370,000	37,476.0	18,738.0	43,920.0	21,960.0
26（23）	380,000	370,000 ～	395,000	39,558.0	19,779.0	46,360.0	23,180.0
27（24）	410,000	395,000 ～	425,000	42,681.0	21,340.5	50,020.0	25,010.0
28（25）	440,000	425,000 ～	455,000	45,804.0	22,902.0	53,680.0	26,840.0
29（26）	470,000	455,000 ～	485,000	48,927.0	24,463.5	57,340.0	28,670.0
30（27）	500,000	485,000 ～	515,000	52,050.0	26,025.0	61,000.0	30,500.0
31（28）	530,000	515,100 ～	545,000	55,173.0	27,586.5	64,660.0	32,330.0
32（29）	560,000	545,000 ～	575,000	58,296.0	29,148.0	68,320.0	34,160.0
33（30）	590,000	575,000 ～	605,000	61,419.0	30,709.5	71,980.0	35,990.0
34（31）	620,000	605,000 ～	635,000	64,542.0	32,271.0	75,640.0	37,820.0
35	650,000	635,000 ～	665,000	67,665.0	33,832.5	79,300.0	39,650.0
36	680,000	665,000 ～	695,000	70,788.0	35,394.0	82,960.0	41,480.0

37	710,000	695,000 ～	730,000	73,911.0	36,955.5	86,620.0	43,310.0
38	750,000	730,000 ～	770,000	78,075.0	39,037.5	91,500.0	45,750.0
39	790,000	770,000 ～	810,000	82,239.0	41,119.5	96,380.0	48,190.0
40	830,000	810,000 ～	855,000	86,403.0	43,201.5	101,260.0	50,630.0
41	880,000	855,000 ～	905,000	91,608.0	45,804.0	107,360.0	53,680.0
42	930,000	905,000 ～	955,000	96,813.0	48,406.5	113,460.0	56,730.0
43	980,000	955,000 ～	1,005,000	102,018.0	51,009.0	119,560.0	59,780.0
44	1,030,000	1,005,000 ～	1,055,000	107,223.0	53,611.5	125,660.0	62,830.0
45	1,090,000	1,055,000 ～	1,115,000	113,469.0	56,734.5	132,980.0	66,490.0
46	1,150,000	1,115,000 ～	1,175,000	119,715.0	59,857.5	140,300.0	70,150.0
47	1,210,000	1,175,000 ～	1,235,000	125,961.0	62,980.5	147,620.0	73,810.0
48	1,270,000	1,235,000 ～	1,295,000	132,207.0	66,103.5	154,940.0	77,470.0
49	1,330,000	1,295,000 ～	1,355,000	138,453.0	69,226.5	162,260.0	81,130.0
50	1,390,000	1,355,000 ～		144,699.0	72,349.5	169,580.0	84,790.0

※1　介護保険第2号被保険者は、40歳から64歳までの人であり、健康保険料率（10.41％）に介護保険料率（1.79％）が加わる。
※2　等級欄の（　）内の数字は、厚生年金保険の標準報酬月額等級である。
　　4（1）等級の「報酬月額」欄は、厚生年金保険の場合「93,000円未満」と読み替える。
　　34（31）等級の「報酬月額」欄は、厚生年金保険の場合「605,000円以上」と読み替える。
※3　令和2年度における全国健康保険協会の任意継続被保険者について、標準報酬月額の上限は、300,000円である。
資料：全国健康保険協会HP

業団（1事業団）によって運営されている。

　なお、❶から❸を共済組合（85団体）としてまとめると、2018（平成30）年3月末の加入者数★は約865万人（被保険者約453万人、被扶養者約411万人）となっている。一般被用者保険と同じく、被保険者本人の標準報酬月額等に応じて保険料（共済では掛金）は決まるが、組合健保と同じく、共済組合ごとに保険料率は異なる。ただし、事業主負担は、協会けんぽと同じく2分の1で固定されている。

　だが、共済組合・共済制度は、短期給付である医療保険、介護保険、長期給付の年金保険、退職金等を包括した制度であり、厳密にはほかの保険者と比較するのが難しいという側面もある。

❹船員保険

　船員保険は、船員として船舶所有者に使用される者を対象とする制度であるが、2010（平成22）年からは、全国健康保険協会が保険者となっている。

4　地域保険

　地域保険には、国民健康保険法による❶国民健康保険（市町村国保）と❷国民健康保険組合★（国保組合）がある。

★**市町村国保と国保組合の加入者数**
厚生労働省「社会保障審議会医療保険部会2020（令和2）年2月27日）」参考資料p.18参照。

★**国民健康保険組合**
前述の職域保険の職種別・同種同業者保険にあたる。国民健康保険法が適用されることから、本稿では、地域保険の区分とする。

第5章　社会保障制度の体系

　国民健康保険は、自営業者、農林水産業者、無職者のほか、75歳未満の年金生活者、非正規雇用者やその家族（被扶養者の概念がないことから被保険者となる）など被用者保険に加入しない地域住民を対象とする公的医療保険制度である。

　市（区）町村が保険者となっていることから、市町村国保と呼ばれることもある。だが、厳密には、2015（平成27）年法改正により、2018（平成30）年度以降は、都道府県および市町村が共同で国民健康保険の保険者となっている。ここでは、便宜上、市町村国保と呼ぶ。

　市町村国保の保険料は、被用者保険と異なり、世帯ごとの所得、資産に応じる応能割と、世帯人数によって変動する世帯別平等割、被保険者均等割といった応益割の要素が組み合わされて決定される。具体的な算定方法は、各市区町村（ないしは都道府県）が個々に定めるので、居住地によって保険料は異なる。保険料と呼ばず保険税と呼ぶところもある。なお、詳細は後述するが、厳密には加入者による保険料等だけでは給付費等を賄えないことから、多額の公費が投入されている。

❷国民健康保険組合（国保組合）

　もう一つの国民健康保険法が適用される地域保険として、国民健康保険組合が挙げられる。国民健康保険の対象となる自営業であっても、同種同業の者が連合して創設することが法律で認められており、健康保険組合で同じ事業や、業務に従事している300人以上の人で構成されている。市町村国保が、住んでいる場所で加入資格が得られるのに対し、国民健康保険組合は、職種や業務によって加入資格が得られる点が異なり、国民健康保険組合の大半は加入できる地域も限定される。

　歴史的な経緯もあって国民健康保険組合がある業種は土木・建築業や理容・美容業、医師・歯科医師、弁護士等に限られており、また、市町村国保を原則とする立場から、1959（昭和34）年以降、原則的に設立は認められないが、特例的に認可されることもある。国保組合は、164あるが、加入者数は300万人に満たない規模である。

5　後期高齢者医療制度

　後期高齢者医療制度とは2008（平成20）年4月からスタートした最も新しい公的医療保険制度であり、75歳以上の高齢者を対象とした独立した制度である。いずれの公的保険に加入していたとしても、75歳になると、74歳までに加入していた保険を脱退し、後期高齢者医療

★ **2015（平成27）年法改正**
2015（平成27）年5月に成立した「持続可能な医療保険制度を構築するための国民健康保険法等の一部を改正する法律（平成27年改正）」参照（完全施行は2018（平成30）年4月1日）。

★ **75歳以上の高齢者を対象とした独立した制度**
74歳までは、国民健康保険、協会けんぽ、健康保険組合などの公的医療保険に加入するが、寝たきり等の場合は本人からの申請により65歳以上になると全員、それまで加入していた保険から脱退し、後期高齢者医療制度に移る。

★ **後期高齢者医療制度に加入**
後期高齢者医療制度には、被用者保険のような被扶養者という概念はなく、被用者保険の被保険者が75歳になった時点で、被保険者本人は後期高齢者医療制度に加入するが、その被扶養者が74歳未満である場合は、被用者保険の被扶養者ではなく、市町村国保等に加入することになる。

制度に加入、保険料を払うことが求められる。2018 ~ 19（平成 30 ~ 31）年度見込みでは、個人の保険料は、月 5860 円となっている。なお、低所得者への軽減措置等がある。

　独立した制度であるといっても、市町村国保と同じく、厳密には加入者による保険料等だけでは給付費等を賄えないことから、多額の公費と現役世代からの支援金を主たる財源としている（詳細は後述）。

　後期高齢者医療制度の保険者、運営主体は、全市町村が加入する都道府県ごとに設置された 47 の広域連合であり、2019（令和元）年度現在、加入者は約 1800 万人いる。2022（令和 4）年から 2025（令和 7）年度にかけて戦後の第一次ベビーブーム世代である団塊世代全員が 75 歳に達することから、急速に後期高齢者医療制度の加入者が増加することが見込まれる。

3 ▶ 保険給付の種類と内容

　公的医療保険の法定給付にはさまざまなものがあるが、大別すると、医療給付と現金給付がある（**表 5-3**）。

　現在では、医療給付は、基本的には制度を問わず統一的な給付となっており、現物給付と療養費払い（一般的に償還払い*）に区分できる。現物給付は、診察や検査、処置・手術、投薬、入院等、医療機関での療養の給付が代表的なものである。これらを受けた場合、現物給付として、全額を支払うのではなく、法律で定められた自己負担額のみを支払う形になっている。

　このほか、入院時食事療養費、入院時生活療養費、保険外併用療養費、訪問看護療養費については、法律上は療養費払い（原則、償還払い）となっており、患者が全額立替払いをした後に負担割合に応じた一部負担金額を差し引いた金額の支給を受けることになる。しかし、運用上は「現物」で給付されることが多い。

　なお、被用者保険の被扶養者の外来・入院医療をはじめとした医療給付の多くは、家族療養費、家族訪問看護療養費等と呼ばれ、かつては被保険者本人とは異なる自己負担額の設定に相違があったが、現在では、被保険者と同様の給付となっている。

　このほか、医療費の自己負担の限度額を超えた分が払い戻される高額療養費がある。世帯内における医療保険、介護保険との合計の自己負担

★償還払い
患者がかかった費用の 10 割を支払い、後で保険者に対し「療養費支給申請書」を提出し、保険点数に換算して、患者の自己負担分を除いた部分が支給される仕組みとなっている。療養費の支給を受けようとすれば、医療機関等が発行した領収証だけではなく「診療明細書」が必要になる。

表5-3 保険給付の種類と内容

＜医療給付＞	被用者保険	市町村国保	後期高齢者
療養の給付			
病院など医療機関に被保険者証（70歳以上の人は高齢受給者証も）を提示すれば、必要な医療を受けられる。このときに、かかった医療費の一定の割合を、一部負担金（自己負担額）として支払う。なお、被用者保険の場合は、被扶養者である家族に対しては、家族療養費として給付が行われる。	○	○	○
入院時食事療養費・入院時生活療養費			
入院時の食費は、食事療養標準負担額（平成30年度から１食460円。低所得者等については軽減）を除いた部分が、「入院時食事療養費」として現物給付され、療養病床に入院する65歳以上の人には、生活療養標準負担額（１日370円＋１食460円、低所得者等については軽減）を除いた部分が、「入院時生活療養費」として現物給付される。	○	○	○
訪問看護療養費			
在宅療養の難病患者などが、訪問介護ステーションから訪問看護を受けたときは、その費用が訪問看護療養費として現物給付される。給付を受けた患者は、基本利用料を負担するが、被用者保険の被扶養者である家族に対しては家族訪問看護療養費として給付される。	○	○	○
療養費			
やむを得ず、保険医療機関以外（保険診療を行わない医師）で受診したり、被保険者証を提示できないとき、国外で医療を受けたときなどは、保険者が承認すれば、健康保険の標準料金から一部負担相当を除いた額が療養費として払い戻される。	○	○	○
保険外併用療養費			
保険適用外の療養を受ける場合でも、一定の条件を満たした「評価療養」と「選定療養」については保険との併用が認められる。保険の枠を超える部分は全額自己負担となるが、保険が適用される療養にかかる費用は保険診療に準じた保険給付が受けられる。	○	○	○
高額療養費／高額介護合算療養費			
１か月の自己負担額が自己負担限度額を超えたときは、申請することで超えた分が払い戻され、また、あらかじめ認定を受ければ一つの医療機関当たりの窓口負担自体が自己負担限度額までとなる（高額療養費の給付）。なお、同一世帯で医療保険と介護保険の１年間の自己負担額の合計が、別に設定された限度額を超える場合も、払い戻しが行われる（高額介護合算療養費）。	○	○	○
＜現金給付＞	被用者保険	市町村国保	後期高齢者
傷病手当金			
被保険者本人が業務外の事由による療養のため、労務不能となった場合、その期間中、最長で１年６か月、１日につき直近12か月間の標準報酬月額の平均額の30分の１に相当する額の３分の２が受けられる。	○		
出産手当金			
被保険者本人が産休中に、勤務先から給料を受けられないときは、出産（予定）日以前42日（多胎妊娠は98日）から出産日後56日の期間、傷病手当金と同様に計算した額が出産手当金として受けられる。	○		
出産育児一時金			
被保険者またはその被扶養者が出産したときは、一児ごとに原則42万円が出産育児一時金として支給される。保険者が医療機関等に支払うか、出産後に保険者に申請して支給を受けるのか、妊婦などが選択できる。国民健康保険では、支給額は、条例または規約の定めるところによる。	○	○	
移送費			

必要な医療を受けるため緊急に移送されたときは、保険者が認めた範囲の実費として払い戻され、被用者保険の被扶養者である家族が移送されたときには、家族移送費として払い戻される。	○	○	○
埋葬料（費）			
加入者である被保険者本人が死亡したときは、「埋葬料」として5万円が支給され、被用者保険の被扶養者である家族が死亡したときには「家族埋葬料」として支給され、なお、家族以外の人が埋葬を行ったときは、5万円の範囲内で実費が埋葬費として支給される。市町村国保の場合は、自治体によって異なる埋葬費が支給される。	○	○	○

資料：著者作成

額上限設定を超えた場合に支給される**高額介護合算療養費**もある。前述のとおり、**療養費**と名称に入るものは、原則は償還払いであるが、運用上、「現物」で給付されることもある。

一方、**現金給付**は、就業や労務に起因する手当が多いことから、被用者保険にはあるが、地域保険である市町村国保にはないものがあるなど、制度による多少の相違がある。

現金給付の種類として、**傷病手当金**★や**出産手当金**、**出産育児一時金**、**移送費**、**埋葬料**がある。傷病手当金は、被保険者（本人）が疾病または負傷により「労務に服することができない」場合に給付されるものである。なお、業務または通勤を原因とする疾病、負傷については、別の社会保障制度である**労働者災害補償保険（労災保険）**の給付となるため、適用外になる。

出産手当金は、被保険者（本人）の出産に際し、事業主から報酬（給料）が受けられない場合に支給される手当金であることから、被用者保険のみにある。一方、出産育児一時金は、被保険者本人のみならず、被扶養者の出産に対しては家族出産育児一時金の名称で一定額が支払われるものであり、市町村国保にも出産育児一時金はある。

移送費は、療養の給付を受けるために緊急で移送されたときに支給される給付は、被用者保険のみならず、市町村国保にもある。埋葬料は、被用者保険では、被用者ならびに家族が亡くなった際に一律の現金が支給されるが、市町村国保では葬祭費という形で、自治体によって異なる金額が支給される。

★**傷病手当金**
傷病手当金は、同じ被用者保険でも、一般被用者保険では、最長1年6か月受けることが可能であるが、特定被用者保険である共済組合では、通算1年6か月など違いがある。
厚生労働省「社会保障審議会医療保険部会2020（令和2）年3月26日」資料参照。

4 ▶ 医療保険の各制度の財源と保険財政

ここまで述べてきたように、日本の国民皆保険は、職域、地域と分立

した制度の枠組みに高齢者医療を支えるという多元的な構造によって成り立っている。医療保険の各制度の財源も一律ではなく、加入者の違いに反映して、投入される公費負担など、保険者間で相違も少なくない（**表5-4**）。

★加入者の主たる属性
国民皆保険が達成した当初は、国民健康保険の加入者は、自営業者、農林水産業者が中心であったが、現在は退職者等を含む無職者（74歳まで）や被用者保険に加入できない非正規労働者などの被用者が加入者の中心となっている。

1 市町村国保の財政

市町村国保は、加入者の平均年齢がほかの医療保険制度と比べると比較的高いため、1人当たりの医療費は相対的に高い傾向にある。その反面、平均所得が比較的低いために、加入者1人当たりでみた平均保険料は低い。時代により加入者の主たる属性は変わっても、被用者保険

表5-4　各保険者の比較

	市町村国保	協会けんぽ	組合健保	共済組合	後期高齢者医療制度
保険者数 （平成30年3月末）	1,716	1	1,394	85	47
加入者数 （平成30年3月末）	2870万人 （1816万世帯）	3893万人 被保険者2320万人 被扶養者1573万人	2948万人 被保険者1649万人 被扶養者1299万人	865万人 被保険者453万人 被扶養者411万人	1722万人
加入者平均年齢 （平成29年度）	52.9歳	37.5歳	34.9歳	33.0歳	82.4歳
65～74歳の割合 （平成29年度）	41.9%	7.2%	3.2%	1.5%	1.9%（※1）
加入者一人当たり 医療費（平成29年度）	36.3万円	17.8万円	15.8万円	16.0万円	94.5万円
加入者一人当たり 平均所得（※2） （平成29年度）	86万円 一世帯当たり 136万円	151万円 一世帯当たり（※3） 254万円	218万円 一世帯当たり（※3） 388万円	242万円 一世帯当たり（※3） 460万円	84万円
加入者一人当たり 平均保険料 （平成29年度）（※4） ＜事業主負担込＞	8.7万円 一世帯当たり 13.9万円	11.4万円〈22.8万円〉 被保険者一人当たり 19.1万円〈38.3万円〉	12.7万円〈27.8万円〉 被保険者一人当たり 22.7万円〈49.7万円〉	14.2万円〈28.4万円〉 被保険者一人当たり 27.1万円〈54.1万円〉	7.0万円
保険料負担率	10.2%	7.5%	5.8%	5.9%	8.4%
公費負担	給付費等の50％ ＋保険料軽減等	給付費等の16.4％	後期高齢者支援金等の負担が重い保険者等への補助	なし	給付費等の約50％ ＋保険料軽減等
公費負担額（※5） （令和元年度予算ベース）	4兆4156億円 （国3兆1907億円）	1兆2010億円 （全額国費）	739億円 （全額国費）		8兆2300億円 （国5兆2736億円）

（※1）一定の障害の状態にある旨の広域連合の認定を受けた者の割合。
（※2）市町村国保および後期高齢者医療制度については、「総所得金額（収入総額から必要経費、給与所得控除、公的年金等控除を差し引いたもの）および山林所得金額」に「雑損失の繰越控除額」と「分離譲渡所得金額」を加えたものを年度平均加入者数で除したもの。（市町村国保は「国民健康保険実態調査」、後期高齢者医療制度は「後期高齢者医療制度被保険者実態調査」のそれぞれの前年所得を使用している。）
　　　　協会けんぽ、組合健保、共済組合については、「標準報酬総額」から「給与所得控除に相当する額」を除いたものを、年度平均加入者数で除した参考値である。
（※3）被保険者一人当たりの金額を指す。
（※4）加入者一人当たり保険料額は、市町村国保・後期高齢者医療制度は現年分保険料認定額、被用者保険は決算における保険料額を基に推計。保険料額に介護分は含まない。
（※5）介護納付金、特定健診・特定保健指導等に対する負担金・補助金は含まれていない。
資料：厚生労働省「社会保障審議会医療保険部会（令和2年2月27日）」参考資料, p.17

に加入できない無職や相対的に所得の低い加入者層が市町村国保に構造的に集まることに変わりはなく、市町村国保が国民皆保険の「最後の砦」といわれるゆえんである。つまり、分立した制度を維持した状態での国民皆保険を維持するために、国保に多額の公費が投入されているといっても過言ではない。

　近年では、2015（平成27）年法改正により、低所得者対策強化のため、保険料の軽減対象となる低所得者数に応じた自治体への財政支援拡充、医療費の適正化などを進める保険者等に対し財政支援など、国保の財政基盤強化が図られた。令和2年度予算案では、総額4兆7700億円規模の公費投入が見込まれている（**図5-3**）。同法改正により、平成

図5-3　国保に投入される公費

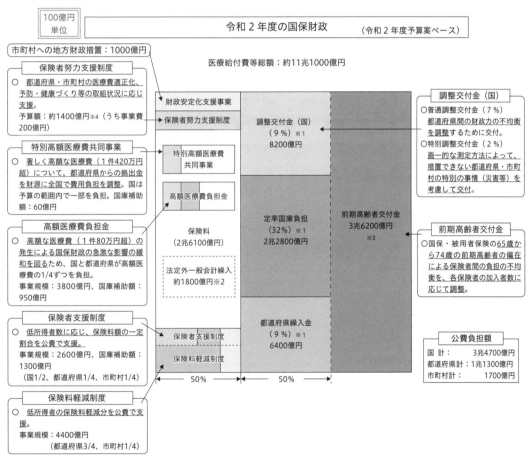

※1　それぞれ保険給付費等の9％、32％、9％の割合を基本とするが、定率国庫負担等のうち一定額について、財政調整機能を強化する観点から国の調整交付金に振りかえる等の法律上の措置がある。
※2　平成29年度決算における決算補填等の目的の一般会計繰入の額。
※3　退職被保険者を除いて算定した前期高齢者交付金額であり、実際の交付額とは異なる。
※4　令和2年度は、平成29年度に特例基金に措置した500億円のうち残330億円は取り崩ししない。

資料：厚生労働省「社会保障審議会医療保険部会（令和2年2月27日）」参考資料，p.28

30（2018）年度からは都道府県が国民健康保険の財政運営の責任主体となったが、都道府県は、医療計画の策定や地域医療構想においても重要な役割を担っており、今後、安定的な保険財政運営や効率的な事業の確保等を通じて制度の安定化が図られることが期待されている（**表5-5**）。

2 被用者保険の財政

一方、市町村国保と比べると、被用者保険は、いずれも加入者の平均年齢が相対的に低く、1人あたりの医療費も低い傾向にある（**表5-4**）。組合健保、共済組合については、加入者の平均所得が比較的高いために保険料収入は比較的安定していることから、公費負担はほとんど入っていない。だが、中小・零細企業の会社員とその扶養家族を対象としている協会けんぽは、財政基盤が他の被用者保険よりも弱いことから公費負担が給付費等の16.4％投入されている。

加入者の属性から被用者保険のなかでも組合健保の財政基盤が強いと思われるものの、後述の後期高齢者医療制度や前期高齢者医療制度のための負担増の影響で、既に述べたように財政赤字の保険者もある。実際、**表5-6**を見ると、制度別に見たときに組合健保は赤字となっていることがわかる。今後、後期高齢者の急増が見込まれることから、現状の制度枠組みのままであると考えると、さらに財政状況が厳しくなると想定

表5-5　国保の運営のあり方における都道府県・市町村の主な役割

	都道府県の主な役割	市町村の主な役割
財政運営	財政運営の責任主体	・国保事業費納付金を都道府県に納付
	・市町村ごとの国保事業費納付金を決定	
	・財政安定化基金の設置・運営	
資格管理	国保運営方針に基づき、事務の効率化、標準化、広域化を推進	地域住民と身近な関係のなか、資格を管理（被保険者証等の発行）
保険料の決定賦課・徴収	標準的な算定方法等により市町村ごとの標準保険料率を算定・公表	標準保険料率等を参考に保険料率を決定 個々の事情に応じた賦課・徴収
保険給付	・給付に必要な費用を、全額、市町村に対して支払い ・市町村が行った保険給付の点検	・保険給付の決定 ・個々の事情に応じた窓口負担減免等
保健事業	市町村に対し、必要な助言・支援	・被保険者の特性に応じたきめ細かい保健事業を実施（データヘルス事業等）

資料：厚生労働省「全国厚生労働部局長会議保険局説明資料（平成27年2月24日）」p.35を一部改変

される。

表5-6 医療保険制度別決算状況

（1）平成29年度医療保険制度別決算状況 （億円）

		健康保険		船員保険	共済組合			国保		後期高齢者医療制度	合計
		協会けんぽ	組合健保		国共済	地共済	私学共済	市町村国保	国保組合		
経常収入	保険料	87,974	80,846	308	5,570	16,313	2,672	25,517	4,789	11,917	235,906
	国庫負担	11,343	27	29	—	—	—	29,899	2,656	48,489	92,443
	都道府県負担	—	—	—	—	—	—	10,617	51	14,449	25,118
	市町村負担	—	—	—	—	—	—	7,073	—	12,673	19,745
	後期高齢者交付金	—	—	—	—	—	—	—	—	61,485	61,485
	前期高齢者交付金	—	3	—	—	—	—	37,556	50	—	37,609
	退職交付金	—	—	—	—	—	—	1,839	—	—	1,839
	その他	154	1,128	1	26	976	13	34,229	167	257	36,950
	合計	99,471	82,003	338	5,596	17,289	2,685	146,729	7,713	149,270	511,095
経常支出	保険給付費	58,117	40,071	204	2,662	8,366	1,432	90,069	4,540	148,363	353,822
	後期高齢者支援金	18,352	18,324	67	1,481	3,768	677	16,595	1,573	—	60,836
	前期高齢者納付金	15,495	15,941	31	1,296	3,669	445	61	564	—	37,502
	退職拠出金	1,066	999	4	87	221	38	—	17	—	2,432
	その他	1,969	5,317	6	9	929	22	38,185	776	742	47,955
	合計	94,998	80,652	311	5,535	16,953	2,613	144,910	7,469	149,105	502,547
経常収支差　　A		4,473	1,351	26	61	336	72	1,819	244	165	8,548
（参考）28年度決算		4,979	2,376	24	322	1,095	155	1,499	251	313	11,014
経常外収入		13	3,021	—	—	—	—	—	—	—	3,034
経常外支出		—	1,305	—	—	—	—	—	—	—	1,305
経常外収支差　B		13	1,715	—	—	—	—	—	—	—	1,729
総収支差　C＝A＋B		4,486	3,067	26	61	336	72	1,819	244	165	10,277
（参考）28年度決算		4,987	3,708	24	322	1,095	155	1,499	251	313	12,353
その他　　　　D		—	▲249	—	—	—	—	—	—	—	▲249

（2）積立金等の状況

	協会けんぽ	組合健保	船員保険	国共済	地共済	私学共済	市町村国保	国保組合	後期高齢者医療制度	合計
前年度末積立金等	18,086	45,276	266	2,334	5,885	643			3,507	
当年度末積立金等	22,573	48,094	293	2,395	6,221	715			3,672	
増減	4,486	2,818	26	61	336	72			165	
（参考）　C＋D	4,486	2,818	26	61	336	72			165	

（注）1．端数の関係上、合計および収支差がずれることがある。
　　　2．各制度における老人保健拠出金は経常支出の「その他」に含まれている。
　　　3．前期高齢者交付金、後期高齢者支援金、前期高齢者納付金および退職拠出金等については、当年度概算額と前々年度精算額を加えたものとなっており、平成29年度の実績に基づく精算は令和元年度に行われる。
　　　4．協会けんぽおよび船員保険は全国健康保険協会の会計と国の特別会計を合算した数値が計上されている。
　　　5．協会けんぽの経常外収入については、平成28年度末業務勘定剰余金が平成29年度決算に計上されている。
　　　6．組合健保については、経常収入に調整保険料収入および財政調整事業交付金を、経常支出に財政調整事業拠出金を算入すると、経常収支差は2452億円になる。また、平成29年度末に存在した健康保険組合の収支状況を集計しており、「その他D」は平成29年度中に解散した健康保険組合に係る積立金の減少等である。
　　　7．船員保険の経常収入および経常支出には、職務上の給付および災害保健福祉に係る給付が含まれない。また、経常収入に準備金戻入を算入すると、経常収支差は42億円になる。
　　　8．市町村国保の経常収入には、決算補填等のための市町村一般会計の法定外操入1751億円が含まれている。また、市町村国保について、経常収入の「その他」には共同事業交付金3兆3718億円、経常支出の「その他」には共同事業拠出金3兆3695億円が含まれている（共同事業制度は平成29年度をもって終了した）。
　　　9．国保および後期高齢者医療制度について、翌年度に精算される国庫負担等の額を調整している。
　　10．積立金等には繰越金を含む。また、国保の積立金については、介護が一体のものとなっており、医療分として区分されていないため計上していない。
　　　（平成29年度の国保全体としての積立金は市町村国保6725億円、国保組合3779億円である。なお、市町村国保については、別途、平成27年に都道府県に設置された財政安定化基金において、平成29年度までに、本体基金1700億円および特別基金800億円（激変緩和のための300億円を含む）が積み立てられている。）
資料：厚生労働省保険局調査課「医療保険に関する基礎資料（令和元年12月）」

★後期高齢者支援金

後期高齢者医療制度の給付費の4割相当を各医療保険者で按分して後期高齢者支援金として負担することになっている。支援金の按分方法は、後期高齢者医療制度創設時は、0歳から74歳の加入者数に応じて負担する加入者割であったが、段階的に負担能力に応じた総報酬割に変更され、2017（平成29）年度からは全額総報酬割となった。

今後、後期高齢者人口が増加すると見込まれる一方で、現役世代は減少することが見込まれることから、後期高齢者の保険料の負担率と現役世代からの後期高齢者支援金の負担率を1：4で変えないとすると、後後期高齢者一人当たりの負担の増加と比較して、現役世代の一人当たり負担の増加が大きくなる。このため、現役世代の人口減少による一人当たりの負担の増加については、後期高齢者と現役世代で半分ずつ負担するよう、後期高齢者の保険料負担割合について、若年者減少率の2分の1の割合で引き上げ、後期高齢者支援金の負担率は引き下げることになっている。

３ 後期高齢者医療制度の財政

　最後に、後期高齢者医療制度については、高齢者医療を社会全体で支えるとの観点から、現役世代からの支援金と公費で給付費の約9割を賄う仕組みが設けられている。具体的には、制度創設時に、国、都道府県などの公費で約5割、現役世代からの後期高齢者支援金で約4割、高齢者の保険料で約1割と定められている。

　だが、**図5-4**に示すように、実際には、後期高齢者医療制度の給付費（窓口負担を除く）は約16.6兆円であるが、低所得者への軽減措置等により、現在の高齢者の保険料は、1.4兆円と財源の1割にも満たない。また、現役並み所得の高齢者の医療給付費については、公費負担が投入されないことから、公費負担は5割未満の47％となっている。その分が現役世代の支援金の負担が41％と4割より多くなっている。

　さらに、65～74歳の前期高齢者についても、その大半が退職後に無職者として国保に加入していることから、その不均衡を是正するため、前期高齢者の給付費についても各保険者全体で財政調整を行う仕組みが導入されている（**図5-5**）。これは、全国平均と同じ加入率で前期高齢者が加入していると仮定して**前期高齢者給付費等**を調整し、**前期高齢者納付金**を負担するものである。

　以上、それぞれ制度により財源は異なるが、公的医療保険制度全体としては、さまざまな財政移転が行われており、極めて複雑な仕組みとなっている（**表5-6**）。

5　日本の医療保険制度の特徴

　ここまでは、制度ごとに縦割りで公的医療保険のあり方をみてきたが、ここからは視点を変えて、制度横断的にみた日本の公的医療保険の特徴を整理していくことにする。

　繰り返し述べてきたように、日本では国民皆保険が成立しており、原則すべての国民が、職域か居住地域に応じて何らかの公的医療保険に強制加入している。したがって、患者が実際の治療にかかった医療費のすべてを支払うことはない。つまり、医療費の多くは、第三者である保険者が支払う第三者支払いの仕組みが導入されている。

　こうした第三者支払いの仕組みは、医療機関側にとっては、費用の多くを患者からではなく保険者から回収できるので、患者の保険の種類や

図5-4　後期高齢者制度の財政

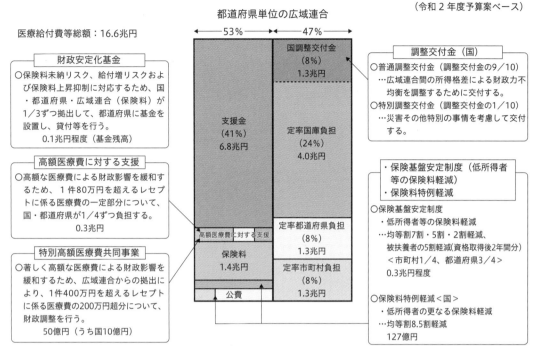

（令和2年度予算案ベース）

都道府県単位の広域連合

医療給付費等総額：16.6兆円

財政安定化基金

○保険料未納リスク、給付増リスクおよび保険料上昇抑制に対応するため、国・都道府県・広域連合（保険料）が1／3ずつ拠出して、都道府県に基金を設置し、貸付等を行う。
0.1兆円程度（基金残高）

高額医療費に対する支援

○高額な医療費による財政影響を緩和するため、1件80万円を超えるレセプトに係る医療費の一定部分について、国・都道府県が1／4ずつ負担する。
0.3兆円

特別高額医療費共同事業

○著しく高額な医療費による財政影響を緩和するため、広域連合からの拠出により、1件400万円を超えるレセプトに係る医療費の200万円超分について、財政調整を行う。
50億円（うち国10億円）

53%　47%

支援金（41%）6.8兆円

保険料 1.4兆円

高額医療費に対する支援

公費

国調整交付金（8%）1.3兆円

定率国庫負担（24%）4.0兆円

定率都道府県負担（8%）1.3兆円

定率市町村負担（8%）1.3兆円

調整交付金（国）

○普通調整交付金（調整交付金の9／10）
…広域連合間の所得格差による財政力不均衡を調整するために交付する。
○特別調整交付金（調整交付金の1／10）
…災害その他特別の事情を考慮して交付する。

・保険基盤安定制度（低所得者等の保険料軽減）
・保険料特例軽減

○保険基盤安定制度
・低所得者等の保険料軽減
…均等割7割・5割・2割軽減、
被扶養者の5割軽減（資格取得後2年間分）
＜市町村1／4、都道府県3／4＞
0.3兆円程度

○保険料特例軽減＜国＞
・低所得者の更なる保険料軽減
…均等割8.5割軽減
127億円

※現役並み所得を有する高齢者の医療給付費には公費負担がなく、その分は現役世代の支援金による負担となっていることから、公費負担割合は47%となっている。

資料：厚生労働省「社会保障審議会医療保険部会（令和2年2月27日）」参考資料, p.53

図5-5　前期高齢者に係る財政調整の仕組み

【仕組み】

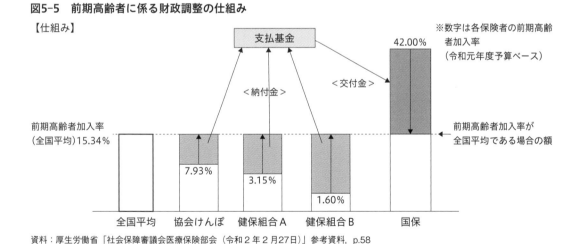

※数字は各保険者の前期高齢者加入率（令和元年度予算ベース）

支払基金

＜納付金＞　　＜交付金＞

前期高齢者加入率（全国平均）15.34%

前期高齢者加入率が全国平均である場合の額

42.00%

7.93%　3.15%　1.60%

全国平均　協会けんぽ　健保組合A　健保組合B　国保

資料：厚生労働省「社会保障審議会医療保険部会（令和2年2月27日）」参考資料, p.58

支払い能力を考慮する必要なく、安心してサービスを提供することができるというメリットがある。さらに、患者にとっては「どこでもいつでも保険証一枚あれば、医療機関に受診できる」という意味で、フリー・アクセスが整備されているといえる。

　他方、フリー・アクセスは、診療報酬の支払い方式や自己負担の設定、

表5-7　医療保険制度の財政構造（平成29年度）

（単位：億円）

	協会健保	組合健保	日雇特例	船保	共済	被用者計	市町村一般	退職	市町村国保	国保組合	国保計	特別負担調整(※)	若人計	後期高齢者	医療保険計
医療費	68,938	46,481	12	244	13,634	129,309	105,308	1,597	106,905	5,505	112,410		241,720	160,666	402,385
患者負担	15,190	10,233	3	51	2,955	28,431	17,690	263	17,953	1,156	19,110		47,541	12,861	60,402
給付費	53,748	36,248	9	194	10,679	100,878	87,619	1,333	88,952	4,349	93,301		194,179	147,805	341,983
給付費（前期調整対象除く）	43,527	32,861	7	149	10,191	86,735	34,184	1,333	35,517	3,018	38,535		125,270	147,805	341,983
所要保険料（軽減後）	36,389	32,122	6	122	10,191	78,830	13,327	325	13,652	1,858	15,511		94,340	11,591	
公費	7,138	739	1	28		7,905	20,857		20,857	1,159	22,017		29,922	74,727	
交付金（他制度からの移転）								1,008	1,008		1,008		1,008	61,486	61,486
前期財政調整対象分	23,809	16,374	2	73	4,785	45,043	21,066	269	21,335	1,791	23,126	106	68,275		
給付費（前期調整対象分）	10,221	3,387	3	44	488	14,143	53,435		53,435	1,331	54,766		68,908		
前期財政調整（給付費分）	13,588	12,987	-1	29	4,297	30,900	-32,369	269	-32,100	459	-31,640	106	-634		
所要保険料（軽減後）	19,905	16,374	2	73	4,785	41,138	8,213		8,213	1,093	9,306		50,444		
公費	3,905					3,905	12,853		12,853	698	13,550		17,562		
交付金（他制度からの移転）								269	269		269	106	269		
後期高齢者支援金	20,021	21,151	9	72	6,771	48,025	12,149	247	12,397	1,699	14,095		62,121		
後期支援金（加入者割）	18,320	18,824	10	68	6,050	10	16,377	212	16,589	1,343	17,933		17,943		
後期支援金（総報酬割）	1,701	2,327	-1	4	721	43,262		35		45	281		43,544		
前期財政調整（加入者割）						-1	-4,227		-4,192		-4,147		-4,148		
前期財政調整（総報酬割）						4,754				29	29		4,782		
所要保険料（軽減後）	20,021	21,151	8	72	6,771	48,024	4,851		4,851	1,113	5,963		53,988		
公費			1				7,299		7,299	586	7,884		7,885		
交付金（他制度からの移転）						1		247	247		247		247		
退職拠出金（保険料負担）								247					1,525		
財政負担計	88,013	71,026	18	297	21,963	181,318	67,399	325	67,725	6,517	74,241	106	255,666	86,318	341,984
所要保険料（軽減後）	76,970	70,288	16	269	21,963	169,507	26,391	325	26,716	4,074	30,790		200,296	11,591	211,888
65歳未満	71,755	68,527	13	243	21,652	162,190	14,805	325	15,131	3,573	18,704		180,893		
前期高齢者	5,215	1,761	4	26	312	7,317	11,585		11,585	501	12,086		19,403		
公費	11,043	739	2	28		11,811	41,009		41,009	2,443	43,452	106	55,369	74,727	130,096
国	11,043	739	2	28		11,811	28,715		28,715	2,443	31,158	106	43,076	47,985	91,060
都道府県							9,991		9,991		9,991		9,991	14,389	24,380
市区町村							2,303		2,303		2,303		2,303	12,353	14,656

	協会健保	組合健保	日雇特例	船保	共済	被用者計	市町村一般	退職	市町村国保	国保組合	国保計		若人計	後期高齢者	医療保険計
加入者数（万人）	3,867	2,946	2	12	862	7,689	2,907	38	2,944	279	3,224		10,913	1,696	12,609
65歳未満	3,590	2,851	1	11	849	7,303	1,671	38	1,709	245	1,954		9,257		
前期高齢者	277	95	0	1	13	386	1,235		1,235	34	1,269		1,656		
総報酬（億円）	883,070	907,390		3,273	291,625	2,085,358				13,565	13,565		2,098,923		
65歳未満	823,243	884,662		2,953	287,486	1,998,344				12,646	12,646		2,010,991		
前期高齢者	59,827	22,728		320	4,138	87,014				919	919		87,933		
加入者1人当たり所要保険料（万円）	19.9	23.9	9.2	22.2	25.5	22.0	9.1	8.6	9.1	14.6	9.6		18.4	6.8	16.8
所要保険料率（医療給付分）	8.7%	7.7%		8.2%	7.5%	8.1%									

（※）「特別負担調整」には、特別負担調整において国が支払基金に対し国庫負担として交付する額を計上している。（すべての特別負担調整対象保険者に係る特別負担調整対象額から負担調整対象額を控除した額の総額の2分の1）

資料：厚生労働省保険局調査課「医療保険に関する基礎資料（令和元年12月）」p.91

医療提供体制の状況次第では、患者や医療機関のコスト意識の欠如による医療資源の非効率な利用を助長し得るという潜在的なデメリットもある。

1 医療費の流れと保険料等の拠出

図5-6 にそって医療費の流れを整理すると、まず、被保険者等は、事前に保険料・税金の拠出という形で、医療費の支払いの原資を共同負担する（**図5-6のA**）。これは、資金調達機関である保険者の側からすると、保険料・税を被保険者から徴収することを意味する。保険料の算定についてはすでに述べたが、制度や保険者ごとに異なるが、いずれの場合も民間保険と異なり、個人のリスクやオプションによって保険料は決まらない。これは、大数の法則以外の保険原理である収支相等の原則、給付・反対給付の原則が民間保険と同じレベルでは採用されていないことによる。ただし、保険財政上、公費負担等を含め何らかの形で収支がふさわしくなることが要請される。その代わり、社会保険は原則強制加入であり、保険料は個々人のリスクではなく、集団として平均化された保険料の支払いが求められる。

日本の場合は、職域であれ地域であれ、保険料には、応能負担の要素が採用されており、支払い能力に応じた保険料設定になっている。それでも不足する財源については、**扶助原理**により、国民健康保険や高齢者医療に多くの公費を投入する仕組みを採用している。

★**第三者支払い**
日本の第三者支払いの仕組みである公的医療保険は、社会保険方式を採用しているが、市町村国保における公費投入のように、皆保険を維持するために、社会保険料のみならず、多額の公費も投入されている。つまり、社会保険方式による保険原理を一部導入するとともに、扶助原理も一部導入される混合的な方式となっている。

★**大数の法則**
p.91 参照。

★**収支相等の原則**
p.90 参照。

★**給付・反対給付の原則**
p.91 参照。

第**5**章
社会保障制度の体系

図5-6　医療費の流れ（概念図）

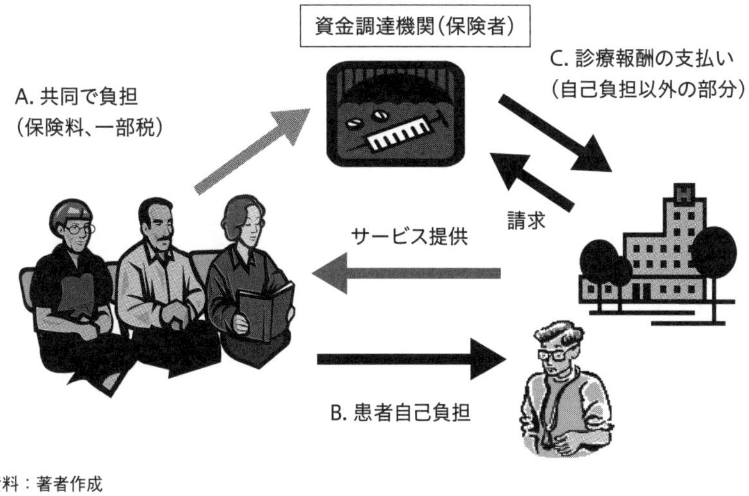

資金調達機関（保険者）

A. 共同で負担
（保険料、一部税）

C. 診療報酬の支払い
（自己負担以外の部分）

サービス提供　　請求

B. 患者自己負担

資料：著者作成

2 患者の一部負担（自己負担）

次に、図5-6のBにある保険診療を受ける際の患者自己負担を確認しよう。すでに述べたように、患者は、医療給付の大半を、療養の給付として現物給付を受けることになっており、患者が支払うのは一部負担のみである。

かつては制度によって給付率が異なることもあったが、患者の一部負担は、現在は加入する制度を問わず統一されているが、年齢層によって定率負担の割合が異なる（**表5-8**）。2020（令和2）年3月現在、75歳以上の者は1割（現役並み所得者は3割）、70歳から74歳までの者は2割（現役並み所得者は3割）、70歳未満の者は3割、6歳（義務教育就学前）は2割負担となっている。

さらに、入院した場合など、医療費が高額になる場合は過重な医療費負担による家計破綻を防止すべく、**高額療養費制度**がある。高額療養費制度とは、1か月の医療費を窓口で自己負担で支払った後に、事前に

表5-8　患者一部負担

		〜昭和47年12月	昭和48年1月〜	昭和58年2月〜	平成9年9月〜	平成13年1月〜	平成14年10月〜	平成15年4月〜	平成18年10月〜	平成20年4月〜
高齢者		老人医療費支給制度前	老人医療費支給制度（老人福祉法）	老人保健制度					75歳以上	後期高齢者医療制度
	国保	3割	なし	入院300円/日 外来400円/月	入院→1000円/日 外来→500円/日（月4回まで）＋薬剤一部負担	定率1割負担（月額上限付き）※診療所は定額制を選択可 薬剤一部負担の廃止 高額医療費創設	定率1割負担（現役並み所得者2割）	定率1割負担（現役並み所得者3割）		1割負担（現役並み所得者3割）
	被用者本人	定額負担							70〜74歳	2割負担（現役並み所得者3割）※平成26年3月末までに70歳に達している者は1割（平成26年4月以降70歳になる者から2割）
被用者家族 若人	国保	5割	3割 高額療養費創設（S48〜）	入院3割 外来3割＋薬剤一部負担（3歳未満の乳幼児2割（H14年10月〜））			3割 薬剤一部負担の廃止	3割	70歳未満	3割（義務教育就学前2割）
	被用者本人		定額 →1割（S59〜） 高額療養費創設	入院2割 外来2割＋薬剤一部負担						
	被用者家族		3割（S48〜）→入院2割（S56〜） 高額療養費創設 外来3割（S48〜）	入院2割 外来3割＋薬剤一部負担（3歳未満の乳幼児2割（H14年10月〜））						

（注）・昭和59年に特定療養費制度を創設。将来の保険導入の必要性等の観点から、従来、保険診療との併用が認められなかった療養について、先進的な医療技術等にも対象を拡大し、平成18年に保険外併用療養費制度として再構成。
　　　・平成6年10月に入院時食事療養費制度創設、平成18年10月に入院時生活療養費制度創設。
　　　・平成14年10月から3歳未満の乳幼児は2割負担に軽減、平成20年4月から義務教育就学前へ範囲を拡大。
資料：厚生労働省「社会保障審議会医療保険部会（令和2年2月27日）」参考資料, p.21

決められた月ごとの自己負担限度額を超える部分について、事後的に保険者から償還払いされる制度である（**表5-9**）。運用上、現物給付の仕組みが一部導入されている。

この自己負担限度額は、被保険者の年齢・所得によって定められているほか、世帯合算等の軽減措置がある。なお、高額療養費制度は保険診療に係る部分のみ対象となるので、差額ベッド代などは含まれない。

3 診療報酬

次に、**図5-6のC**にある医療機関の診療報酬を確認しよう。患者からすると、医療費は負担であり、支出であるが、医療機関側からすると、医療費は診療に要した費用であり、収入である。医療機関からみたこれらの費用を診療報酬と呼ぶ。医療機関は、患者の自己負担以外の差額分となる診療報酬を保険者に請求し、一定の審査を経て、保険者から支払いがなされる（手続きとしては保険者に直接ではなく、審査支払機関を通して請求を行う）。なお、日本では、基本的に保険適用の保険診療の場合、医療機関は自由に料金設定できない。医療機関への支払いは、原則「出来高払い」の全国統一の診療報酬体系（公定単価・料金表、1点10円）に基づいて支払われる。同じ医療行為（診療行為）がなされれば、医師の経験値や技術によらず、同一の公定料金が原則適用される。このほか、DPC制度★と呼ばれる診断群分類に基づく1日当たり定額払いも一定要件を満たす急性期病院等を中心に導入されている。

★ **DPC制度**
厳密には、DPC/PDPS（Diagnosis Procedure Combination/Per-Diem Payment System）と呼ぶ。DPCとは、診断群分類を意味し、基本的には、入院期間中に医療資源を最も投入した「傷病名」と入院期間中に提供される手術、処置、化学療法などの「診療行為」の組み合わせにより分類される。このDPCごとに設定される包括評価部分と出来高評価部分（医学管理、手術、麻酔、放射線治療など）の合計で診療報酬が算定される。

表5-9　高額療養費制度

70歳未満		ひと月の上限額（世帯ごと）	
ア	年収約1160万円以上	25万2600円＋（医療費－84万2000円）×1%	
イ	年収約770～1160万円	16万7400円＋（医療費－55万8000円）×1%	
ウ	年収約370～770万円	8万100円＋（医療費－26万7000円）×1%	
エ	～年収約370万円	5万7600円	
オ	住民税非課税者	3万5400円	
70歳以上		外来（個人ごと）	ひと月ごとの上限額（世帯ごと）
現役並み	年収約1160万円以上	25万2600円＋（医療費－84万2000円）×1%	
	年収約770～1160万円	16万7400円＋（医療費－55万8000円）×1%	
	年収約370～770万円	8万100円＋（医療費－26万7000円）×1%	
一般	年収156～370万円	1万8000円	5万7600円
住民税非課税等	Ⅱ住民税非課税世帯	8000円	2万4600円
	Ⅰ住民税非課税世帯		1万5000円

資料：厚生労働省「高額療養費制度リーフレット平成30年度」より著者作成

■4 混合診療の禁止と例外

　日本では、一連の医療行為における保険診療と自由診療を併用する混合診療は、原則として禁止されている。これを混合診療の禁止という。基本的に、保険診療が適用される場合、保険適用外のサービスと組み合わせること、すなわち、混合することは認められていない。通常は、保険診療で認められていない医療行為を望む場合は、原則自由診療扱いとなり、全額自己負担となる。通常の保険診療と共通する部分もすべて全額自己負担となる。

　以上より、混合診療の禁止は、医療機関側からみると、医療給付のなかで提供可能なサービスを規定するものであり、患者側からすると、患者の自己負担となる保険給付の範囲を規定するものである。

　医療分野の規制緩和と患者の選択を柔軟に認めるという流れで、2006（平成18）年の制度改正により、混合診療の拡大がはかられ、保険外併用療養費制度が導入された。代表的なものとして、将来的に保険導入可能かどうかを評価するためのものを評価療養（先進医療含む）と、保険導入を前提としない患者の選択・同意によるものとして、選定療養と呼ぶものがある（図5-7）。2015（平成27）年度改正により、保険外併用療養費制度のもう一つの類型として患者申出療養制度も導入された。

★保険外併用療養費制度
従前より特定療養費制度という混合診療の禁止の例外を定めた制度があったが、その制度が再編、拡充された。

★評価療養
基本的には、評価療養は、保険導入を前提として評価することになっていることから、有効性・安全性が認められれば、医療技術全体が保険導入されるという制度設計となっている。近年の医療技術の進歩により、有効性・安全性が認められていても、費用対効果の評価上、適切であるか否かといった償還価格での問題や、医療技術のなかに医療保険に馴染まない（機能・審美性の補完）要素が一体となり、医療技術全体を保険適用すべきかといった問題などが出てきている。また、すでに保険適用となっている既存技術についても、その医学的な意義が薄れてきているもの、エビデンスが不十分であると明らかになってきているものもあり、患者の視点から不合理といわれるものも存在している。

図5-7　保険外併用療養費制度

保険外併用療養費制度について

平成18年の法改正により創設
（特定療養費制度から範囲拡大）

○保険診療との併用が認められている療養
①評価療養 ｝保険導入のための評価を行うもの
②患者申出療養
③選定療養 → 保険導入を前提としないもの

保険外併用療養費の仕組み
［評価療養の場合］

基礎的部分 （入院基本料など 保険適用部分）	上乗せ部分 （保険適用外 部分）

保険外併用療養費として　　患者から料金徴収可
医療保険で給付　　　　　　（自由料金）

※保険外併用療養費においては、患者から料金徴収する際の要件（料金の掲示等）を明確に定めている。

○評価療養
・先進医療（先進A:29技術、先進B:59技術　令和元年8月時点）
・医薬品、医療機器、再生医療等製品の治験に係る診療
・薬事法承認後で保険収載前の医薬品、医療機器、再生医療等製品の使用
・薬価基準収載医薬品の適応外使用
（用法・用量・効能・効果の一部変更の承認申請がなされたもの）
・保険適用医療機器、再生医療等製品の適応外使用
（使用目的・効能・効果等の一部変更の承認申請がなされたもの）

○患者申出療養

○選定療養
・特別の療養環境（差額ベッド）
・歯科の金合金等
・金属床総義歯
・予約診療
・時間外診療
・大病院の初診
・大病院の再診
・小児う蝕の指導管理
・180日以上の入院
・制限回数を超える医療行為

資料：厚生労働省「社会保障審議会医療保険部会（令和元年2月27日）」参考資料，p.25

6 そのほかの医療に関する助成制度

　以上、ここまでは医療保険制度について述べてきたが、最後に、補完的な制度として、国や地方自治体の費用（公費）によって提供する医療である公費負担医療（以下、公費医療）について述べる。

　公費医療は、公的扶助、社会福祉、公衆衛生等という観点から拡充が図られており、時代によってその種類、内容も変わっている。代表的な公費医療関係の国の法律としては、生活保護法、精神保健及び精神障害者福祉に関する法律（精神保健福祉法）、原子爆弾被害者に対する援護に関する法律（原爆被害者援護法）、児童福祉法、身体障害者福祉法、障害者の日常生活及び社会生活を総合的に支援するための法律（障害者総合支援法）、難病の患者に対する医療等に関する法律（難病法）などそれぞれ別の制度のなかで位置づけられている。このほか、都道府県や市区町村では、条例等で独自に子供の医療費負担軽減などの助成を行うこともある。いずれの場合も、対象となる患者は、窓口となる都道府県や市町村・保健所等の窓口で申請し、制度ごとに定められた受給者証等の交付を受ける。

1 公費負担医療

　これらの公費医療は、すべてが必ずしも全額公費負担というわけではない。公費医療には、大別すると、公費優先（対象となる医療費の全額が公費負担）と保険優先（医療保険の給付が優先され、一部負担金等を公費で負担）のものがある（**図 5-8**）。

　生活保護制度の医療扶助のように、低所得等で医療保険に加入できない者に対して患者負担なしですべての医療を対象とするものもあるが、多くのケースで、公費優先の場合でも、患者本人や世帯の所得等によっては、公費負担以外の患者負担がある。一方、保険優先の場合は、医療保険が優先的に適用され、医療保険による一部負担金等を公費が負担する。

　公費優先の公費医療の例として、戦傷病者特別援護法による療養の給付／更生医療、原爆被害者援護法による認定疾病医療、感染症の予防及び感染症の患者に対する医療に関する法律（感染症法）による新感染症の患者の入院、心神喪失等の状態で重大な他害行為を行った者の医療及び観察等に関する法律（心神喪失者等医療観察法）による医療の給付が

図5-8　公費医療のタイプ

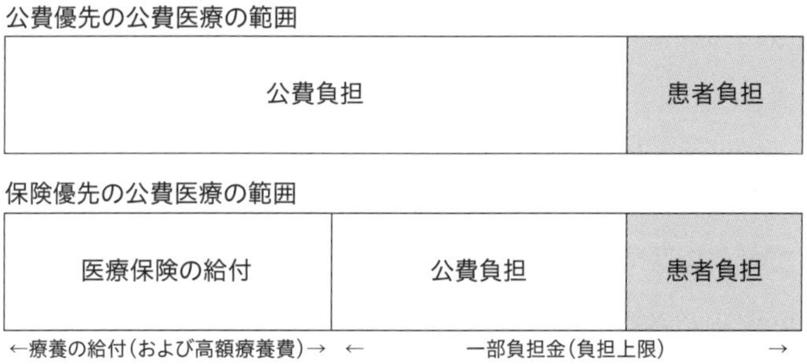

公費優先の公費医療の範囲

公費負担	患者負担

保険優先の公費医療の範囲

医療保険の給付	公費負担	患者負担

←療養の給付（および高額療養費）→　←　　　一部負担金（負担上限）　　　　→

資料：著者作成

ある。これらは全額国費となっている。また、保険優先の公費医療については、一定の自己負担限度額を超えた場合は、高額療養費制度の対象となる。医療機関は、保険給付分と公費で補填される一部負担金を審査支払い機関に請求する。これにより、患者の窓口での負担は、公費の費用徴収額のみになる。

　保険優先の公費医療の例として、障害者総合支援法による自立支援医療（育成医療、更生医療、精神通院医療）ならびに療養介護医療、精神保健福祉法による措置入院、身体障害者福祉法による入所等の措置、児童福祉法による療養の給付、肢体不自由児通所医療・障害児入所医療、措置等による医療、母子保護法による養育医療、感染症法による結核患者の適正医療、結核患者の入院、感染症患者の入院、麻薬・向精神薬取締法による入院措置、難病法による特定医療費、特定疾患治療研究事業の特定疾患治療費、肝炎治療特別促進事業による医療、国家補償・健康被害の救済等の公費医療など、多種多様にある。このほか、厳密には公費医療という性質に馴染まないと思われるが、70歳代前半の一部負担金等の軽減特例措置も指定公費医療となっている。このほか、自治体独自の子供医療費の助成なども公費医療である 。

　ちなみに、新型コロナ感染症拡大は人類史にも残る大きな社会問題となったが、感染症法に関する公費医療であり、こちらも医療保険で給付した残りの自己負担分を公費負担する保険優先となっている。以上のように、公費医療といっても、保険優先が多く、医療保険と組み合わされたものであり、厳密に公費のみを財源とする医療ではないことに注意する必要がある。

　以上のように、日本の医療保障は、モザイクのように多様な医療保険制度からなる国民皆保険を大きな基盤としながらも、時代の要請や社会的事情により変わる公費医療との組み合わせによって成り立っている。

今後の医療保障のあり方を考えるには、医療保険のみならず、関係する
複数制度とのあり方を含めて整理・理解していく必要があるだろう。

介護保険制度の概要

- 介護保険制度の沿革と概要について学ぶ
- 介護保険の利用手続きを把握する
- 地域包括ケアシステムと介護保険の関係を理解する

1 介護保険制度の沿革

1 高齢社会における介護保障の必要性

　高齢期になると、多くの人が高い確率で介護が必要な状態となる。戦後間もない時期には、介護の期間は比較的短く、家族による対応も、ある程度可能であった。しかし、近年は医療の進歩などにより、高齢者が介護を必要とする期間は長期化し、高齢者介護が家族に与える身体的、精神的な負担は大きなものとなっている。また寝たきりや認知症の高齢者は増加し、核家族化や高齢者の単身世帯も増加している。このような状況を踏まえ、介護が必要な高齢者に対して保健医療サービスや福祉サービスを提供することを目的として 1997（平成 9 ）年に介護保険制度は創設された。

2 介護保険が創設されるまでの状況

　介護保険制度が創設されるまで、高齢者に介護サービスを提供する社会保障制度として、老人福祉法に基づく措置制度と、老人保健法に基づいて看護や介護を提供する仕組みの二つが存在していた。

　1963（昭和 38）年に創設された老人福祉制度は、❶税を主な財源としており、介護が必要な高齢者の増加に対応した十分なサービスを供給できない、❷措置制度の仕組みの下では、高齢者が施設や事業者を選択することが難しい、❸所得に応じた利用者負担を目的に所得調査が行われるため、サービスが利用しづらい、❹長い間、福祉サービスは低所得層を対象としていたため、高齢者のなかには利用に抵抗を感じる人が少なくないといった問題があった。

　他方、1982（昭和 57）年に創設された老人保健制度は、老人保健施

設などにおいて高齢者介護の一部を担っていた。しかし、医療の一部として提供されるため、高齢者が生活する環境として適切とはいえなかった。また老人病院とよばれる医療施設では「社会的入院」（医療の提供ではなく、介護を目的とした長期入院）の問題が生じていた。

③ 介護保険制度の創設と展開

❶社会保険による介護保障

1994（平成6）年3月に、「高齢社会福祉ビジョン懇談会」（厚生大臣の私的諮問機関）は、報告書「21世紀福祉ビジョン」を発表し、新介護システムの構築を提言した。しかし、どのような仕組みを用いて介護保障を行うかについてはさまざまな議論があった。

同年4月には、厚生省に「高齢者介護対策本部」が設置された。そこで行われた検討の結果、新しい社会保険をつくるという案が有力視されるようになった。社会保険の仕組みを用いることで、負担と給付の関係をある程度明確にすることができ、介護保障のための負担増について国民の理解が得られやすいと考えられた。また、高齢者のなかには介護サービスを恩恵的な福祉と捉える傾向があったが、保険料負担の見返りとして介護サービスを提供することで、心理的な抵抗感をもたずにサービスを利用できるようになることが期待された。

1995（平成7）年7月には、社会保障制度審議会が公的介護保険制度の導入を勧告し、新たな社会保険制度の創設により介護保障を行うという方向性が明確となった。介護保険法案は1996（平成8）年の第139回臨時国会に提出され、1997（平成9）年の第141回臨時国会において成立した。介護保険制度の運営は2000（平成12）年4月に開始された。

❷介護保険法の改正

介護保険法が施行されると、居宅サービスを中心に介護サービスの利用は大幅に増加した。介護サービスの利用者は、当初、約149万人（2000（平成12）年4月）だったが、2019（平成31）年4月には約487万人と約3.3倍に増加した。介護給付費も増加し、2000（平成12）年度は約3兆2427億円であったが、2017（平成29）年度には約9兆4443億円となった。

介護給付費の増大に伴って、被保険者の保険料負担や公費負担も増加し、将来にわたって介護保険制度を維持していくためには何らかの対応が必要と考えられるようになった。また、民間事業者の参入により、介

護サービスの供給は拡大したが、事業者による不正請求などの問題が生じた。これらの問題に対応するため、介護保険法はこれまで数度にわたって改正されてきた（**表5-10**）。

　制度改正を通じて、次の二つの方向性が明らかとなってきた。一つは、介護予防の重視であり、最近では市町村による「総合事業」を通じて予防の推進が図られている。もう一つは、市町村の役割の重視である。このような観点から、市町村が指定、監督を行う地域密着型サービスが導入され、地域包括ケアの推進が図られている。

表5-10　介護保険の主な制度改正

2005（平成17）年	・要支援者に対して介護予防を中心としたサービスを提供するため、予防給付および介護予防事業を見直した。 ・事業者に対する規制監督を強化するため、指定の更新制を導入した。
2008（平成20）年	・事業者における業務管理体制の整備、事業者の本部等に対する立入検査権の創設、不正事業者による処分逃れ対策などが導入された。
2011（平成23）年	・地域包括ケア推進のため、定期巡回・随時対応型サービスや複合型サービス(看護小規模多機能型居宅介護)が創設された。 ・介護従事者の労働環境整備を推進するため、都道府県知事等が、労働基準法等に違反し罰金刑を受けている者等に対して、指定の取消し等を行うことができるようにした。
2014（平成26）年	・いわゆる「医療介護総合確保推進法」に基づく介護保険法改正である。主な内容は、①地域支援事業を拡充させるとともに、予防給付の一部（訪問介護、通所介護）を地域支援事業のなかの介護予防・日常生活支援総合事業に移行させる、②特別養護老人ホームの新規入所者を、原則として要介護3以上の者に限定する、③低所得者の保険料負担の軽減を拡充する、④一定以上の所得を有する利用者の利用者負担割合を2割に引き上げる、⑤低所得の施設利用者の食費・居住費を補填する「補足給付」の支給要件に資産等を含める、である。
2017（平成29）年	・地域包括ケアの深化・推進を図るための法改正として、①保険者機能の強化等（市町村が取り組むべき施策と目標を介護保険事業計画に記載する等）、②介護医療院の創設、③共生型サービスの創設、④現役世代並み所得の第1号被保険者の利用者負担を3割にする、⑤第2号被保険者が負担する介護給付費・地域支援事業支援納付金（介護納付金）の算定において総報酬割を導入する等が行われた。

2　介護保険制度の概要

1　介護保険制度の目的

　介護保険制度の目的は、加齢に伴い要介護状態となり、介護等が必要となった者が、尊厳を保持しながら、それぞれの能力に応じて自立した日常生活を営むことができるように、必要な保健医療サービスおよび福祉サービスに関する給付を行うことである。

2　保険者

　介護保険の保険者は、市町村および特別区（東京都23区）である。介護保険制度の創設にあたっては、どのような組織が保険者として介護保険制度の運営を担うかが問題となった。検討の結果、住民福祉の向上を図るためには、最も身近な地方公共団体である市町村を保険者とすることが適当であると考えられ、現在の形態となった。市町村は、保険者として次のような事務を担当している。

①被保険者の資格管理（被保険者台帳の作成、被保険者証の発行など）

②介護認定審査会による要介護認定

③地域支援事業の実施（地域包括支援センターの設置、介護予防事業など）

④地域密着型サービス事業所の指定、監督など

⑤市町村介護保険事業計画の策定

⑥第1号被保険者の介護保険料の徴収

　市町村の負担を軽減するために、介護保険は、国や都道府県、さらに年金保険や医療保険などが介護保険の運営を支援する仕組みとなっている。市町村による保険料徴収事務の負担を軽減するために、ほとんどの第1号被保険者の保険料は年金から天引きして徴収する仕組みとなっている（特別徴収）。また、介護給付費が予測を上回ったり、保険料の収納率が低下するといった問題が生じた場合には、都道府県に設置された財政安定化基金が市町村に資金の貸付けや交付を行う。このほか、小規模な市町村の間では、広域連合や一部事務組合といった地方自治法上の仕組みを活用し、要介護認定などの事務を共同で行うといった対応がとられる。

3 被保険者

❶第 1 号被保険者と第 2 号被保険者

介護保険の被保険者は、第 1 号被保険者と第 2 号被保険者であり、保険給付の支給要件、保険料の設定や徴収方法などが異なる（**表 5-11**）。

第 1 号被保険者は、市町村の区域内に住所を有する 65 歳以上の者であり、介護保険によるサービスの主な利用者として想定されている。生活保護を受給している 65 歳以上の者も第 1 号被保険者となる（生活保護から介護保険料が支払われる）。

第 2 号被保険者は、市町村の区域に住所を有する 40 歳以上 65 歳未満の医療保険加入者である。第 2 号被保険者は、加齢に伴う一定の疾病（特定疾病*）により要介護状態となった場合に限って保険給付を受けることができる。

❷被保険者の保険料

第 1 号被保険者の介護保険料は、所得段階別の定額保険料となっており、被保険者の負担能力に応じて徴収額が決まる（**表 5-12**）。市町村は、介護保険事業に必要な費用の額を算定し、介護保険料を定める。このため、介護保険料は市町村ごとに異なる。

第 1 号被保険者が年額 18 万円以上の公的年金の受給者である場合には、年金からの天引きによって介護保険料が徴収される（**特別徴収**）。第 1 号被保険者の受給する年金額が 18 万円を下回る場合や、公的年金を受給していない場合には、市町村は被保険者から介護保険料を直接徴収する（**普通徴収**）。

第 2 号被保険者の介護保険料は、被保険者が加入する医療保険の保険料とともに徴収される。介護保険料の額は、被保険者の標準報酬月額および標準賞与に介護保険料率を乗じて算出される。被用者医療保険

★特定疾病
介護保険では、心身の病的加齢現象と医学的関係があると考えられる 16 の疾病（がん、関節リウマチ、筋萎縮性側索硬化症、骨折を伴う骨粗鬆症、初老期における認知症など）を特定疾病としている。

表5-11　第 1 号被保険者と第 2 号被保険者

	第 1 号被保険者	第 2 号被保険者
対象者	65歳以上の者	40歳以上65歳未満の医療保険加入者
受給権者	・要介護者（寝たきり・認知症等で介護が必要な状態） ・要支援者（日常生活に支援が必要な状態）	要介護・要支援状態が、末期がん・関節リウマチ等の加齢に起因する疾病（特定疾病）による場合に限定
保険料負担	市町村が徴収	医療保険者が医療保険料とともに徴収し、納付金として一括して納付
賦課・徴収方法	・所得段階別定額保険料（低所得者の負担軽減） ・年金が年額18万円以上の者は特別徴収 　（年金からの支払い） 　それ以外の者は普通徴収	・健保：標準報酬および標準賞与×介護保険料率 　（事業主負担あり） ・国保：所得割、均等割等に按分 　（国庫負担あり）

出典：厚生労働省編『厚生労働白書 令和 2 年版 資料編』p. 230, 2020. を一部改変

表5-12 第1号被保険者の保険料

1．第1号被保険者の保険料は、負担能力に応じた負担を求める観点から、原則として各市町村ごとの所得段階別の定額保険料とし、低所得者への負担を軽減する一方、高所得者の負担は所得に応じたものとする。　（2020（令和2）年10月現在）

段階	対象者	保険料	（参考）対象者(平成30年度)
第1段階	・生活保護受給者 ・市町村民税世帯非課税かつ老齢福祉年金受給者 ・市町村民税世帯非課税かつ本人年金収入等80万円以下	基準額×0.5	617万人
第2段階	市町村民税世帯非課税かつ本人年金収入等80万円超120万円以下	基準額×0.75	277万人
第3段階	市町村民税世帯非課税かつ本人年金収入等120万円超	基準額×0.75	256万人
第4段階	本人が市町村民税非課税（世帯に課税者がいる）かつ本人年金収入等80万円以下	基準額×0.9	480万人
第5段階	本人が市町村民税非課税（世帯に課税者がいる）かつ本人年金収入等80万円超	基準額×1.0	468万人
第6段階	本人が市町村民税課税かつ合計所得金額120万円未満	基準額×1.2	496万人
第7段階	本人が市町村民税課税かつ合計所得金額120万円以上200万円未満	基準額×1.3	452万人
第8段階	本人が市町村民税課税かつ合計所得金額200万円以上300万円未満	基準額×1.5	232万人
第9段階	本人が市町村民税課税かつ合計所得金額300万円以上	基準額×1.7	247万人

※上記表は標準的な段階。市町村が条例により課税層についての区分数を弾力的に設定できる。なお、保険料率はどの段階においても市町村が設定できる。
※公費の投入により平成27年4月から、第1段階について基準額×0.05の範囲内で軽減強化を行い、更に令和元年10月から第1段階について基準額×0.15、第2段階について基準額×0.25、第3段階について基準額×0.05の範囲内での軽減強化を実施。
2．第2号被保険者の保険料は、加入している医療保険者ごとに算定される。
出典：厚生労働省編『厚生労働白書 令和2年版 資料編』p. 230, 2020.

（健康保険など）の被保険者が負担する介護保険料には事業主負担がある（原則として労使折半となる）。第2号被保険者から徴収された介護保険料は、社会保険診療報酬支払基金を通じて各市町村に配分される（**表5-11**）。

4 介護保険の利用手続き

介護保険の被保険者が要介護状態または要支援状態と判定されると、保険給付として各種の介護サービスを受けることができる。要介護状態は、「身体上又は精神上の障害があるために、入浴、排せつ、食事等の日常生活における基本的な動作の全部又は一部について、厚生労働省令で定める期間（6か月間）にわたり継続して、常時介護を要すると見込まれる状態」である（介護保険法第7条第1項）。

❶要介護認定

被保険者が保険給付を受けるためには、市町村による**要介護・要支援認定**を受ける必要がある。被保険者本人やその家族等が、要介護認定の申請を行うと、まず市町村の担当者による訪問調査が行われる。市町村職員は、高齢者の日常生活動作能力や精神的な状況などに関する一定の項目について調査を行う。この訪問調査の結果と主治医の意見書をもと

図5-9 介護保険制度の概要

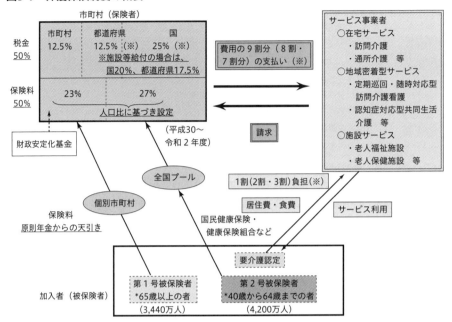

(注) 第1号被保険者の数は、「平成28年度介護保険事業状況報告年報」によるものであり、平成28年度末現在の数である。
第2号被保険者の数は、社会保険診療報酬支払基金が介護給付費給付金額を確定するための医療保険者からの報告によるものであり、平成28年度内の月平均値である。
(※) 一定以上所得者については、費用の2割負担（平成27年8月施行）又は3割負担（平成30年8月施行）。
資料：厚生労働省資料を一部改変

に「要介護認定等基準時間」が算出され、要介護認定の一次判定が出される（**図5-10**）。

次に、市町村に設置された**介護認定審査会**において、一次判定の結果や主治医の意見書、訪問調査の際の特記事項を参考に、被保険者の要介護状態に関する最終的な審査、判定が行われる（二次判定）。介護認定審査会は、医師や看護師、保健師、社会福祉士、精神保健福祉士などの専門家で構成されている。

要介護・要支援の認定基準は、要支援1・要支援2（要介護状態となるおそれがあり、社会的に支援が必要な状態）、要介護1（部分的に介護を要する状態）から要介護5（最重度の介護を要する状態）までの全部で七つに区分されており、介護認定審査会は、申請のあった被保険者がこのいずれかに該当するか、または非該当（自立）であるかを判定する。

❷居宅サービス計画の作成

要介護認定を受けた被保険者が、居宅サービスや地域密着型サービスを利用する場合には、原則として指定居宅介護支援事業者に居宅サービ

図5-10 要介護認定の流れ

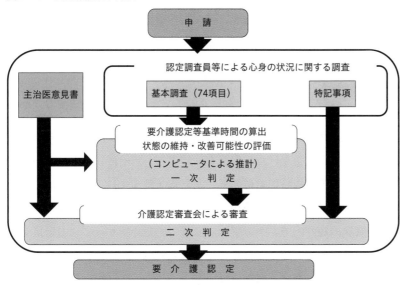

資料：社会保障審議会介護保険部会・令和2年2月21日資料を一部改変

図5-11 ケアプランの一例

	月	火	水	木	金	土	日
午前	訪問看護	通所リハビリ	訪問入浴	訪問看護	訪問リハビリ	通所リハビリ	
午後	訪問介護	通所リハビリ	訪問介護	訪問介護	訪問介護	通所リハビリ	
週単位以外のサービス：福祉用具貸与（特殊寝台）、薬剤管理							

出典：練馬区『すぐわかる介護保険』2019年4月, p.16

ス計画（ケアプラン）の作成を依頼し、これに基づいて各種のサービスを利用する。なお、被保険者が介護保険施設に入所する場合には、施設の介護支援専門員が施設サービス計画を作成する。

　居宅サービス計画は、被保険者の心身の状況や家族の状態、住居などの環境、被保険者本人のニーズなどを踏まえて、指定居宅介護支援事業所に所属する介護支援専門員[*]（ケアマネジャー）が作成する。介護支援専門員は、居宅サービス計画を作成し、これをもとに事業者等と連絡調

★介護支援専門員
介護保険制度の運営開始に伴って創設された国家資格であり、一般にはケアマネジャーとよばれる。ケアマネジャーの大半は、居宅介護支援事業所に勤務しており、ケアプランの作成を担当する。

整をすすめ、利用者本位のサービスの実現を図る。このプロセスは、ケアマネジメントと呼ばれており、被保険者の選択に基づいて適切なサービスを総合的かつ効率的に提供するうえで重要なものである。

5 保険給付

❶保険給付の方法

介護保険の保険給付には、要介護認定を受けた被保険者に対する介護給付、要支援認定を受けた被保険者に対する予防給付、市町村が独自に条例で定める市町村特別給付の三つがある（**表5-13**）。保険給付には、要介護度に応じて支給限度額が設定されている（**表5-14**）。被保険者は、支給限度額の範囲内で、ケアプランに基づいて介護サービスの提供を受ける。支給限度額を超えて介護サービスを利用する場合、超過分の費用は利用者が負担しなければならない。

介護保険の保険給付は、被保険者に対する金銭給付の形式をとっている。実際に介護サービスを利用する場面では、代理受領方式[★]がとられて

★**代理受領方式**
代理受領は、金融取引上の法律用語である。介護保険では、被保険者に代わって、事業者や施設が保険者である市町村から直接、介護サービス費を受け取る方法を指している。

表5-13　介護保険の保険給付、地域支援事業等

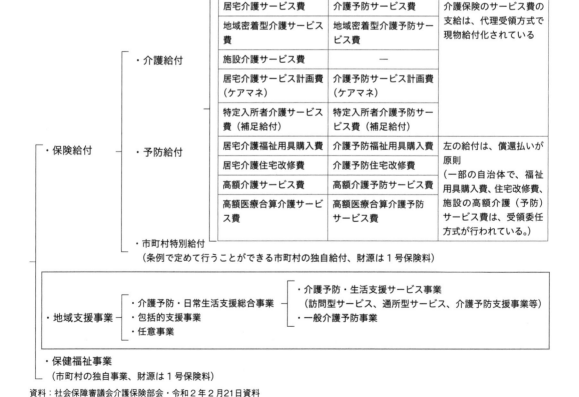

資料：社会保障審議会介護保険部会・令和2年2月21日資料

148

表5-14　在宅サービスの支給限度額　　（2020（令和２）年10月現在）

要介護度	支給限度額
要支援1	5,032単位／月
要支援2	10,531単位／月
要介護1	16,765単位／月
要介護2	19,765単位／月
要介護3	27,048単位／月
要介護4	30,938単位／月
要介護5	36,217単位／月

＊１単位：10〜11.40円（地域やサービスにより異なる）
出典：厚生労働省編『厚生労働白書 令和２年版 資料編』p. 231，2020．を一部改変

いるため、被保険者は、利用者負担分（原則は費用の１割）を支払う
ことで介護サービスを利用できる。

❷介護給付によるサービス

　介護保険制度では、法人格を有する事業者や施設が、必要な人員基準
や施設設備・運営基準を満たせば、指定事業者・指定施設として介護サー
ビスを提供することができる。このため、民間事業者や社会福祉法人、
NPO 法人など多様なサービス提供主体が存在する。利用者は、これら
の事業者や施設のなかから希望するサービスを選択し、利用する。

　居宅サービス事業者および介護保険施設の指定は、都道府県知事（政
令市・中核市市長）が行い、地域密着型サービス事業者の指定は、市町
村長が行う。

　介護給付の対象となるサービスは、①居宅サービス、②施設サービス、
③地域密着型サービスに大きく分かれる。主なサービスとして次のもの
がある（**表 5-15、表 5-16、表 5-17**）。

①　居宅サービス

　居宅サービスは、高齢者が居宅で生活を送りながら、提供を受ける介
護サービスである。事業者等が高齢者の居宅に訪問する「訪問サービ
ス」、高齢者が介護事業所等に通って利用する「通所サービス」、高齢者
が短期間入所する「短期入所サービス」に大別できる。なお、2017（平
成 29）年の介護保険法改正により、ホームヘルプサービス、デイサー
ビス、ショートステイなどについて、高齢者や障害児者がともに利用で
きる共生型サービスが創設された。

②　施設サービス

　施設サービスを提供する介護保険施設には、指定介護老人福祉施設
（**特別養護老人ホーム**）、介護老人保健施設、**介護医療院**、指定介護療養

★共生型サービス
障害者総合支援制度の
指定を受けた事業所に
ついては、介護保険の
指定を受けやすくし
た。これにより、障害
者が 65 歳以上になっ
ても、それまで利用し
ていた事業所でサービ
ス（訪問介護、通所介
護など）を利用できる。

表5-15　主な居宅サービスの概要

訪問介護	訪問介護は、訪問介護員（ホームヘルパー）が高齢者の居宅（軽費老人ホーム、有料老人ホームなども含まれる）を訪問し、身体介護や生活援助を行うサービスである。身体介護は、高齢者の食事や排泄、入浴のための介助である。生活援助は、日常生活に支障が生じないようにホームヘルパーが調理・洗濯・掃除など日常生活上の世話を行うものであり、高齢者が一人暮らしの場合や、同居家族が障害や疾病のために家事を行うことが困難な場合に提供される。
訪問看護	訪問看護は、主治医の指示に基づいて看護師が要介護者の居宅を訪問し、訪問看護計画に従って看護サービスを提供するものである。病状の観察や身体の清潔保持、排泄の援助、診療の補助、リハビリテーション、療養指導などを行う。また、医師の指示に基づいて、点滴や褥瘡の処置、痰の吸引などの医療行為を行う。
訪問入浴介護	自分で入浴することができない高齢者を対象に、居宅に浴槽を運んで入浴の介助を行うサービスである。
訪問リハビリテーション	理学療法士や作業療法士、言語聴覚士が居宅を訪問し、医師の指示に基づき、高齢者の心身の機能の維持回復を図り、日常生活の自立を助けるために必要なリハビリテーションを実施する。
通所介護（デイサービス）	老人デイサービスセンターや介護老人福祉施設（特別養護老人ホーム）などの通所介護事業所において、食事や入浴、機能訓練、レクリエーションなどのサービスを提供する。
通所リハビリテーション（デイケア）	病院や介護老人保健施設などの医療提供施設において、医師や理学療法士、作業療法士、言語聴覚士などが、高齢者の心身の機能の維持回復を図り、日常生活の自立を助けるために必要なリハビリテーションを提供する。
短期入所生活介護、短期入所療養介護（ショートステイ）	介護老人福祉施設などに被保険者が短期間入所し、日常生活上の世話や機能訓練などの提供を受けるものである。介護老人福祉施設が提供する場合は短期入所生活介護、介護老人保健施設等が提供する場合は短期入所療養介護となる。

表5-16　施設サービスの概要

介護老人福祉施設（特別養護老人ホーム）	常時介護が必要であり、自宅では介護が困難な高齢者が入所する施設である。入浴や排泄、食事の介助、その他日常生活上の世話が提供される。2015（平成27）年4月から、原則として、要介護3以上の高齢者のみが入所する施設となった。
介護老人保健施設	高齢者の病状が安定し、リハビリテーションに重点を置いた介護が必要な場合に入所する施設である。医学的管理のもとに医療や看護、機能訓練、日常生活上の世話などが提供される。
介護医療院	介護医療院は、日常的な医学管理が必要な高齢者が入所する生活施設であり、「長期療養のための医療」と「日常生活上の世話（介護）」が一体的に提供される。
介護療養型医療施設	要介護の高齢者に対して療養病床で看護や介護を提供する医療施設である。介護療養型医療施設は2024（令和6）年3月末に廃止される。

表5-17　主な地域密着型サービス

認知症対応型共同生活介護（グループホーム）	認知症の高齢者に対して、小規模で家庭的な環境で介護サービスを提供する施設である。一般的なグループホームでは、一つのユニットに5人から9人の高齢者が共同で生活する。
小規模多機能型居宅介護	小規模多機能型居宅介護は、通所介護を中心に、短期入所生活介護、訪問介護の三つのサービスを一つの事業所が提供するものである。要介護者は、必要に応じてこれらのサービスを組み合わせて利用する。
定期巡回・随時対応型訪問介護看護	高齢者の在宅での生活を支えるために、定期的な巡回訪問と、コールセンターへの連絡に基づく随時対応を行い、訪問介護と訪問看護を提供する。
看護小規模多機能型居宅介護（複合型サービス）	高齢者のニーズに応じたサービスを提供するために、小規模多機能型居宅介護や訪問看護などのサービスを2種類以上組み合わせて提供する。

型医療施設（療養病床など）がある。

　指定介護老人福祉施設が都道府県知事（政令市・中核市市長）の指定を受けるためには、条例で定める人員基準、設備・運営基準を満たす必要がある。介護老人保健施設の場合には、都道府県知事（政令市・中核市市長）の許可を受ける必要がある。

③　**地域密着型サービス**

　地域密着型サービスは、認知症対応型共同生活介護（グループホーム）や小規模多機能型居宅介護など高齢者が住み慣れた地域で生活を続けることを支援するサービスである。2005（平成17）年の介護保険法改正において、地域密着型サービスとしてこれらのサービスが制度化された。

　住み慣れた地域での生活を支援するというサービスの性格に基づき、地域密着型サービス事業所の指定、監督は市町村が行い、原則として、その市町村に居住する被保険者のみがサービスを利用できる。

❸予防給付によるサービス

　予防給付によるサービスは、要支援認定を受けた被保険者が、心身機能の改善や維持を図り、日常生活を送ることを支援する目的で行われる。このため、施設でのサービスは予防給付に含まれない。予防給付の各サービスは、要支援認定を受けた被保険者のために、地域包括支援センターが作成する介護予防サービス計画に基づいて提供される。

　2014（平成26）年の介護保険法改正により、予防給付であった介護予防訪問介護と介護予防通所介護は、市町村の行う地域支援事業（介護予防・日常生活支援総合事業）に移行し、同事業によるサービスとして提供されている。

表5-18　主な予防給付

・介護予防サービス（介護予防訪問入浴介護、介護予防訪問看護、介護予防訪問リハビリテーション、介護予防居宅療養管理指導、介護予防通所リハビリテーション、介護予防短期入所生活介護、介護予防短期入所療養介護、介護予防特定施設入居者生活介護、介護予防福祉用具貸与、特定介護予防福祉用具販売）	都道府県が指定、監督を行う。
・介護予防支援 ・地域密着型介護予防サービス（介護予防認知症対応型通所介護、介護予防小規模多機能型居宅介護、介護予防認知症対応型共同生活介護）	市町村が指定、監督を行う。

表5-19　利用者負担の判定の流れ　　　　　　　　　　2020（令和2）年10月現在

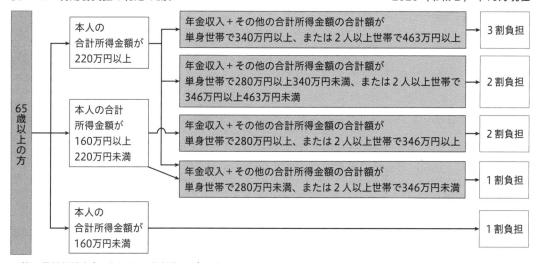

※第2号被保険者（40歳以上65歳未満の人）、市区町村民税非課税の人、生活保護受給者は上記にかかわらず1割負担

❹介護報酬

　介護サービスを提供した指定事業者・施設に対しては、**介護報酬**が支払われる。厚生労働大臣が定める算定基準では、介護サービスの内容、要介護・要支援状態の区分、提供時間などを勘案し、介護報酬が定められている。医療保険の診療報酬と異なり、介護報酬では、地域区分ごとに1単位当たりの単価が設定されている（1単位：10円から11.40円）。介護報酬の審査、支払いに関する事務は、各都道府県の国民健康保険団体連合会が担当する。

❺利用者負担

　介護保険による介護サービスを利用すると、費用の9割が保険給付の対象となり、残りの1割の費用を被保険者が負担する。被保険者に一定以上の所得がある場合には、費用の2割または3割を負担する（**表5-19**）。

要介護者に対する介護給付と要支援者に対する予防給付では、受給の流れや利用できるサービスがどう異なるかを整理してみましょう。

　要介護認定を受けて介護サービスの利用を開始すると、被保険者には長期間にわたって経済的な負担が生じることになる。介護保険では、利用者の経済的負担を軽減するために次のような給付を行っている。

① 高額介護サービス費

　利用者負担が1か月の上限額（一般の被保険者および現役並みの所得を有する者の場合、4万4400円）を超えた場合には、上限額を超えた負担が高額介護サービス費として被保険者に払い戻される（表5-20）。

② 特定入所者介護サービス費

　特別養護老人ホームやグループホームに入所し、施設サービスの提供を受ける場合には、被保険者は、利用者負担（原則1割）のほかに、施設での食費や居住費を負担しなければならない。これは、居宅サービスを利用する者と施設入所者との負担の公平性を確保するためである。

　他方で、低所得の施設入所者については、食費・居住費の負担を軽減することが必要になる。そこで、市民税非課税世帯の被保険者が、介護保険施設（介護老人福祉施設（特別養護老人ホーム）、介護老人保健施設、介護医療院、介護療養型医療施設、地域密着型介護老人福祉施設）に入所した場合や、ショートステイ（短期入所生活介護、短期入所療養介護）を利用した場合には、特定入所者介護サービス費（いわゆる補足給付）が支給される。被保険者の申請に基づき、補足給付が行われると、食費・居住費の負担は、被保険者の所得や資産等の状況に応じて一定額（負担

表5-20　高額介護サービス費の所得区分　　　　2020（令和2）年10月現在

所得区分	世帯の上限額
(1)(2)または(3)に該当しない場合	44,400円
(2)①市町村民税世帯非課税者 　②24,600円への減額により生活保護の要保護者とならない場合	①24,600円 ②24,600円
（a）市町村民税世帯非課税で、（公的年金等収入金額＋合計所得金額）が80万円以下である場合	個人15,000円
（b）市町村民税世帯非課税の老齢福祉年金受給者	個人15,000円
(3)①生活保護の被保護者 　②15,000円への減額により生活保護の要保護者とならない場合	①個人15,000円 ②15,000円

※　個人とあるのは個人の上限額

※　制度施行時における特別養護老人ホーム入所者（旧措置入所者）の利用料については、当分の間、負担能力に応じた減免措置が講じられている。

出典：厚生労働省編『厚生労働白書 令和2年版 資料編』p.231, 2020. を一部改変

限度額）に抑えられる。

▍6 地域支援事業と地域包括支援センター

　地域支援事業は、2005（平成17）年の介護保険法改正により創設された。この事業は、高齢者が要介護状態・要支援状態となることを予防し、可能な限り地域で自立した日常生活を営むことができるよう支援することを目的としている。介護保険料を財源の一部としながら、地域の高齢者を広く対象として各種の施策を行う点に、この事業の特色がある（**表5-21**）。

　地域支援事業の実施において、中核的な役割を担うのが、**地域包括支援センター**である。地域包括支援センターは、一般的に人口2〜3万人の日常生活圏域（多くの場合、各中学校区）ごとに1か所設置される。地域包括支援センターは、市町村が直接設置するか、または市町村の委託を受けた社会福祉法人や医療法人などが運営する。地域包括支援センターには、原則として3種の専門職（保健師、主任介護支援専門員、社会福祉士）の職員が配置されることになっており、圏域でのさまざまな問題に対処する。

表5-21　市町村による地域支援事業

介護予防・日常生活支援総合事業
（要支援1〜2、それ以外の者）
○介護予防・生活支援サービス事業
　・訪問型サービス
　・通所型サービス
　・生活支援サービス（配食等）
　・介護予防支援事業（ケアマネジメント）
○一般介護予防事業

包括的支援事業
○地域包括支援センターの運営
　（地域ケア会議の充実）
○在宅医療・介護連携推進事業
○認知症総合支援事業
　（認知症初期集中支援事業、認知症地域支援・ケア向上事業　等）
○生活支援体制整備事業
　（コーディネーターの配置、協議体の設置　等）

任意事業
○介護給付費適正化事業
○家族介護支援事業
○その他の事業

資料：社会保障審議会介護保険部会・2020（令和2）年2月21日資料を一部改変

　地域支援事業では、次のような事業が行われている。

❶介護予防・日常生活支援総合事業

　介護予防・日常生活支援総合事業（総合事業）には、介護予防・生活支援サービス事業と一般介護予防事業がある。

　介護予防・生活支援サービス事業は、要支援者に対する介護予防ケアマネジメントに基づいて、訪問型サービス（掃除、洗濯等の日常生活上の支援）や通所型サービス（機能訓練や集いの場の確保などの日常生活上の支援）、その他の生活支援サービス（栄養改善を目的とした配食、住民ボランティアによる見守りなど）を提供するものである。

　一般介護予防事業は、地域包括支援センターが担当する圏域の第 1 号被保険者全員を対象に、介護予防把握事業、介護予防普及啓発事業などを実施するものである。

　今後、総合事業では、多様なサービスを総合的に提供することが想定されている。たとえば、地域の実情に合った形でボランティアなどの地域資源の活用を図ることで、配食・見守り等の生活支援サービスを拡充することなどが期待されている。

❷包括的支援事業、任意事業

　包括的支援事業では、要支援者等に対する介護予防ケアマネジメント業務（介護予防サービスのケアマネジメント）、総合相談支援業務（地域の高齢者の実態把握、さまざまな生活支援サービスとの調整など）、権利擁護業務（虐待の防止・早期発見のための事業など）、包括的・継続的ケアマネジメント支援業務（支援が困難な事例についてケアマネジャーに助言）などを実施している。さらに、2014（平成 26）年の介護保険法改正により、包括的支援事業には、「在宅医療・介護連携推進事業」「認知症総合支援事業」「地域ケア会議の推進」「生活支援体制整備事業」が加わった。

　任意事業は、市町村が地域の実情に応じて独自に実施するものである。介護給付等費用適正化事業、家族介護支援事業、成年後見制度利用支援事業、福祉用具・住宅改修支援事業、地域自立生活支援事業などがある。

７ 介護保険制度の運営

❶介護保険の財政

　介護保険は、給付費の 50％を保険料で、残りの 50％を公費で負担するという財源構成となっている（**図 5-9** の左上の部分）。給付費の

Active Learning

医療保険と介護保険では、加入者、保険者、財政の仕組みなどのどこが異なるかを整理してみましょう。

50％を占める保険料のうち、23％を第1号被保険者の保険料で賄い、残りの27％を第2号被保険者の保険料で賄っている（2018（平成30）～2020（令和2）年度）。この負担割合は、全国の第1号被保険者と第2号被保険者の比率を反映したものであり、高齢化の進展とともに変化する。このように介護保険では、人口の高齢化に対応した財政調整の仕組みが制度に組み込まれている。

公費負担の割合は、国が25％、各都道府県が12.5％、各市町村が12.5％である（施設等給付については、国20％、都道府県17.5％、市町村12.5％となる）。

❷介護保険事業計画

保険者である市町村は**介護保険事業計画**を、都道府県は介護保険事業支援計画を策定する。介護保険事業計画、介護保険事業支援計画は、3年を1期として策定される。これらの計画策定のために、厚生労働大臣は介護給付等対象サービスの提供体制の確保等に関する基本指針を定めている。

市町村の介護保険事業計画では、年度ごとの介護サービスの予測見込み量や基盤整備計画などを定め、これらに基づいて介護保険事業の財政規模と必要な介護保険料の総額が決定されることになる。このように、介護保険事業計画は、市町村内で提供される介護サービスの規模や保険料水準を定めるものであり、高齢者の生活に大きな影響を与えることになる。そこで、計画の策定にあたって、住民である被保険者の意見が反映できるように、市町村は必要な措置（地域における聞き取り調査の実施や公聴会の開催など）を講じるものとされている。

都道府県の介護保険事業支援計画では、都道府県が定める区域ごとに、各年度の介護専用型特定施設入居者生活介護★などの必要定員総数や、市町村の計画を踏まえた介護サービスの見込み量が定められる。

❸介護保険事業計画における PDCA サイクル

2017（平成29）年の介護保険法改正により、保険者機能の強化の観点から、市町村の介護保険事業計画では、①高齢者が自立した日常生活を送るための支援、②要介護状態の予防、要介護状態等の軽減、悪化防止、③介護給付の適正化などに関して、具体的な施策や年度ごとの目標を設定し、記載することが市町村の努力義務とされた。市町村は、各施策の実施状況や目標の達成状況に関する調査、分析を行い、評価の結果について公表することが求められている。このような施策目標の設定と評価のプロセスは、介護保険事業計画への PDCA サイクル★の導入と位

★**特定施設入居者生活介護**
介護保険の指定を受けた介護付有料老人ホーム、サービス付き高齢者向け住宅、ケアハウスなどにおいて、入居している利用者に対して行われる入浴・排泄・食事等の介護、その他必要な日常生活上の支援。

★ **PDCA サイクル**
Plan（計画）→ Do（実行）→ Check（評価）→ Act（改善）の4段階を繰り返すことで業務を継続的に改善していく手法。

置づけることができる。介護保険事業計画には、地域包括ケアシステム
の構築に向けた計画としての役割が期待されるようになっている。

◇参考文献
・厚生労働省編『厚生労働白書 令和2年版』2020.
・介護保険制度史研究会編『新装版 介護保険制度史』東洋経済新報社，2019.
・増田雅暢『逐条解説 介護保険法（2016改訂版）』法研，2016.

●おすすめ
・服部万里子『最新図解でわかる介護保険のしくみ』日本実業出版社，2018.

第5章

社会保障制度の体系

- 年金制度の基本的な仕組みについて学ぶ
- 年金制度の最近の動向と課題について学ぶ

1　年金制度の概要と沿革

1　年金制度の概要

❶年金制度の意義

　年金は、現役時代に支払った保険料に応じて、高齢・障害・遺族になった場合に支給される所得保障制度であり、誰でも受給する可能性があり、特に老後所得を支える中核的役割を果たしている。それとともに、社会保障給付費の約半分を占め、社会保障制度最大の存在となっている。年金は、老齢や生計維持者の死亡といった所得の喪失を補てんし、予想以上の長生きや経済変動があっても生活を支えるという意義をもっている。

　年金制度には、公的年金と私的年金があり、国により運営される公的年金を中心とするが、民間金融機関等により運営される企業年金・個人年金などの私的年金も、公的年金を補完する役割を有している。

❷公的年金の特色

　このうち、公的年金は、個人で老後のために貯蓄する個人年金などの金融商品や、子どもによる扶養とは異なり、国家により強制的に加入義務が課され、要件を満たした場合に支給が行われる社会的な再分配システムであり、次のような特色をもっている。

① 　社会保険方式・実質的価値の維持

　第一に、人口構成や経済状況などの社会変動があっても制度が長期的に安定し、年金の実質的価値が維持されるよう制度設計されていることである。日本の年金制度は若い時に就労収入のなかから保険料を拠出し、老齢などになって受給する**社会保険方式**となっている。老齢などの場合に備えて負担し、あとで受け取る、いわば「賃金の後払い」の形になっている。したがって、人口や経済の変動にかかわらず制度が安定し

て運用されるように、給付と負担の水準は同時に決定するように制度設計がされている。少子高齢化と雇用の変容・不安定化の進行により、安定的に運営されるように制度が調整されていく必要がある。

② 社会的な再分配

第二に、事前に払ったものがあとで戻ってくるのではなく、社会的な再分配が行われていることである。年金は社会保険であるため、長生きや死亡といった個人のリスクを社会の構成員で分担する仕組みである。一方で、長寿化で長生きして年金を受給することが当たり前になり、少子高齢化で若い世代に対する老齢世代の人数の割合が多くなっていることから、若い世代から老齢世代への世代間の再分配になっている。また、安定して負担できる被用者集団から、多くの負担をしにくい被用者以外の職種や無業者への同一世代内の再分配という要素もある。再分配における助け合いの範囲と程度をどうするかということは、社会的価値判断に基づく人々の決定による。

③ 公私の役割分担

第三に、老後の所得保障については公私の役割分担に基づいて行われていることである。社会的システムにより給付すべきものが公的年金として給付されるが、老後に必要な所得のすべてが公的年金で賄われるのではなく、個人の貯蓄や就労、あるいは私的年金と組み合わせて老後保障が行われるという考え方に基づいて制度設計がされている。

❸国民年金（基礎年金）と厚生年金

わが国の公的年金制度は2階建ての体系であるとされており、基本的には、日本国内に居住するすべての成人（20歳以上）が国民年金に加入し、被用者（すべてではない）はそれに加えて厚生年金にも加入することになっている。

ただし、制度の沿革により、国民年金の加入要件や保険料は職種別に異なっていることに注意が必要である。すなわち、国民年金は加入について見ると、第1号被保険者（主に非被用者、保険料定額）・第2号被保険者（被用者、保険料は厚生年金と合わせて報酬比例）・第3号被保険者（被用者の被扶養配偶者、保険料は支払わなくてよい）に分かれており、3本立ての仕組みになっているということができる。

給付について見ると、国民年金加入者に対する給付は基礎年金という共通の給付であり、厚生年金加入者に対しては厚生年金の給付が上乗せされる2階建ての仕組みとなっている。

第5章 社会保障制度の体系

2 年金制度の沿革

❶年金制度の創設（戦前）と国民皆年金（1961年）以降の拡充

① 厚生年金保険の確立

　日本ではすでに戦前の1941（昭和16）年に労働者年金保険法*が成立し、被用者年金保険制度が創設されていたため、その後の全国民を対象とした年金制度創設論議にあたっては、先行した被用者年金制度との調整・通算が大きな問題となった。戦後社会保障制度の基本設計を提言した1950（昭和25）年の社会保障制度審議会勧告*では、原則定額給付の単一の年金制度創設を勧告しながらも、国民年金の創設は経済回復まで後回しとされた。

　1954（昭和29）年には適用範囲拡大と給付水準引き上げのため厚生年金保険法が全面改正され、最低保障の理念から定額給付制を主張する社会保障制度審議会と現実的な負担のため所得比例制を主張する厚生省との妥協で、結局定額部分をもつ2階建ての制度となった。その後の年金制度史は、1959（昭和34）年、1973（昭和48）年、1985（昭和60）年、2000（平成12）年の法改正がエポックとなっている。

② 国民年金法の制定

　第一のエポックは、1959（昭和34）年の国民年金法の制定である（1961（昭和36）年施行）。1950年代半ば頃からの経済成長、軍人恩給復活、保守合同と左右社会党の統一、農林共済分離など各種共済制度成立の動きなどを背景にして、国民年金創設の機運が盛り上がった。制度設計に関してはさまざまな議論があったが、その結果創設された国民年金制度は、被用者年金制度に加入していない全国民を対象として国民年金制度を創設し、「国民皆年金*」を実現した画期的なものであった。社会保険方式、定額拠出・定額給付であり、就労や所得の有無にかかわらず加入義務を課すこととなったほか（ただし保険料免除制度を設けた）、一部設けられた税方式による福祉年金は、保険料を負担できなかった者やすでに老齢に達している者に対する補完的・経過的なものに限られた。

③ 給付水準の引き上げ

　その後1960年代以降、経済成長を背景に給付水準の引き上げが続いた。1965（昭和40）年改正では、厚生年金基金加入者に対しては厚生年金の報酬比例部分への加入を免除する形で退職金との調整がなされたため、事業者側も保険料引き上げに合意して給付の充実につながった。このとき厚生年金において1万円年金を実現し、1966（昭和41）年

改正で国民年金1万円年金を達成した。1969（昭和44）年改正では2万円年金を達成した。

1973（昭和48）年改正では、5万円年金を達成し、「福祉元年[*]」と呼ばれた。このとき、厚生年金の水準を平均賃金比60％とし、国民年金もそれを基準に給付額を定め、賃金スライド・物価スライドも設けたため、その後年金の給付水準は大幅に高まることとなった。1976（昭和51）年改正では厚生年金で9万円年金、国民年金で3万円年金、1980（昭和55）年改正では厚生年金で13万円年金、国民年金で4万円年金を達成した。

❷ 1985年の基礎年金の創設と適正化

① 基礎年金の創設

次のエポックは、1985（昭和60）年改正による基礎年金の創設であった（施行は1986（昭和61）年）。1970年代後半には、低成長への移行、急速な高齢化、制度間格差への対応などのため、制度再編と給付と負担の水準の見直しが求められるようになった。制度再編論議のなかでは、国民共通の基礎年金の創設が大きな課題となっていた。社会保障制度審議会が税方式の基本年金構想を掲げた影響も受けて基礎年金が創設され、2階建ての制度体系とされたが、社会保障制度審議会の構想とは異なって基礎年金は拠出制であり、実質的には従来の国民年金と厚生年金の財政調整を図るものであった。また、従来もっぱら引き上げを続けてきた給付水準を引き下げていくこととし、基礎年金（国民年金）の水準は単身高齢者の基礎的支出分とし、加入期間の成熟化を踏まえて水準を引き下げた。また、障害者以外に福祉年金は創設せず、保険料免除制度で対応することとした。

② 給付水準の調整

その後も給付水準調整の努力は続けられ、1994（平成6）年改正では、基礎年金額が引き上げられた一方、賃金スライド方式は名目賃金でなく手取り賃金[*]に基づいて改定する方式へと改められた。

❸ 2000年年金改正以降の負担上限の観点からの再編

① 2000年改正

バブル崩壊が明らかになり、高失業・非正規化などの雇用構造や家族形態の変化が明らかになってきた2000（平成12）年に行われた改正が、戦後日本年金制度史の次のエポックであるといえる。この改正では従来のように給付改善を標榜せず、現役世代の負担の抑制という拠出側の論理を正面から訴え、給付乗率の5％引き下げなどで給付総額を2割削

★福祉元年
高度経済成長を背景に、年金の物価・賃金スライドが導入され、老人医療制度の無料化など多くの社会保障拡充が行われた1973（昭和48）年をいう。

★手取り賃金スライド
現役世代の可処分所得の変化を踏まえるため、名目賃金ではなく、賃金から税や保険料などを控除した手取り賃金の伸びに基づいて年金額の伸びを改定する方式。

減するものであった。また、保険料の抑制を図るため**基礎年金国庫負担の引き上げ**（3分の1から2分の1へ）を約束し、ほぼ同時に公私年金の役割分担をすすめるための**企業年金改革**（確定給付企業年金と確定拠出年金の創設）も行った。さらに、1994（平成6）年改正で始められた支給開始年齢の引き上げや育児期間中の保険料免除のいっそうの推進も行い、就労と育児の支援に努めた。少しでも拠出しやすくするため、半額免除制度も創設された。

② マクロ経済スライドの導入以降

少子高齢化が進むなかで、年金制度の安定のためにどのような取り組みが行われてきたのかを整理してみましょう。

2000（平成12）年改正で始まったこうした就労世代の負担の限界を踏まえた負担抑制（税負担と公私分担の拡大を含む）と就労・育児の支援の動向はその後も続いている。2004（平成16）年改正では若年世代の拠出能力に応じて給付抑制を行う保険料上限の設定と**マクロ経済スライドの導入**（171頁参照）、基礎年金国庫負担引き上げの法定化、在職老齢年金の在職停止割合の緩和、育児期間中免除の改善、多段階免除の創設、若年遺族への遺族年金受給の制限などが行われ、2000（平成12）年改正で始められた取り組みが完成した。

その後の2009（平成21）年および2012（平成24）年の改革では基礎年金国庫負担2分の1の恒久化、非正規労働者への厚生年金適用の一部拡大などが行われた。

このように、2000（平成12）年以後は、不安定雇用の増加、女性の就労の増加など、働き方の変化への対応が図られ、現役世代の就労に基づく拠出能力の限界を明確に意識し、拠出から発想した制度設計になっていった。その後、マクロ経済スライドを代表とする負担上限の設定、税負担と公私分担の拡大のほか、不安定な就労収入により拠出できない者への対応として、福祉的・補足的給付が求められるようになった。また、高齢者の就労支援と現役世代の育児支援を行う動きが進むとともに、既婚女性の被扶養を前提とした第3号被保険者制度は批判されるようになってきた。つまり、生存権思想よりも就労との関係の強化がみられ、就労・育児を前提とする制度から支援する制度への変化がみられるといえる。

2 **年金の加入と負担**

1 年金保険への加入

❶加入要件（国民年金第 1 号・第 2 号・第 3 号被保険者）

　日本国内に居住するすべての成人が国民年金に加入し、被用者はそれ
に加えて厚生年金に加入することになっているが、制度の成り立ちの歴
史上の経緯から、実際の加入要件は職種別に異なっている。

① 厚生年金（国民年金第 2 号被保険者）

　厚生年金の適用事業所で働いている 70 歳未満の者は、厚生年金に加
入する義務があり、同時に国民年金の**第 2 号被保険者**になる。法人の
事業所はすべて、またそれ以外でも常時 5 人以上の労働者を使用する
一定の業種の事業所は厚生年金の**適用事業所**となっている。

　かつては共済年金[★]として国鉄などの公社や農協職員の加入するものな
どいくつかの制度があったが、次第に厚生年金に統合されていった。
2015（平成 27）年 10 月からは、最後に残った国・地方公共団体の公
務員や私立学校の教職員の共済年金も厚生年金に統合され、**被用者年金
はすべて厚生年金に一元化**されている。

② 第 3 号被保険者（第 2 号被保険者の被扶養配偶者）

　厚生年金加入者の配偶者で扶養されている者は、**第 3 号被保険者**と
なる。第 3 号被保険者は自ら保険料を支払わなくても、その期間に応
じて基礎年金の給付が受けられる。第 3 号被保険者の要件は、原則と
して年収 130 万円未満であることである。

　第 3 号被保険者制度は 1986（昭和 61）年に、それまで加入義務が
なく自らの保険料を支払わなかった専業主婦が、老後に自らの年金を受
給できないことが問題視されたことから創設された。創設以来約 30 年

★共済年金
厚生年金の適用になっ
ていなかった独自の年
金制度で、3 公社 5
現業、国家公務員、地
方公務員、私学教職
員、農協職員などの共
済制度があった。

第
5
章

社
会
保
障
制
度
の
体
系

図5-12　年金制度の体系

	厚生年金	
国　民　年　金　（受給時は「基礎年金」）		

第 1 号被保険者	第 2 号被保険者	第 3 号被保険者
非被用者：自営業者、農業者、20歳以上学生、無業者（＝20歳以上60歳未満で2号・3号以外の全国民）、その他一部の被用者（パート労働者など）	被用者：公務員と民間企業に勤める者（＝厚生年金適用事業所＊に常時使用される70歳未満の者）	第2号被保険者の被扶養配偶者：20歳以上60歳未満の専業主婦（夫）（＝原則として年収130万円未満の者）

が経過し、女性の年金権の確立に役立ってきた制度であるが、女性の就労が一般化するなか、専業主婦を優遇するものだという批判や、第3号被保険者の要件である年収130万円未満に就業調整が行われ、女性の就労を阻害しているとの批判がある（制度上は第3号被保険者は女性に限らない）。なお、離婚時に第3号被保険者が配偶者の厚生年金を分割請求できる制度がある。

③　国民年金第1号被保険者

　これら以外のすべての20歳以上60歳未満の者は、国民年金第1号被保険者となる。従来は、被用者以外の自営業者や農業者などを中心とした制度であったが、現在は自営業者・家族従業者等は24%にすぎず、パート労働者などの被用者が40%、無職が34%となっており（2017年国民年金被保険者実態調査）、正規雇用労働者が加入する厚生年金に入れない人の制度となってきている。

❷パート労働者と外国人への適用

①　パート労働者の厚生年金加入

　パート労働者（短時間労働者）については、原則として所定労働時間および労働日数が通常労働者の4分の3に満たない場合には厚生年金に加入できないとされている（かつ年収130万円未満であれば第1号被保険者として加入することもなく、第3号被保険者となる）。同じ労働者でありながら不利益な取り扱いとなることが問題視され、2012（平成24）年と2016（平成28）年の改正法で厚生年金適用の拡大が図られたが、要件が限定されているため（週20時間以上勤務、月額賃金が8.8万円（年収106万円）以上、従業員501人以上の企業である（または従業員500人以下の企業で労働組合などと事業主が社会保険の加

図5-13　短時間労働者の年金制度への加入

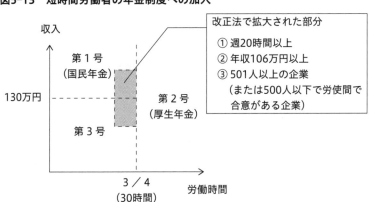

資料：筆者作成

入について合意している）など）、拡大の効果も限定的である。なおいっそうの厚生年金適用拡大が求められているが、事業主負担や本人負担の増加を懸念する業界や本人の抵抗が強い。なお、2020（令和 2）年の改正法で、従業員が 101 人以上の企業（2022（令和 4）年 10 月から）、51 人以上の企業（2024（令和 6）年 10 月から）にも順次拡大されることになった。

② 外国人適用

外国人については、被用者であれば厚生年金が適用され、居住者であれば国民年金が適用される。加入義務があるので、日本国民との取り扱いの違いはない。

ただし、保険料の支払いが年金給付に結びつかない短期滞在外国人の場合は、加入期間に応じて脱退一時金が支払われるほか、日本と社会保障協定が締結されている国の年金制度に加入している場合は、日本の年金制度への加入は免除されることになっている。

③ 日本年金機構

年金の適用と保険料徴収、記録管理と裁定・給付の事務は、日本年金機構が行っている。市町村は住民記録の利用が不可欠な第 1 号被保険者の届出や免除申請の受付のみを行っている。

2 年金保険料

❶保険料の負担額

保険料は、国民年金第 1 号被保険者については、収入にかかわらず毎月定額保険料（2020 年度は 1 万 6540 円）を自分で納付する。

国民年金第 2 号（厚生年金）被保険者は、給付や賞与を基に定められた標準報酬月額に応じて厚生年金保険料率（18.3％。これには国民年金の保険料を含む）で計算した額を事業主と折半して負担する。賞与については、150 万円を超えない部分につき標準賞与額として保険料の算定対象に加えられる。保険料納付義務は事業主にあり、給与から本人負担分を源泉徴収して納付する。

国民年金第 3 号被保険者は、保険料を納付する必要はなく、配偶者の事業主を通じて届出を行うだけで足りる。第 3 号被保険者の年金給付に要する費用は、その配偶者ではなく、第 2 号被保険者全体で負担している。

❷保険料の免除と納付率

① 申請免除と法的免除

★社会保障協定
外国で働く労働者が両国で社会保障制度を二重適用され、二重に保険料を支払うことがないようにするための日本と各国との条約。5 年以内の短期滞在の場合は派遣元国の制度のみを適用する。両国における年金加入期間を通算し、両国の年金を受給できるようにする仕組みもある。2019（令和元）年度現在、日本は 23 か国と署名し、20 か国との協定が発効している（第 6 章第 3 節参照）。

★日本年金機構
保険者である国の委託を受けて、年金の事務を行う公法人（特殊法人）。全国で 312 か所の年金事務所をもつ。

★標準報酬月額
4 月〜6 月の 3 か月の平均給与を基に毎年 9 月に改定され、32 の等級に分けられる。報酬月額 63 万 5000 円以上の場合（第 32 級）は標準報酬月額が 65 万円（それに基づく保険料が上限）となり、保険料が給付額に反映しない健康保険（第 50 級の 139 万円が上限）よりも低くなっている。

低所得など一定の場合には、**保険料免除制度**がある。失業して所得がないなど世帯所得が一定以下のため一時的に保険料を納められない場合には、市町村に申請を行うことで保険料の全部または一部（4分の3、2分の1または4分の1）が免除される（**申請免除**）。免除期間に対応した給付は減額されるが、10年以内であれば保険料を追納することもできる。

　また、生活保護の生活扶助の受給者や障害基礎年金の受給権者は**法定免除**の対象となる（ただし、申請免除と同様に給付額は減額される）。

　これらは、国民年金には所得にかかわらず加入し、定額の負担を行わなければならないという日本特有の「皆年金制度」において、所得のない者を救済するための免除制度であるが、免除期間に対応した給付は減額される（国庫負担分のみが給付される）。

② **納付猶予制度**

　このほか、20歳以上の学生（大学生、大学院生、短大生など）については、加入義務があるものの、現在所得がないが将来は払えるようになる立場であることを考慮して、本人の所得が一定額以下の場合には、在学中の保険料の納付が最大10年猶予され、後で追納することができる**学生納付特例**がある。猶予期間は受給資格期間に算入されるとともに（ただし追納しない限り給付額には反映しない）、期間中の事故に対し障害年金等の給付対象になる。また、50歳未満の第1号被保険者についても、同様の納付猶予制度がある。

③ **育児期間中の保険料免除**

　出産・育児を支援するため、**育児休業・産休期間中の厚生年金保険料は免除**され、その期間は保険料を納めた期間とみなして将来の年金給付額に反映される。国民年金加入者の産前産後期間（4か月間）についても、申請により国民年金保険料が免除され、その期間は保険料を納めた期間とみなされる。

❸**国民年金保険料の納付率と未納問題**

　国民年金（第1号）の保険料の**納付率**は、2018（平成30）年度で68％となっている。この数字が低いのは、経済的困窮の拡大や、年金に対する不安が原因であるといわれるが、2017年国民年金被保険者実態調査によれば、世帯の総所得金額が1000万円以上であっても55.8％が「保険料が高く、経済的に支払うのが困難」であると回答し、第1号期間滞納者の50％が生命保険・個人年金に加入しているなど、年金制度に対する理解不足や誤解が大きな要因となっている。

　実際には 2 年以上未納の者（未加入者含む）は 166 万人で加入者全体の 2 ％（2017（平成 29）年度末）にすぎず、また未納者に年金は給付されないので年金財政上の問題は生じないが、将来困窮する者が増加する懸念や正常に納付している人の不安などの問題があり、年金への理解を得るための努力や、納付督励や強制徴収などの対策を進めてきている。

★強制徴収
十分な保険料の負担能力があるのに、度重なる納付督励を行っても未納保険料の納付がない未納者等に対して、日本年金機構が滞納処分を行い、預貯金等の資産の差押えを行うもの。

3 費用

① 基礎年金拠出金

　基礎年金給付に要する費用は、各制度からの基礎年金拠出金と国庫で 2 分の 1 ずつ負担する。**基礎年金拠出金**とは、厚生年金保険料として厚生年金（国民年金第 2 号）被保険者から徴収した保険料と国民年金保険料として国民年金第 1 号被保険者から徴収した保険料から、加入者数に応じて頭割で基礎年金の財源を拠出するものであり、国民年金第 1 号被保険者の減少にしたがって財政基盤の強い厚生年金からの財政移転となり、制度間で財政調整する役割を果たしている。

② 基礎年金の国庫負担

　基礎年金給付に要する費用の 2 分の 1 は国庫負担（税財源）とされている。以前は国庫負担割合は 3 分の 1 であったが、少子高齢化の進展で保険料が引き上げられていき、現役世代の保険料負担の限界が問題になってきた 1990 年代から国庫負担の引き上げが議論されるようになり、2004（平成 16）年度から多様な財源を確保して引き上げが着手されてきた。2012（平成 24）年の社会保障と税の一体改革で消費税率の引き上げの財源を基礎年金に充てることで、国庫負担 2 分の 1 への引き上げの恒久的な財源が確保されることになった。基礎年金の国庫負担によって保険料負担の引き上げを抑えることで、保険料負担以上の給付が行われることや、免除者にも国庫負担分の給付が行われることで、公的年金の民間金融商品に対する優位性を引き出すものとなっているともいえる。

★社会保障と税の一体改革
2012（平成 24）年に当時与党であった民主党と自由民主党・公明党の 3 党が合意し、消費税を 10 ％に引き上げ、年金・医療・介護・子育てといった社会保障経費に充てることとした。その後関連法案が成立し、それに基づき各分野の社会保障改革が行われている。消費税率は 2014（平成 26）年に 8 ％へ引き上げられ、2019（令和元）年 10 月に 10 ％に引き上げられた。

3 年金の給付

　年金給付の種類には、老齢年金、遺族年金、障害年金の三つがあり、それぞれについて基礎年金と厚生年金がある。

図5-14　支給開始年齢の引上げ

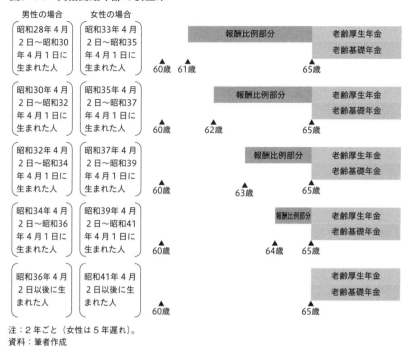

注：2 年ごと（女性は 5 年遅れ）。
資料：筆者作成

---

1 老齢年金

❶老齢年金の受給要件

① 受給資格期間

　老齢年金は、保険料納付済期間と免除期間の合計（受給資格期間）が 10 年以上ある者に支給される。未納の増加に伴い無年金状態となることを避けるため、2017（平成 29）年 8 月にそれまでの 25 年から短縮されたものである。なお、日本人が海外に在住していたが任意加入していなかった期間なども、合算対象期間★として受給資格期間に算入される。

② 支給開始年齢

　老齢基礎年金は 65 歳から支給される。老齢厚生年金も原則として 65 歳から支給されるが、厚生年金（報酬比例部分）については 2000（平成 12）年改正による支給開始年齢の 60 歳から 65 歳への段階的な引き上げが経過的に進行中で、男子は 2025（令和 7）年に、女子は 2030（令和 12）年に支給開始年齢の 65 歳への引き上げが完了する。男子は 1961（昭和 36）年 4 月 2 日生まれ以降、女子は 1966（昭和 41）年 4 月 2 日生まれ以降の人が全面的に 65 歳支給になることになる。

③ 支給の繰上げと繰下げ

　本人の請求により、支給開始を 60 歳以上 65 歳未満に繰り上げるこ

★合算対象期間（カラ
　期間）
制度の変遷のなかで、国民年金の強制適用の対象となっていなかったたことなどにより、10 年の受給資格期間を満たせない場合がある。こうした者も年金を受給できるよう、年金額には反映されないが受給資格期間としてみなすことができる期間をいう。日本人が海外に居住していた期間や、学生が強制加入ではなかった時代に国民年金に任意加入しなかった期間などが含まれる。

とができるが、この場合は月に0.5％の減額が一生続くことになる。

　支給開始を65歳以上70歳未満に繰り下げることもでき、この場合は月に0.7％加算される。たとえば5年繰り下げれば、0.7％×12か月×5年＝42％ずつ毎月の年金額が増額して支給されることになる。

　なお、2020（令和2）年改正に伴い、2022（令和4）年4月から、繰り下げ可能年齢が引き下げられて75歳までとなり、繰り上げ減額率は月0.4％になる予定である。

❷老齢年金の給付額

① 基礎年金の給付額

　基礎年金額は、40年加入で満額となり、2020（令和2）年度では月額6万5141円である。加入期間が40年よりも短い場合は期間に比例して減額される。また、保険料免除を受けていた期間に対応する給付は減額され、全額免除を受けていた場合であれば国庫負担相当額（基礎年金額の2分の1）のみ支給されることになる。この額は、1986（昭和61）年に基礎年金制度が創設された時に高齢者の基礎的消費支出（衣食住）を賄える額（5万円）として決められたものを、その後物価等各種の指標に基づいて改定してきたもので、現在は厳密にいうと基礎的消費支出に準拠して決められてはいない。

② 厚生年金の給付額

　基礎年金に加え、厚生年金に加入していた期間については厚生年金が支給される。なお、厚生年金に20年以上加入していた者が受給権を取得した時に生計を維持していた65歳未満の配偶者または18歳未満の子などがいる場合は、加給年金が支給される。

　厚生年金の額は、加入期間の平均標準報酬額の1000分の5.481（給付乗率）に加入月数を掛けた額である。平均標準報酬額は、加入期間中の標準報酬額を平均して算出するが、過去の低い標準報酬をそのまま平均すると、年金の実質価値が低くなってしまうため、過去の標準報酬額を現役世代の手取り賃金の上昇率に応じて見直した上で平均している（賃金再評価）。

　厚生年金額の設計は、過去の制度改正においては、労働者の平均賃金を得て40年間厚生年金に加入してきた片働き世帯をモデルにして、夫婦の年金額の合計（基礎年金2人分＋厚生年金）が現役時代の賃金に対する割合(所得代替率という)の6割程度になるように行われてきた。2004（平成16）年の改正でマクロ経済スライド（p.171参照）が導入され、18.3％の保険料を将来にわたって固定し、財政収支が均衡する

第5章

社会保障制度の体系

★保険料免除期間の支給額
国庫負担分（2分の1）のほか、保険料免除割合に応じて減額される。したがって支給額は、全額免除は満額の2分の1、4分の3免除は8分の5、半額免除は4分の3、4分の1免除は8分の7となる。

Active Learning
年金の保険料を支払わないとどうなるか考え、年金制度の意義を説明してみましょう。

★モデル年金
被用者について標準的な被保険者像を想定し、世帯として得られる年金を示したもので、年金水準を設定する際に標準として用いられるもの。これまで、夫は現役男子の平均的な標準報酬月額を得ている被用者であり、妻は厚生年金にまったく加入したことがないという片働き夫婦世帯として示してきている。

ように給付額は決められるようになった。このため、長期的に年金水準は低下していき、その場合でも所得代替率は50％を下回らないものとされるようになった。女性の就労が一般的になった現代において、片働き世帯をモデルにして年金水準を論ずることには批判があり、多様な世帯類型で検証すべきだという意見もある。

❸年金額のスライド

① 年金額の改定の仕組み

　年金は保険料の拠出から受給する高齢期までが長期間にわたり、かつ受給期間も長期間である。その間の経済変動や生活水準の変化に対応して、年金の実質的な価値を維持するために年金額の改定（スライド）の仕組みが設けられている。私的年金にはない公的年金の特徴である（た

図5-15　年金額の改定（スライド）のルール

・新規裁定者（新裁）は賃金変動、既裁定者（既裁）は物価変動で年金額改定が行われる

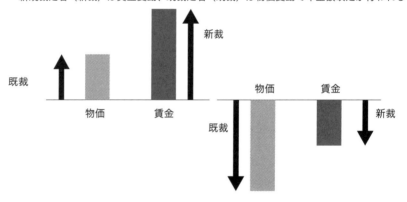

・ただし、物価変動率＞賃金変動率の場合は、既裁定者も賃金変動率で年金額改定が行われる

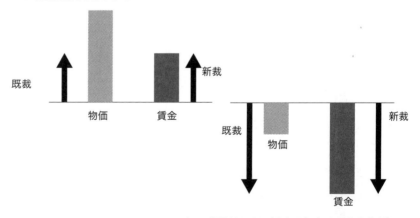

（この部分は2021（令和3）年4月から施行）

資料：筆者作成

だし、物価などが下がっている場合には、マイナス改定もありうる）。

　具体的には、新規裁定者については名目手取り賃金変動率に連動して年金額が改定される（**賃金スライド**）。経済成長は現役世代の賃金水準に反映し、財源となる保険料も賃金水準に連動することから、年金の給付水準は賃金水準の動向に対応して改定するという考え方である。一方、既裁定者（年金を受け取り始めた後の者）については、経済成長による生活水準の向上を反映するのではなく、物価による変動を調整して実質価値を維持すればよいとの考え方から、消費者物価指数の変動に応じ毎年度の年金額が改定される（**物価スライド**）。ただし、物価変動が賃金変動を上回る場合には、年金受給者が現役世代以上の生活水準の向上を享受することは不公平であるので、既裁定者の年金額も賃金変動で改定することとなっている。

② 　マクロ経済スライド

　このような改定方式に加え、2014（平成 26）年には、物価や賃金による改定率に対し一定の調整を行う仕組み（**マクロ経済スライド**）が導入された。年金の実質価値を維持するという考え方を一部変更して、現役世代の負担の上限を考えて将来の**保険料率を固定**して現在以上に引き上げないようにし、そのなかで給付と負担の均衡が見込まれるまでの期間（調整期間）、年金額の伸びを上記の改定率よりも一定の調整率だけ差し引いて改定する。調整率は、被保険者の減少率（直近 3 か年度の実績値の平均値）に平均余命の伸びを勘案した一定率（0.3％）を加えたものである。これは、年金制度を支える力の変化と受給者側の寿命の伸びに対応して、年金財政が均衡するよう給付水準を自動的に調整する

図5-16　マクロ経済スライド

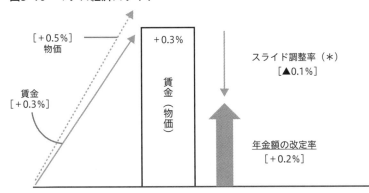

注：[　　　]は2020（令和 2）年度改定の数字
＊スライド調整率＝「公的年金全体の被保険者の減少率」（直近 3 か年度の実績値の平均値）＋
　　　　　　　　「平均余命の伸びを勘案した一定率（0.3％）」
資料：筆者作成

仕組みとなっている。

こうした考え方に基づき、たとえば2020（令和2）年度の基礎年金額（新規裁定者）は、前年度の月額6万5008円に、名目手取り賃金変動率であるプラス0.3%（物価変動率0.5%よりも低かった）にマクロ経済スライドによるスライド調整率マイナス0.1%を加えて、0.2%のプラスとなり、6万5141円となっている。

❹在職老齢年金

年金を受給しながら厚生年金の被保険者として賃金を得ている場合、厚生年金と賃金の調整を行う**在職老齢年金**制度がある（なお、基礎年金額には影響しない）。

65歳以上の場合（高在老）は、総報酬月額（賃金）と基本年金月額（厚生年金）の合計が47万円を超える場合に、厚生年金の一定額が支給停止される。総報酬月額の増加2に対し、年金額1が停止されることになる。

65歳未満の場合（低在老）は、総報酬月額と基本年金月額の合計が28万円を超える場合に、厚生年金の一定額が支給停止される。総報酬月額の増加2に対し、年金額1が停止され、総報酬月額が47万円を超える場合は、総報酬月額が増加した分だけ年金が支給停止される。なお、この仕組みは、2022（令和4）年4月以降、65歳以上の場合（高在老）

図5-17　在職老齢年金制度による支給停止

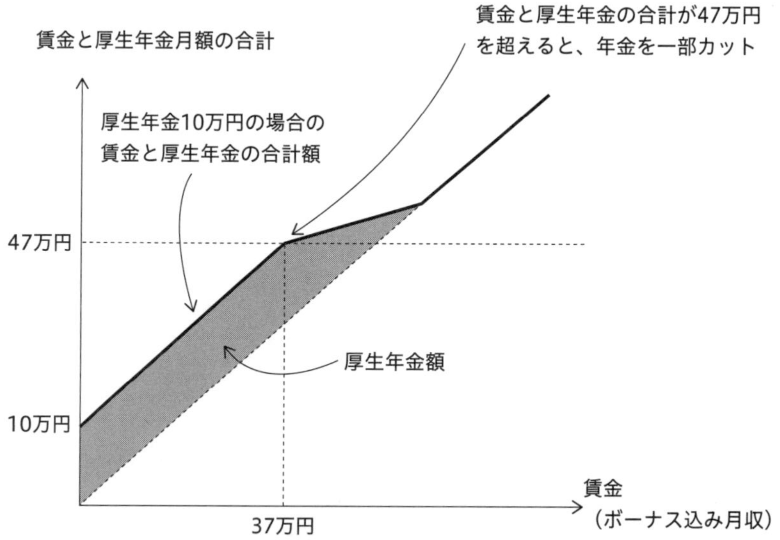

厚生年金10万円の場合の例
（基礎年金は全額支給される）

資料：筆者作成

と同じ仕組みに改められることとなっている（2020（令和 2 ）年度改正）。

在職老齢年金制度は、所得保障としての年金の趣旨と負担抑制の観点から設けられた制度であるが、高齢者の就業を抑制するとして批判もある。

❺旧共済年金

公務員等の旧共済年金については、被用者年金の一元化により 2015（平成 27）年 10 月に厚生年金に統合された。旧共済年金については、厚生年金に加え「年金払い退職給付」が支給される。これは、民間では企業年金を有する企業が過半を占めていることを考慮し、従来の共済年金の職域年金部分（ 3 階部分）に代わって設けられたものである。有期年金と終身年金からなる積立方式年金で、別途徴収した保険料を財源に充てる。

❻年金の支給と税制

年金の支給は 2 か月に 1 回、偶数月に行われる。

年金に対する課税は、老後保障の観点からほかの所得に比べ優遇されており、事実上、拠出時・給付時ともに免税になっている。拠出時は本人保険料については社会保険料控除が適用され、事業主の保険料は損金算入できる。給付時は雑所得として課税されるのが原則であるが、**公的年金等控除**があり、65 歳以上は 110 万円（2020（令和 2 ）年分以降）が最低保障されるため、多くの年金受給者は課税されていない。現役世代との公平の観点から年金課税を強化すべきだという意見がある。

❼その他の給付

国民年金には、自営業者等の第 1 号被保険者のみを対象とする任意加入制の**付加年金**がある。第 1 号被保険者は基礎年金給付だけで、厚生年金に当たる報酬比例の上乗せ給付がないために設けられた制度である。月額 400 円の付加保険料を納付した場合、老齢基礎年金の受給権を取得したときに、200 円×保険料納付月数が支給されるもので、物価スライドはない。

2019（令和元）年 10 月から、公的年金等の収入金額や所得が一定基準額以下の者の生活支援のために、年金に上乗せして支給する**年金生活者支援給付金**が支給されている。65 歳以上の老齢基礎年金の受給者で、同一世帯の全員が市町村民税非課税である一定所得以下の者に対し、月額 5000 円を基準に、保険料納付済期間等に応じた額が給付される（障害基礎年金と遺族基礎年金の受給者にも同様の制度がある）。

★**年金払い退職給付**
被用者年金制度の一元化に伴い、それまで公務員独自の加算であった職域年金相当部分が廃止されたため、新たに民間の企業年金に相当する部分として創設されたもの。積立方式の給付であり、有期年金と終身年金の二つに分けて支給される。

2 遺族年金

❶遺族年金の受給要件

① 受給資格

遺族年金は、年金の被保険者や受給者が死亡した場合に、生計を維持されていた遺族に支給されるもので、本人の老齢年金の遺族への振替えのような性格をもっている。

死亡した者が、年金の被保険者であるか、老齢年金の受給資格期間が25年以上あった者であった場合に、遺族に遺族年金が支給される。遺族厚生年金については、1級・2級の障害厚生年金の受給権者の場合も支給される。

年金の被保険者の死亡の場合は、死亡日前日において、前々月までに保険料納付済期間と免除期間を合わせた期間が被保険者期間の3分の2以上あることが必要である。ただし、特例として、死亡日の前日において、前々月までの1年間に保険料滞納期間がない場合も支給される。

② 遺族の範囲

遺族の範囲は、死亡したとき、その者によって生計を維持されていた者で、年収850万円以下の者であるが、**遺族基礎年金**と**遺族厚生年金**ではその範囲が異なっている。

遺族基礎年金における遺族は、

①配偶者（子と生計を同じくする場合に限る）

②子（18歳到達年度の年度末を経過していない者または20歳未満で障害年金の障害等級1・2級の者）

である。

遺族厚生年金における遺族は、

①配偶者（夫の場合は55歳以上の場合（60歳から支給））

②子・孫（18歳到達年度の年度末を経過していない者または20歳未満で障害年金の障害等級1・2級の者）

③父母・祖父母（55歳以上の場合（60歳から支給））

となっている。

なお、夫死亡時に30歳未満で子のない妻の遺族厚生年金は、5年の有期給付とされている。

❷遺族年金の給付額

遺族基礎年金の給付額は加入期間にかかわらず定額で、満額の老齢基礎年金と同額である（2020（令和2）年度では月額6万5141円）。配偶者に子がいる場合は加算される。

図5-18 遺族厚生年金の併給関係

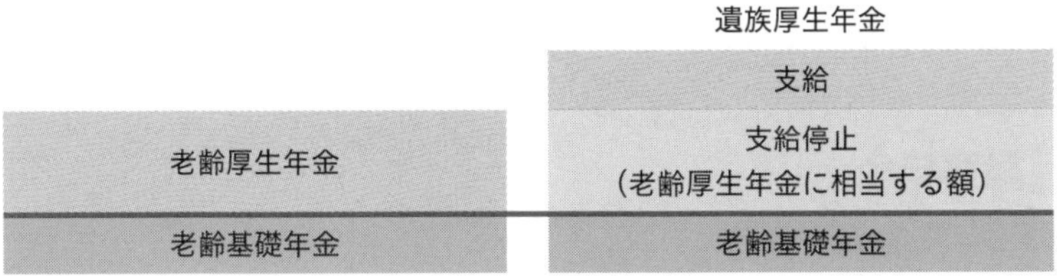

資料：筆者作成

遺族厚生年金の給付額は、死亡した者の老齢厚生年金額の 4 分の 3 である。被保険者期間が 25 年に満たない場合は 25 年分が保障される。

遺族厚生年金の受給権者で、夫の死亡時に 40 歳以上で、遺族基礎年金の支給対象とならない（子のない）妻には、65 歳になるまで中高齢寡婦加算がある。また、1956（昭和 31）年 4 月 1 日以前に生まれた妻には、65 歳以降、経過的寡婦加算が加算される。

年金額の改定の仕組みは、老齢年金と同じである。なお、遺族年金は非課税である。

❸併給関係

配偶者が老齢厚生年金の受給権を取得した場合は、配偶者本人の老齢基礎年金に加え、老齢厚生年金を受給することになる。ただし、遺族厚生年金額（①死亡した者の老齢厚生年金額の 4 分の 3、または②死亡した者の老齢厚生年金額の 2 分の 1 ＋配偶者本人の老齢厚生年金額の 2 分の 1 のうち多い額）が、配偶者本人の老齢厚生年金額よりも多い場合は、その差額が支給される。

児童扶養手当との併給については、2014（平成 26）年から、年金額が児童扶養手当額よりも低い場合は、差額分を児童扶養手当で受給できるようになっている。

❹国民年金の独自給付

国民年金には、自営業者等の第 1 号被保険者のみを対象とする独自給付として、寡婦年金と死亡一時金がある。

寡婦年金は、第 1 号被保険者として保険料を納めた期間（免除期間を含む）が 10 年以上ある夫が亡くなったときに、10 年以上継続して婚姻関係にあり、生計を維持されていた妻に対して 60 歳から 65 歳になるまでの間、支給されるものである。年金額は、夫の第 1 号被保険者期間だけで計算した老齢基礎年金額の 4 分の 3 である。

死亡一時金は、第 1 号被保険者として 36 月以上保険料を納めた者が、老齢基礎年金・障害基礎年金を受けないまま死亡したとき、遺族基礎年

金の支給を受けられない遺族に支給されるものである。死亡一時金の額は、保険料を納めた月数に応じて 12 万円〜 32 万円となっている。

3 障害年金

❶障害年金の受給要件

①　受給資格

障害年金は、障害者に対して給付されるもので、障害者の所得保障において大きな役割を果たしている。障害年金を受給できるのは、

①障害の原因となった病気や負傷について初めて医師の診療を受けた日（「初診日*」という。20 歳前や、60 歳以上 65 歳未満（年金制度に加入していない期間）も含む）において

②年金保険に加入している者が、

③初診日から 1 年 6 か月を経過した日（「障害認定日」という。その間に疾病等が治った日は治った日）において一定の障害の状態にある場合

に支給される。

受給資格期間としては、初診日の前々月までに保険料納付期間と免除期間を合わせた期間が被保険者期間の 3 分の 2 以上あることが必要である。ただし、特例として、初診日において、前々月までの 1 年間に保険料滞納期間がない場合も支給される。

国民年金の加入は 20 歳からなので、20 歳前の年金制度に加入していない期間に初診日がある場合は、受給資格期間の要件はなく、「20 歳前障害による障害基礎年金*」が支給される。

なお、かつて国民年金が任意加入であった時期に、任意加入しなかったため障害年金が受給できない無年金障害者については、特別な福祉的措置として**特別障害給付金**が支給される。

②　障害の範囲

障害年金の対象となる病気や負傷は、手足の障害などの外部障害のほか、精神障害やがん、糖尿病などの内部障害も対象になる。主なものとしては、次のようなものがある。

①外部障害

　眼、聴覚、肢体（手足など）の障害など

②精神障害

　統合失調症、うつ病、認知障害、てんかん、知的障害、発達障害など

★初診日と障害認定日
障害年金は、初診日に年金保険制度（障害基礎年金は国民年金、障害厚生年金は厚生年金）に加入していることが必要で、支給は障害認定日（1 年 6 か月経過後（それまでは健康保険の傷病手当金が支給される）または疾病が治った（障害が固定した）日）から行われることに注意。

★ 20 歳前障害による障害基礎年金
生まれつき障害をもつ人や、20 歳前に障害が残った人、20 歳前の傷病が原因で 20 歳を過ぎた後に障害をもった人などが、20 歳以降受給できる。本人の所得による所得制限がある。国庫負担割合は通常の場合（2 分の 1）より高くなっている。

図5-19　障害年金の給付額

(2020（令和 2 ）年度の額)

障害基礎年金
　1 級障害基礎年金　定額（月65,141円）×1.25 + 子の加算
　2 級障害基礎年金　定額（月65,141円）+ 子の加算

障害厚生年金
　1 級障害厚生年金　報酬比例の年金額×1.25 + 配偶者の加給年金額
　2 級障害厚生年金　報酬比例の年金額 + 配偶者の加給年金額
　3 級障害厚生年金　報酬比例の年金額（最低保障585,100円）
　障害手当金（一時金）報酬比例の年金額×2.0（最低保障1,170,200円）
　　※報酬比例の年金額：平均報酬×支給乗率
　　　　　　　　　　　×被保険者期間の月数（300月未満のときは300月として計算）

---

③内部障害

呼吸器疾患、心疾患、腎疾患、肝疾患、血液・造血器疾患、糖尿病、がんなど

障害の程度は、重度なものから 1 級・2 級に分かれている。障害厚生年金においてのみ、3 級・障害手当金もある。

❷障害年金の給付額

障害基礎年金の給付額は加入期間にかかわらず定額で、2 級の額は満額の老齢基礎年金と同額であり（2020（令和 2 ）年度では月額 6 万5141 円）、1 級は 2 級の 25％増となっている。子（受給権者によって生計を維持されている 18 歳到達年度の末日を経過していないまたは20 歳未満で障害年金の障害等級 1 級または 2 級の者）がいる場合は加算される。配偶者の加算はない。

障害厚生年金の給付額は、2 級の場合被保険者期間の年数で計算した老齢厚生年金額と同額である。被保険者期間が 25 年に満たない場合は 25 年分が保障される。1 級の障害厚生年金は 25％増となる。1 級または 2 級の障害厚生年金には、配偶者の加算があり、受給権者によって生計が維持されている 65 歳未満の配偶者がいるときに加算される。子の加算は障害基礎年金において行われるので、障害厚生年金にはない。

障害厚生年金には 3 級があり、給付額は 2 級と同じである（ただし最低保障額 58 万 5100 円）が、配偶者加給はない。障害手当金は、傷病が治った日において一定の障害の状態にある場合に、2 年分の年金額が一時金として支給されるものである。

障害年金には原則として所得制限はないが、20 歳前障害による障害基礎年金については、本人が保険料を納付していないことから、所得制

限が設けられており、本人の所得額が一定額を超える場合には一部または全額が支給停止となる。

年金額の改定の仕組みは、老齢年金と同じである。なお、障害年金は非課税である。

4 年金財政

1 年金の財政方式

❶社会保険方式と税方式

年金の財政方式には、一般にいくつかの種類があるが、まず第一に、社会保険方式と税方式の区別がある。**社会保険方式**は、あらかじめ支払った保険料に対応して年金給付が行われるものであり、**税方式**は、受給時のニーズのみに応じて年金給付が行われるものである。社会保険方式においては、負担した者だけが給付を受けるという意味の負担と給付の牽連性があるが、再分配が行われるので、負担額と給付額が比例することまでは求められておらず、給付の財源に保険料以外の税財源が投入されることもしばしばである。

諸外国の年金制度を見ると、日本と同じく社会保険方式が多いものの、税方式の国も存在する（オーストラリア、ニュージーランド、カナダなど）。拠出要件を満たせば給付されるので権利性が強い、一般に所得制限がなく普遍性が強い、財源が確保しやすい、自主的責任を涵養するといった点では社会保険方式に長所があるが、就労が不安定で収入がなく保険料を払えない者の権利保障には限界がある。

日本の年金制度は社会保険方式である。国民年金創設当時には福祉年金という税方式年金があったが、経過的なものとされ、現在は20歳以上のすべての居住者が所得にかかわらず加入することとなっている。これが世界にほかに例を見ない**皆年金**制度であるが、所得のない者や被扶養者は保険料を払わなくてもよいなどの例外的取扱いがある。未納や世代内移転への不満を解消するとして、基礎年金を税方式化すべきだとする意見があるが、所得制限付きの選別的な給付にならざるを得ないことや、財源調達の問題などがあり、現実的なものとはいえない。

❷賦課方式と積立方式

財政方式の種類の第二として、賦課方式と積立方式の区別がある。**賦課方式**とは、現役世代が納めた保険料をそのときの年金受給者への支払

いにあてるものであり、公的年金に特有のものである。**積立方式**とは、保険料を積み立て、市場で運用して将来の給付の財源にするものである。賦課方式は、後の世代がいる限り実質価値を維持した年金を給付することができるが、少子高齢化が進むと現役世代の負担が重くなるなど、人口変動のリスクに弱い。一方の積立方式は、市場環境のよいときは有利であるが、インフレによって年金の実質価値が維持できなくなるおそれがあるなど、経済変動のリスクに弱い。日本を含む各国の公的年金の財政方式は、積立方式で始まったものが経済社会の大きな変化に対応するため賦課方式に変わっていった。一方で、シンガポールなど積立方式の公的年金をもつ国もある。私的年金である企業年金や個人年金などは積立方式である。以前は厚生年金を民営化して積立方式で運用すべきだという意見もあったが、市場における運用環境の悪化に伴い、主張する人は少なくなっている。

　日本の公的年金は、人口の高齢化が急速であるため、保険料を早めに引き上げて備える必要があることから、先進国のなかでは突出して多くの積立金を有しており、運用収入が給付の財源の不可欠な部分を占めており、賦課方式を基本としつつ積立方式を取り入れた仕組みになっているともいうことができる。

❸給付建てと拠出建て

　財政方式の種類の第三は、給付建てと拠出建てである。**給付建て**は、年金制度の設計においてまずニーズに基づいて給付に必要な額を決め、それに必要な負担額を算出する方法であり、**拠出建て**は、まず負担できる額を決め、その範囲内で給付を行う方法である。給付建ての場合は予想を超えた経済社会の変動により負担が増加するリスクがあり、拠出建ての場合は給付が減少するリスクがある。

　公的年金はニーズに応じて給付する社会保障制度であるから通常は給付建てであるが、2000 年にスウェーデンが、若年世代の理解を得るために、拠出額が個人勘定に賃金上昇率等によるみなし運用利回りを付けて積み上がっていき、年金受給開始時点で年々の給付額を決める「みなし拠出建て」の制度を導入し、公的年金における拠出建ての可能性を開いた。

　日本の年金制度は、老後に必要な費用を賄うように給付額を決め、それを賄うのに必要な保険料を決定しているので、給付建てを基本としてきた。しかしながら、2004（平成 16）年の改正で保険料の上限に収まるように年金額の改定率を決めていく**マクロ経済スライド**の仕組みが導

入され、決められた負担上限の範囲内で給付を賄うことになり、いわば拠出建ての考え方が取り入れられている。

２ 年金積立金

❶年金積立金の意義

2018（平成30）年度末の公的年金の**年金積立金**は166.5兆円（時価ベース）となっている。これだけの積立金が積み上がっているのは、高齢化に伴う将来の給付費の増大に備えあらかじめ保険料の一部を積み立てる形になっているためである。

積立金の運用収入は年金財政に大きく貢献し、賦課方式による人口変動リスクを緩和する役割を果たしている。しかしながら、積立金はすでに単年度収支の赤字を埋めるために取り崩しが始まっており、財政見通しにおいては、100年後に1年分を残してほぼ使い切る制度設計としている。

❷年金積立金の運用

年金積立金は、以前は政府系金融機関などを通じた財政投融資の資金となっていたが、次第に自主運用が増え、2009（平成21）年度には全額自主運用となった。

運用は、厚生労働大臣の寄託を受けた**年金積立金運用独立行政法人**（GPIF）が行っている。運用の専門家により分散投資が行われ、運用額は2018（平成30）年度末で159.2兆円に及び、世界最大の機関投資家といわれ、運用方針は市場に大きな影響力をもっている。年金の運用に当たっては、長期的な観点をもって、必要なリターンを最低限のリスクで確保することを目指す観点から、各資産を組み合わせた資産構成割合を「基本ポートフォリオ*」として定めている。2020（令和2）年現在の基本ポートフォリオは、国内債券35％、外国債券15％、国内株式25％、外国株式25％と、債券と株式が半々となっている。

運用実績は市場環境によって大きく異なり、損をした期間には大きく報道されるが、自主運用の始まった2001（平成13）年度から2018（平成30）年度までの通期実質利回りは3.27％、76.7兆円と財政計算上のベンチマーク（財政検証が前提としている運用利回り）を上回る収益を計上している。

積立金の運用は長期で年金給付に必要な財源を確保できるものでよく、過度なリスクを取って短期で一喜一憂するようなものであってはならない。

★**基本ポートフォリオ**
年金積立金の運用において、短期的な市場の動向により資産構成割合を変更するのではなく、基本的な割合を長期間維持していくほうが、効率的でよい結果を得られるという考え方に基づき、厚生労働大臣が定める中期目標において、長期的な観点からの資産構成割合（基本ポートフォリオ）が定められている。

3 年金の財政見通し

❶年金の財政検証

以前は 5 年に 1 度、国勢調査に基づく人口推計を踏まえて財政再計算をして、給付と負担に関する制度改正を行っていた。マクロ経済スライドが導入されて自動的に給付と負担が均衡する仕組みとなった 2004（平成 16）年から、5 年に 1 度、将来の経済と人口について一定の前提を置いて、100 年間にわたる年金の給付と負担についての見通しを作成することとなった。これを**財政検証**という。

財政検証とは、いわば年金財政の健康診断であり、過去の見通しが的中したかどうかを審査するものではない。このような経済前提を置けば年金財政はこのようになるということを示し、経済社会のあり方について政策努力をすることで年金財政のあり方も変わることを示すという意義を有するものである。

❷ 2019 年財政検証の結果

① 財政検証の方法と経済前提

直近の財政検証は 2019（令和元）年に行われた。社会・経済状況について複数の前提を置いて、将来の給付と負担の見通しを 6 通りのケースで所得代替率★の形で表している。主な前提としては、出生率や平均寿命などの将来推計人口、労働参加がどのくらい進むかという労働力率のほか、経済前提として、全要素生産性（資本と労働の増加によらない技術進歩や効率化などによる生産の増加）、物価上昇率、賃金上昇率、運用利回りなどを置いている。経済前提は、専門家による委員会の議論を経て置かれたものであり、内閣府の各種経済見通しとも整合性を図っている。

② 財政検証の結果

マクロ経済スライドによって所得代替率が低下していっても、50％を下限とすると法律で定められていることから、各ケースが 50％を維持できるかどうかが評価の焦点となった。結果としては、経済成長と労働参加が進むことを前提とした 3 つのケース（Ⅰ～Ⅲ）では 50％を確保し、そうではない 3 ケース（Ⅳ～Ⅵ）では 50％を確保できない、というものであった。

この見通しの結果自体については、経済状況がよければ年金財政も健全だし、経済が悪ければ年金だけを維持することはできない、という当たり前の結果を表したものにすぎない。経済が悪ければ年金は破たんする、といってあわてることなく、経済をよくすることで年金財政の健全

★所得代替率
公的年金の給付水準を示す指標で、現役男子の平均手取り収入額に対する年金額（夫婦 2 人の基礎年金＋夫の厚生年金）の比率により表される。
2019（令和元）年度では 61.7％となっている。

第5章 社会保障制度の体系

図5-20　2019年財政検証　前提・結果・調整期間

	将来の経済状況の仮定		経済前提				(参考)	最終的な標準的厚生年金の所得代替率
	労働力率	全要素生産性（TFP）上昇率	物価上昇率	賃金上昇率（実質(対物価))	運用利回り		経済成長率（実質）	
					実質（対物価）	スプレッド（対賃金）		
ケースI	経済成長と労働参加が進むケース	1.3%	2.0%	1.6%	3.0%	1.4%	0.9%	51.9%
ケースII		1.1%	1.6%	1.4%	2.9%	1.5%	0.6%	51.6%
ケースIII		0.9%	1.2%	1.1%	2.8%	1.7%	0.4%	50.8%
ケースIV	経済成長と労働参加が一定程度進むケース	0.8%	1.1%	1.0%	2.1%	1.1%	0.2%	46.5%
ケースV		0.6%	0.8%	0.8%	2.0%	1.2%	0.0%	44.5%
ケースVI	経済成長と労働参加が進まないケース	0.3%	0.5%	0.4%	0.8%	0.4%	▲0.5%	38〜36%

資料：筆者作成

図5-21　マクロ経済スライドによる調整期間と所得代替率

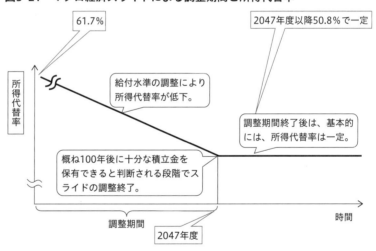

※2019年財政検証・ケースIIIの場合（中位推計）
資料：筆者作成

性を確保するような政策努力が必要であると捉えるべきである。

　なお、2019年財政検証では、いくつかの制度改正を行った場合の財政見通しについてもオプション試算として行っており（パート労働者への厚生年金の適用を拡大した場合、国民年金の保険料拠出期間を現在の40年から45年に延長した場合など）、制度改正による影響もこの方法で計算することができることが示された。

③　マクロスライドによる調整期間

　マクロ経済スライドの仕組みは、将来にわたって給付と負担が均衡す

るまで、給付水準を引き下げていくものである。今回の財政検証で注目すべきこととしては、従来の想定に比べ、マクロ経済スライドを発動して財政が均衡するまで給付水準を引き下げる期間（調整期間）が長くなっていることである。これは、デフレが長く続いた間マクロ経済スライドが発動されず年金水準が高く維持されたため、今後給付水準を長い時間をかけて引き下げていくことが必要になったためである。その結果、現在の受給者に比べ将来の受給者の水準が大きく低下することになる。

5 企業年金と個人年金

1 公的年金と私的年金の役割分担

　企業年金や個人年金などの私的年金は、企業が設けたもの（企業年金）、あるいは個人が任意で老後に備えるもの（個人年金）であるが、公的年金を補完し、または公的年金と組み合わせて老後の所得保障に資する役割を担っている。

　公的年金は全国民が強制的に加入するものであり、個別のニーズに対応することは難しい。負担の限界から給付水準も抑制せざるを得ない。こうした公的年金の限界を補完するのが私的年金の役割である。また、賦課方式を中心とする公的年金に対し、私的年金は積立方式であり、公私年金を組み合わせることで、所得保障のための財政方式においてその両者のよいところを組み合わせるという意味もある。

　私的年金には企業年金と個人年金がある。企業年金は、従業員のために企業が負担して退職後の老後保障に備えるものである。企業の従業員は、一部の非正規雇用労働者を除き、すべて加入することになる。一方、個人年金は、個人で民間金融機関などの金融商品を購入するもので、加入は完全に任意となっている。

2 企業年金

❶企業年金の意義と種類

　企業年金は、公的年金と異なり、企業の従業員の退職後に備える私的年金の一つである。日本においては、長期勤続や人材の確保のために退職金制度がある企業が多いが、企業としても退職時に一時金として払うのではなく、掛金を定期的に払えるメリットもあり、退職金の一部または全部を企業年金の形で支払う企業が多くなっている。企業年金に対し

図5-22　企業年金の加入者の推移

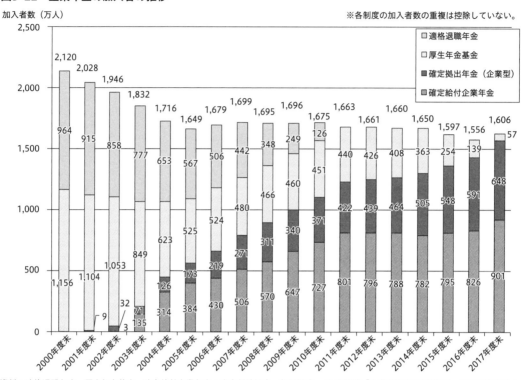

加入者数（万人）　　　　　　　　　　　　　　　　　　　　　　　　　　　　　※各制度の加入者数の重複は控除していない。

凡例：
- □ 適格退職年金
- □ 厚生年金基金
- ■ 確定拠出年金（企業型）
- ▨ 確定給付企業年金

資料：適格退職年金・厚生年金基金・確定給付企業年金：生命保険協会・信託協会・JA共済連「企業年金の受託概況」、確定拠出年金：
　　　厚生労働省調べ

★厚生年金基金

厚生年金給付（基礎年金を除く）のうち、スライド部分を除く部分を代行し、厚生年金給付を超える部分（プラスアルファ部分）を基金ごとに加えて基金から支給する設計であった。制度改革により、代行部分を国に返上し、確定給付企業年金になったものが多い。

ては、設立・解散や受給権保護のための規制や税制上の優遇措置などの公的な介入が行われている。

　企業年金の種類には、法律で定められた**確定給付企業年金**と**企業型確定拠出年金**のほか、**厚生年金基金**（厚生年金の一部を代行するもので、以前は企業年金の中心的な存在であったが、現在は制度としては廃止され経過措置的に残っているにすぎない）、自社年金（給付に必要な資産を外部積立せずに内部留保し、年金各法の規制下になく、税制上の優遇措置も受けない）がある。企業ごとに従業員のために設けることができ、２種類以上を組み合わせる場合もある。

❷確定給付企業年金

① 意義

　確定給付企業年金は、将来の年金給付の額が決められており、給付の財源として原則として事業主が定期的に掛金を負担し、従業員数や経済情勢などが変化した場合には、決められた給付の額が確保できるよう掛金額を変更するような仕組みをもった企業年金である。労使が合意した年金規約に基づく「規約型」と、母体企業とは別の法人格をもつ基金を

設立して年金給付を行う「基金型」がある。情勢の変化にかかわらずあらかじめ受給する年金額が決められていることから、従業員の退職後のライフプランの設計がしやすく、老後所得保障のための仕組みとして大きな意義をもっている。

　一方、給付の額が決められているため、経済の変動などにより企業が掛け金を追加負担しなければならないことも多く、最近は企業側が好まず、やや減少傾向にある。

② **設立と規制**

　確定給付企業年金は、確定給付企業年金法に基づき、労使合意と大臣認可によって設立される。年金資産は、信託銀行や生命保険会社と契約を結び、母体企業外で管理運用される。年金の給付期間は、終身または 5 年以上の有期給付であり、支給開始要件は 60 歳以上 65 歳未満か、50 歳以上の退職時であることを要する。20 年以上の加入期間を要件とすることはできない。一方で一時金での受給も認められており、実際には多くの加入者が退職時に一時金を受け取っている。

　掛金は、事業者負担を原則としている。減額や解散については、受給権保護のため加入者と受給者の利益を守るため規制されており、必要性についての実質的要件や労使・加入者の合意手続きなど厳しい要件が定められているが、合意があればすでに受給している年金についても減額できるなど、諸外国に比べれば柔軟で、存続を重視した規制になっている。

❸企業型確定拠出年金

① **意義**

　企業型確定拠出年金とは、掛金の額が決められており、企業が従業員の個人ごとの勘定に掛金を拠出し、個々の従業員が指図した資産運用の結果の資産で年金給付がなされる仕組みを持った企業年金である。個人勘定なので労働者の企業間移動への対応にすぐれ、また企業は掛金拠出のあとは経済状況の変化などの影響を受けないといった利点を有するため、最近増加傾向にある。

　一方で、年金の給付額が確定していないので、経済状況や運用次第では老後に必要な資金が不足しかねないこと、企業に従業員の年金教育の責務が課せられているものの、従業員個人の運用指図は難しく、多くが元本保証型でしか運用されておらず利回りが低いなどの問題がある。

② **設立と規制**

　企業型確定拠出年金は、確定拠出年金法に基づき、労使合意と大臣認可によって設立される。信託銀行や生命保険会社と契約を結び、母体企

業外で年金資産が管理運用される。掛金は事業主が資産管理機関に支払い、上限は月5万5000円（確定給付企業年金を行っている場合はその半分）であり、規約により加入者が掛金拠出することもできる（マッチング拠出）。資産は個人勘定で管理され、加入者が運用指図を行う。3つ以上の運用商品（うち1つは元本確保型）が提示されなければならず、そのなかから加入者が選択する。給付要件として、年齢に応じた最低加入期間がある（60歳以上で10年、65歳以上で1か月など）。規約で定めれば年金に代わって一時金での受給もできるが、高齢期になってからの所得保障のための制度であるため、上記年齢に達する前の脱退による一時金の受給は厳しく制限されている。

❹企業年金の動向

　戦後復興期から経済成長期にかけて、企業は労働力確保のため退職金制度の充実を図ってきたが、退職一時金の給付費用を平準化するため、退職金を年金化する企業が多くなったことを受け、1962（昭和37）年に一定の要件を満たした退職年金に税制上の優遇を行う適格退職年金制度ができた。

　一方、公的年金の充実を背景に、企業の厚生年金保険料負担と退職金負担との調整を行うため、1965（昭和40）年改正で厚生年金の一部を代行する厚生年金基金の制度ができた。厚生年金基金制度は、その後急速に普及し、とくに、中小企業従業員への退職金・企業年金の普及に大きな役割を果たした。

　その後、1990年代に入ると、企業業績の悪化と金融危機で基金財政が悪化したことや、企業の長期雇用を前提とした人事・賃金制度や福利厚生制度の見直しが迫られるようになったこと、一方で、退職後の所得保障のための企業年金の受給権保護が強く求められるようになり、積立基準の強化や外部積立が行われていない適格退職年金制度の見直しも求められたことから、2002（平成14）年に企業年金改革が行われた。適格退職年金の10年以内の廃止と厚生年金基金の代行返上の容認を決めるとともに、その受け皿として確定給付企業年金と企業型確定拠出年金が創設された。

　制度改革後、大企業の基金の多くは代行部分を国に返上し、確定給付企業年金と企業型確定拠出年金に移行した。一方、業界別に中小企業が設立していた総合型厚生年金基金は、不況業種が多く積立不足の解消ができなかったため存続したが、掛金引き上げを避けるため、高い予定利率を維持し高リスク運用を行っていた基金が多く、運用利回りの乱高下

と財政不安定を招いた。

制度改革から 10 年後の 2012（平成 24）年に、ある投資顧問会社が基金の運用資産の大半を消失させた事件（AIJ 事件）をきっかけに、厚生年金基金のこうした問題点が批判され、2013（平成 25）年、法改正により厚生年金基金制度は廃止されることになった。適格退職年金は2014（平成 26）年にすべて廃止され、退職金として給付額を約束していたこともあり、確定拠出型よりも確定給付型に多く移行したが、その後企業年金そのものを廃止する企業も多く、従業員の老後所得の保障上、課題となっている。

❺受給権保護と積立金運用

① **受給権保護**

企業年金の受給権を保護する仕組みとして、確定給付企業年金、企業型確定拠出年金ともに**企業の外部に積み立てる**義務が課されている。

確定給付企業年金については、積立金の額が将来にわたって年金給付を行っていくのに十分で（責任準備金）、解散した場合でもこれまでの掛金に応じた給付を行っていくのに十分な額（最低積立基準額）を上回っていなければならない。事業主または基金は、毎年度これを財政検証し、不足している場合は掛金を追加拠出しなければならない。このほか、**受託者責任**として、事業主および理事の忠実義務と善管注意義務が定められている。事業主の加入者に対する情報提供義務も、受給者保護の一つであると解することができる。

企業型確定拠出年金では、掛け金を運用するのは加入者である従業員個人であり、金融商品の運用経験がない従業員も自己責任で適切に資産運用できるようにするため、企業から加入者に対する**投資教育**が努力義務となっている。

② **積立金の運用**

企業年金は積立方式であり、積立金の運用はきわめて重要である。確定給付企業年金においては、信託銀行や生命保険会社に委託して運用することが一般的であるが、長期的な資産配分割合の作成、運用機関構成の決定など企業年金側の責任は大きい。

3 個人年金

企業年金以外の私的年金として、任意加入の個人年金の制度がある。

❶国民年金基金

国民年金基金は、基礎年金給付しかない国民年金第 1 号被保険者に

★**忠実義務と善管注意義務**

企業年金の管理運営にかかわる者（受託者）の義務として最も重要なもの。「忠実義務」は加入者や受給者の利益のためだけに忠実に職務を遂行する義務で、「善管注意義務（善良なる管理者の注意義務）」は受託者などの専門家が、その地位や職責にふさわしい一般的な知識に基づいて払うべき注意義務のこと。

★**投資教育**

事業主は、加入者の運用の指図に資するため、資産の運用に関する基礎的な資料の提供などを継続的に行うよう努めなければならない。具体的には、制度導入時・新規加入時・継続教育時に、確定拠出年金制度および退職金等の福利厚生、資産運用の基礎知識、金融商品の仕組み等について、説明会を開催したり、ビデオやテキストを配布する。

上乗せ給付を行うもので、国民年金法に根拠を置く任意加入・積立方式・確定給付の仕組みであり、全国国民年金基金と三つの業種別の職能型国民年金基金がある。

❷個人型確定拠出年金

　個人型確定拠出年金は、公的年金加入者が任意加入できる制度である（愛称を iDeCo という）。国民年金基金連合会が実施しており、運営管理機関（民間金融機関）が提示している運用商品（預貯金、投資信託、保険商品等）のなかから、加入者等自身が運用指図を行う。掛け金を60歳になるまで拠出し、60歳以降に老齢給付金を受け取ることができる。

❸その他の個人年金

　そのほか、民間金融機関の金融商品としての個人年金がある。保険料等を原資として積み立て、これを運用して年金として支払うものである。

　生命保険会社の個人年金には、①確定年金（一定期間加入者または遺族が年金を受け取る）、②有期年金（一定期間加入者が年金を受け取る）、③終身年金（加入者が死亡するまで年金を受け取る）、④夫婦年金（夫婦いずれかが生存している限り年金を受け取る）などがある。また、運用方法により分類すると、①定額年金（保険会社が定めた予定利率で運用を行うので、契約時に将来の年金額が確定する）、②変額年金（運用実績によって年金額が変動する）がある。これらの個人年金は生命保険であるが、損害保険会社から販売される年金払い積立損害保険もある。

　一部の個人年金には、生命保険料控除の一種である個人年金保険料控除が適用され、税制上優遇される。

6　最近の改正と課題

1　最近の改正

❶2012（平成24）年改正

　社会保障の機能強化と機能維持のための安定財源の確保と財政健全化のため、社会保障の幅広い改革を行うとともに、消費税率を5％から10％へ引き上げる社会保障・税一体改革関連法が2012（平成24）年に成立した。一体改革の一環として、消費税引き上げ分の財源を用い、年金に関し以下の改正がなされた。

① **年金機能強化法**

（公的年金制度の財政基盤及び最低保障機能の強化等のための国民年金法等の一部を改正する法律）

⑴ 基礎年金国庫負担割合 2 分の 1 の恒久化

　　基礎年金の国庫負担割合は、従来の 3 分の 1 から引き上げられ、2009（平成 21）年度に実質 2 分の 1 になっていたが、財源は一時的なものであったため、消費税率を引き上げた財源を用い、2 分の 1 に恒久化された。

⑵ 短時間労働者への厚生年金の適用拡大

　　短時間労働者への厚生年金の適用拡大を行い、①週労働時間 20 時間以上、②年収 106 万円以上、③勤務期間 1 年以上、④従業員数 501 人以上の企業の従業員にも厚生年金を適用することとした（2016（平成 28）年 10 月施行）。

⑶ 年金受給資格期間の短縮

　　老齢年金を受給するための必要な保険料納付期間を 25 年から 10 年へ短縮した（2017（平成 29）年 8 月施行）。

⑷ 産前産後期間中の社会保険料免除

　　産前 6 週間・産後 8 週間の休業期間中の厚生年金の保険料を、育児休業期間中と同様に免除することとした（2014（平成 26）年施行）。

⑸ 父子家庭への遺族基礎年金の支給

　　遺族基礎年金は子のある妻か子に支給されていたが、子のある夫にも支給されることになった（2014（平成 26）年 4 月施行）。

② **被用者年金一元化法**

（被用者年金制度の一元化等を図るための厚生年金保険法等の一部を改正する法律）

　　被用者年金の一元化のため、国家公務員共済・地方公務員共済・私学教職員共済を厚生年金に統合した（2015（平成 27）年 10 月施行）。

③ **特例水準の解消**

　　1999（平成 11）年から 2001（平成 13）年にかけて物価が下落した際に、本来であれば物価スライドに基づき年金額を引き下げるべきところ、特例的に年金額を据え置いたため、本来よりも 2.5％ 高水準になっていた。この特例水準について 3 年をかけて解消することとした。

④ **年金生活者支援給付金法**

（年金生活者支援給付金の支給に関する法律）

　　低所得者である基礎年金受給者に対し、月額 5000 円を基準に保険料

納付実績に応じて年金生活者支援給付金の支給を行うこととした（2019（令和元）年10月施行）。

❷ 2016（平成28）年改正

2014（平成26）年の財政検証を受けて、2016（平成28）年に成立した「公的年金制度の持続可能性の向上を図るための国民年金法等の一部を改正する法律」（持続可能性向上法）の内容は以下のとおり。

① 短時間労働者への厚生年金の適用拡大の促進

500人以下の企業も労使の合意に基づき短時間労働者への厚生年金適用拡大を可能にした（2019（平成31）年4月施行）。

② 国民年金第1号被保険者の産前産後期間の保険料の免除

国民年金第1号被保険者の産前産後期間の保険料を免除し、免除期間は満額の基礎年金を保障することとした（2019（平成31）年4月施行）。

③ 年金額の改定ルールの見直し

マクロ経済スライドについては、年金水準の調整後名目額が下回らないような措置がとられているので、従来は未調整分が生じる場合があったが、今後は、賃金・物価上昇の範囲内で前年度までの未調整分を調整する（キャリーオーバー分を調整する）こととした（2018（平成30）年4月施行）。また、賃金変動が物価変動を下回る場合には賃金変動に合わせて年金額を改定することになっているが、これを賃金変動がマイナスの場合にも徹底することとした（2021（令和3）年4月施行）。

❸ 2020（令和2）年改正

2020（令和2）年に成立した「年金制度の機能強化のための国民年金法等の一部を改正する法律」の内容は以下のとおり（一部を除き2022（令和4）年4月施行）。

① 短時間労働者への厚生年金の適用の一層の拡大

短時間労働者を厚生年金の適用対象とする事業所の企業規模要件について、段階的に引き下げる（従業員数500人超→100人超（2022（令和4）年10月）→50人超（2024（令和6）年10月）。

② 在職老齢年金の見直し

60歳代前半の在職老齢年金（低在老）の支給停止にならない範囲を拡大する（賃金と年金の合計額の基準を28万円→47万円に引き上げる）。

③ 受給開始時期の選択肢の拡大

現在70歳までとなっている繰り下げ受給開始の時期を75歳まで拡大する。また、繰り上げ減額率を引き下げる。

④　確定拠出年金の加入可能要件の見直し

確定拠出年金の加入可能年齢を引き上げる（企業型確定拠出年金は65歳未満→70歳未満、個人型確定拠出年金は60歳未満→65歳未満）。

⑤　その他

未婚のひとり親・寡夫を寡婦と同様に国民年金の申請全額免除基準に追加する。また、短期滞在の外国人に対する脱退一時金の支給上限年数を3年から5年に引き上げる。

2 年金制度の課題

❶世代間格差

少子高齢化に対応した給付と負担の水準に関する基本的な制度設計については、2004（平成16）年改正でつくられた財政安定化の仕組み（財政フレーム）と2012（平成24）年の社会保障・税一体改革関連法で完成したといえる。2004（平成16）年改正で負担は収入の2割、給付は所得代替率で5割とし、将来の負担は固定して人口や経済の変化に対し自動的に給付を調整するマクロ経済スライドを導入し、その前提となっていた保険料軽減のための基礎年金国庫負担引き上げの財源を、社会保障と税の一体改革による消費税の引き上げで手当てしたからである。これによって仕組み上は年金財政については自動的に安定することとなった。

一方で、「年金は払い損になり、将来もらえないのではないか」という不安が若年世代を中心に大きいことは否定できない。国民年金の納付率が高くなく、最近も金融庁研究会の報告書で年金が平均で2000万円足りなくなるということに注目が集まったことなどは、その証左といえる。

年金は払い損になるというのは神話であり、明らかに事実ではない。上の世代ほど負担に対する給付の倍率（給付負担倍率★）は高いというのは、少子高齢化が急激に進んでいるのであるから、この世代間格差はやむを得ないことであるが、このことは世代間不公平と捉えられるべきであろうか。現在の受給者世代が保険料として納めた額は現在と比べて少なかったが、所得が低い時代であり、また実際はそれに加えて私的扶養の負担があったのに対し、現在の現役世代の親世代は年金制度により社会的に扶養されているうえに、現役世代も昔に比べれば高い生活水準のなかから保険料を負担していることを考慮する必要がある。

年金制度は民間金融商品とは異なる助け合いの社会制度であり、制度

★金融庁研究会の報告書
2019（令和元）年6月に、金融審議会市場ワーキング・グループ報告書「高齢社会における資産形成・管理」は、高齢者無職世帯の平均的な支出が収入よりも月5万円少ないことを受けて、年金受給額を含めて自分自身の収支状況を把握することと、資産運用などの「自助」の充実の必要性を訴えている。

★年金の給付負担倍率
保険料の負担と給付について、世代ごとに比較すると、若い世代ほど負担に対する給付の倍率が低くなることが「世代間不公平」と論じられることがある。ただし、給付の財源は加入者の支払う保険料のほか、国庫負担や事業主負担によって賄われており、将来の給付額が加入者の支払う保険料負担を下回ること（払い損）は生じないことに留意すべきである。

に対する正しい知識を普及し、将来自分が十分な給付を受けられるか、ほかの人と比べて公平な取り扱いを受けているかということに納得して負担ができるよう、国民における年金に対する理解を進めていくことが重要である。

❷少子化対策と高齢者の雇用

　世代間格差問題のより根本的な解決方法は、**少子化対策と高齢者雇用の推進**である。年金制度を支える将来世代を確保し、高齢者ができるだけ受給者から支える側に回るような仕組みをつくっていくことが必要である。

　少子化対策については、子どもをつくることは個人の自由であるという基本的価値を重んじながら、子どもを育てることを支援する仕組みが求められる。年金制度においても、育児休業中や産前産後の保険料免除などが講じられているが、いっそうの拡充が必要であろう。

　高齢者雇用については、在職老齢年金制度の是非と年金の支給開始年齢の引き上げが問題になっている。在職老齢年金制度については、働くと年金が減るので、雇用抑制効果があるのではないかといわれているが、高額年金者の給付適正化や年金課税の強化とともに、高額所得者からの再分配のあり方として考える必要があろう。65歳を超える年齢支給開始年齢の引き上げは、雇用と年金の接続＊が図られるよう、元気な高齢者の60歳代後半の雇用確保が求められ、そのための方策を実現していく必要がある。

❸世代内分配

　現在は、雇用の変容・不安定化と格差に対する対応が大きな課題になってきている。社会保険方式の年金制度が前提としてきた、安定した雇用に基づく長期間の拠出をもはや前提にできなくなってきたからである。

　非正規雇用労働者の多くは厚生年金が適用されず、定額負担で事業主負担がない国民年金第1号被保険者となっている。そのため、負担感が強い国民年金第1号被保険者の多くが被用者・失業者となっている。厚生年金の非正規雇用労働者への適用拡大や滞納者に対する徴収強化の解決を進めることが必要である。

　これまで、雇用の不安定化で保険料を支払えない人たちが多くなってきたことへの対応として、マクロ経済スライド、基礎年金国庫負担の引き上げをはじめとして、多段階保険料免除の創設、受給資格期間の短縮、年金生活者支援給付金の創設などが行われてきた。一方で本質的には、

★雇用と年金の接続
現在、高年齢者等の雇用の安定等に関する法律（高年齢者雇用安定法）において、企業に対し65歳までの継続雇用が義務づけられており、雇用と年金の接続が図られている。2020（令和2）年の改正で、多様な方法による70歳までの就業確保措置が企業の努力義務とされた。

安定した雇用を前提としてきた社会保険の雇用の不安定化のなかでの限界の問題であるともいえるため、生活保護なども含めた所得保障制度体系全体の見直しが必要になってきているともいえる。

　また、女性の雇用の拡大につれて、専業主婦は自らの保険料を支払わなくても基礎年金を受給できる第3号被保険者制度への批判も強くなっている。この制度は、専業主婦も老後自らの年金が受け取れるよう、1985（昭和60）年改正で設けられ、女性の年金権の確立のために大きな役割を果たしてきたうえ、現在の制度体系の根幹である基礎年金制度と強く結びついているため、簡単に見直しできるものではないが、パート労働者の厚生年金適用拡大や、子育て支援の充実と合わせて見直しの方向を検討していく必要があろう。

❹年金の財政方式と財政見通し

　年金の財政方式については、1990年代から基礎年金の税方式化、厚生年金の積立方式化や民営化が経済学者を中心に論じられてきた。しかしながら、これらの議論はいずれも非現実的であり、国民の理解を得る具体的な案にはなりそうもない。**税方式化論**は、財源確保が困難という問題があり、所得制限が設けられて選別的なものにならざるを得ない、また移行時に二重の負担★が生じるといった問題もある。**積立方式化論**や**民営化論**には、経済変動に弱く特に近時の市場環境では十分な給付水準が確保できる見通しがない、自分で備えられない人をどうするか、といった問題があり、いずれも制度的な議論としてはほぼ終わっている。

　したがって、年金財政については、財政方式の抜本的見直しではなく、将来の年金財政が安定するよう、財政検証をしながら必要な努力と調整を行っていくことが課題となる。直近の財政見通しでは、経済成長と労働参加が進めば所得代替率50％を将来にわたって確保できるというものであり、一方であわてることなく、経済や雇用をよくすることで年金財政の健全性を確保するような政策努力が必要であると捉えるべきであろう。

　ただし、実際にはデフレが続いた間、特例措置によって給付額の引き下げやマクロ経済スライドの発動が行われなかったため、制度導入当時に想定していた調整は遅れており、それだけ将来の給付引き下げが厳しいものにならざるを得なくなっている。とりわけ、基礎年金の将来水準は低くなる見通しとなっており、基礎的生活確保のために基礎年金水準の見直しや公的扶助との関係の整理が必要になってくる可能性がある。

★二重の負担問題
基礎年金税方式化論に対しては、現在の社会保険方式を税方式に移行すると、切り替え時の現役世代は自らの将来の年金の積立に加えて、そのときの受給世代の年金分（賦課方式による後の年代の負担分）も負担する必要があるという、二重の負担問題が生じるため、現実的ではないとの批判がある。

❺公私年金の分担

現在の制度体系は、公的年金のみで老後資金を賄えることを想定しておらず、私的年金や雇用収入・現役時代に蓄えた資産の取り崩しなどと合わせて保障を行うことを基本としている。今後、少子高齢化等により公的年金の給付水準には限界があることから、公的年金と私的年金の組み合わせが一層重要になってくるであろう。

現在、企業年金の普及率が十分でなく、終身年金が少ないなど公的年金の補完性も低いことや、中小企業労働者など中所得者に対する支援がないこと、個人年金支援が弱いこと、といった問題があり、こうした問題を解決していくような制度的対応が不可欠であろう。

◇**参考文献**
　・厚生労働省編『厚生労働白書 令和 2 年版』2020.
　・厚生労働統計協会編『保険と年金の動向2019/2020』厚生労働統計協会，2019.
　・駒村康平『日本の年金』岩波書店，2015.

労災保険制度と雇用保険制度の概要

学習のポイント

● 労働保険制度(労災保険制度と雇用保険制度)の概要について学ぶ
● 労働保険制度の特徴やほかの社会保険制度との違いについて学ぶ
● 労働保険制度を取り巻く経済社会環境の変化について理解する

1 労働保険制度の概要

1 労働保険制度の特徴

　労働に関連する社会保険制度としては、労働者災害補償保険(以下、労災保険)と雇用保険とがあり、両者を合わせて労働保険と総称される。

　労災保険制度は、労働者災害補償保険法(以下、労災保険法)に基づき、業務災害と通勤災害による負傷等に対する補償を行う制度である。たとえば、労働者が工事現場での事故などによって死傷したり、通勤途上に事故にあってけがをした場合、政府から給付を受けることができる。労働者の福祉の増進を目的としているが、事業主の災害補償責任の確実な履行を保険的な仕組みによって担保するための、いわば事業主のための保険という性格をもつ。このため、労働災害発生のリスクに応じた保険料率の設定など、民間の保険原理に近い考え方で運営されている。

　また、雇用保険制度は、雇用保険法に基づき、労働者が離職した場合、育児休業を取得した場合、教育訓練を受けた場合などに、政府から現金が支給される制度である。単に失業中の所得保障にとどまらず、失業の予防、再就職の促進、職業能力の向上などの目的も併せもつ。このため、給付の水準や期間などの制度のあり方について、その目的の達成に資するよう、さまざまな工夫が凝らされている。

　社会保障制度と聞くと、一般的には年金保険や医療保険を思い浮かべる人が多いかもしれない。しかし、労働保険も労働災害や失業といった保険事故に対応し、労働者の生活を保障するための社会保障制度の一分野である。労働保険が存在することによって労働者は安心して職業生活を営むことができる。ただし、単なる所得保障制度ではないことには注意する必要がある。社会保障制度であると同時に、雇用の促進といった

労働政策を遂行するための手段としても位置づけられているのである。このため、労働保険制度の根拠となる考え方や給付・事業の内容は、ほかの社会保険制度と異なっている部分がある。

2 労働保険制度の運営組織

労災保険と雇用保険は、いずれも政府が管掌する社会保険制度であり、厚生労働省が全国一本の制度として運営している。

労働保険制度の企画立案や制度改正は、国のなかで労働行政を所管する厚生労働省が行っている。制度の運営は、厚生労働省の地方機関としての47の都道府県労働局、その下に置かれた544の公共職業安定所(ハローワーク)と321の労働基準監督署が行う。都道府県労働局は、公共職業安定所や労働基準監督署に対する業務指導を行うほか、事業所から労働保険料(雇用保険料と労災保険料を合わせたもの)の徴収を行う。職業安定行政を担う公共職業安定所は、労働者に対し雇用保険法による給付を行うほか、職業紹介や雇用促進のための助成金支給などの業務を実施している。また、労働基準行政を担う労働基準監督署は、労災保険法による給付のほか、労働基準法、労働安全衛生法などの運用を行い、労働者を保護するため、事業所に対する指導監督などを実施している。

なお、公共職業安定所や労働基準監督署が行った処分に対する不服申立機関として、都道府県労働局に雇用保険審査官と労働者災害補償保険審査官が置かれている。それらの審査決定に不服がある場合は、厚生労働省に設置された労働保険審査会に再審査請求を行うことができる。

2 労働者災害補償保険制度

1 制度の目的

労災保険制度の目的は、「業務上の事由又は通勤による労働者の負傷、疾病、障害、死亡等に対して迅速かつ公正な保護をするため、必要な保険給付を行い、あわせて、業務上の事由又は通勤により負傷し、又は疾病にかかった労働者の社会復帰の促進、当該労働者及びその遺族の援護、労働者の安全・衛生の確保等を図り、もって労働者の福祉の増進に寄与すること」である(労災保険法第1条)。

2 制度の沿革

労災保険法は、1947（昭和 22）年、労働基準法と同時に施行された。労働基準法では、労働者が業務上負傷し、または疾病にかかった場合、使用者は自らの費用で必要な療養を行うか、その療養の費用を負担しなければならないとされている。これは、労働災害に対する使用者の補償責任を定めたものである。事故が起これば、事業主に過失がなくても、補償を行う必要がある。しかし、大規模な災害が発生した場合や事故を起こした事業所が零細企業である場合など、損害賠償の規模によっては、事業主が十分補償できないこともありうる。このため、労働基準法による事業主の災害補償責任を保険化し、労働者への補償を迅速かつ確実なものにするために設けられた仕組みが労災保険制度である。事業主は保険者である政府に保険料を拠出し、政府が個々の事業主に代わって給付を行う。労災保険による給付がなされれば、個々の事業主は労働者に対する補償責任を免れる。ただし、法律で定められた労災給付だけでは、労働者が受けた損害の全てを補償できない場合には、労働者は事業主に対して別途、民事賠償を請求することも可能である。

労災保険制度ができるまでは、あらゆる傷病について医療保険が対応していたが、制度創設後、業務上の傷病と一般の傷病とは区別されることになった。つまり、業務上の傷病は医療保険ではなく、新たに設けられた労災保険の対象となったのである。制度創設当初、労災保険の対象は一定の規模・業種の事業に限られていたが、徐々に拡大し、1972（昭和 47）年にはすべての事業が強制適用事業になった。また、給付の内容や水準についても、次第に事業主の本来の災害補償責任の範囲を超えて拡充がなされていった。補償の年金化、給付額についてのスライド制の導入などが行われ、補償の充実が図られたほか、通勤災害に対して業務災害並みの給付を行う通勤災害保護制度（1973（昭和 48）年）、重度被災労働者に対する介護（補償）給付（1996（平成 8）年）、脳・心臓疾患の発症予防を図るための二次健康診断等給付（2001（平成 13）年）などが設けられた。

3 制度の対象

① 適用事業

労災保険は、原則として労働者を使用するすべての事業に適用される。すなわち、労働者を 1 人でも使用する事業は、業種のいかんを問わず強制適用となる。ただし、労働者が 5 人未満である個人経営の農

林・畜産・水産の事業への適用は、任意である。

　なお、国家公務員および地方公務員（現業の非常勤職員を除く）については、それぞれ国家公務員災害補償法、地方公務員災害補償法の対象となり、同様の保護がなされるため、労災保険法の適用はない。また、船員の労災保険に相当する部分については、従来、船員保険制度が適用され、労災保険制度の適用はなかったが、2010（平成22）年に一般制度である労災保険制度に統合された。

② **適用労働者**

　適用事業に使用される労働者には、すべて労災保険が適用される。常用、臨時雇用、パートタイム、アルバイトなど雇用形態や雇用期間を問わず、労働基準法上の労働者、すなわち事業所に使用され、賃金が支払われる労働者であれば、すべて適用となる。労働者でありさえすれば、業務災害または通勤災害が発生したときには、例外なく保険給付の受給権が生じる。受給要件については、雇用保険と異なり、雇われていた期間は問わない。極端な例だと、雇われた日の就業直後に業務災害にあった場合でも、労災給付は行われる。

③ **特別加入制度**

　労災保険は、日本国内で雇用される労働者の業務災害および通勤災害に対する保護を主たる目的とする。しかし、労働者以外の者のなかにも、その業務の実態や災害の発生状況などからみて、労働者に準じて保護を行うことが適当と考えられる者がいる。また、労災補償制度が整っていない外国の事業所に派遣され、十分な給付を受けられない者もいる。このため、次の者については、希望により労災保険に加入することができる**特別加入制度**が設けられている。

(1) 中小事業主やその家族従業者

(2) 一人親方およびその他の自営業者等（大工、左官、個人タクシー運転手等）

(3) 海外派遣者等

(4) 特定作業従事者（一定の要件を満たした農業関係作業従事者、職業訓練従事者、家内労働者等）

４ 労働災害の認定

　労働保険の給付の対象となるのは、**業務災害または通勤災害**による負傷、疾病等である。その認定は、被災労働者の申請に基づき、労働基準監督署が行う。以下、業務災害等の定義と認定の考え方をみていく。

❶業務災害の認定

　業務災害とは、労働者が業務上被った負傷、疾病、障害または死亡をいう。その負傷等が業務災害であるかどうかの認定は労働基準監督署によって行われるが、認定を受けるためには、①労働者が労災保険の適用事業所に雇われ、事業主の支配下にあること（**業務遂行性**）、②負傷等が業務を原因とする災害によって生じたものであること（**業務起因性**）の二つの要件を満たすことが必要とされる。

① **業務上の負傷**

　業務上の負傷として認定するかどうかは、個々のケースの事実関係を踏まえて判断されることになるが、基本的には次のとおり整理できる。

　⑴　事業主の支配・管理下で業務に従事している場合

　　　労働者の業務としての行為が原因となって生じた負傷については、基本的には業務災害と認められる。就業中の私的行為により災害を被った場合、故意に災害を発生させた場合などは、業務災害とは認められない。なお、用便のような生理的行為は業務に付随する行為とされ、その際の負傷は業務災害となる。

　⑵　事業主の支配・管理下にあるが、業務に従事していない場合

　　　事業所にいたとしても、休憩時間中の私的行為による負傷は業務災害とはならないが、施設整備の管理状況などから生じた負傷は、業務に従事していなくても業務災害となる。

　⑶　事業主の支配下にあるが、管理下を離れて業務に従事している場合

　　　出張や社用で外出し、業務に従事している際に負傷した場合には、業務災害と認められる。なお、東日本大震災のときには、外出中に地震や津波による被害に遭った多数の人々が業務災害と認められた。

② **業務上の疾病**

　業務上の疾病は、労働者が事業主の支配下にあるだけでなく、有害因子にばく露したことによって発症した疾病のことである。アスベストによる肺がん・中皮腫、介護施設における腰痛といった職業病のほか、過労による精神障害などがあるが、その認定に当たっては医学的・専門的判断が求められる。給付は、疾病の発症と業務との間に相当因果関係があると認められる場合に行われ、次の三つの要件を満たすことが必要とされる。

　⑴　労働の場に有害因子が存在していること。有害因子とは、業務に

内在する物理的因子（放射線、高熱、高圧等）、化学物質、身体に過度の負担がかかる作業態様、粉じん、病原体等である。

(2) 健康障害を起こし得るほどの有害因子にばく露したこと。

(3) 疾病が有害因子のばく露後に発症したこと。

つまり、職場に存在する有害因子に健康障害が引き起こされるほどさらされ、その後に疾病が発症したといった要件を満たすことが必要となる。たとえば、過労によるうつ病の場合、発病前の半年間に長時間の残業が続くなど業務による強い心理的負荷があったと認められれば、業務災害として認定される可能性がある。

労災補償の支給決定件数については、脳・心臓疾患の件数は減少傾向がみられるものの、精神障害は横ばいで推移している（**図5-23**）。また、労災認定された精神障害による自殺の件数も100件弱で推移しており、社会的な関心を呼んでいる。2014（平成26）年には、**過労死等防止対策推進法**が制定された。この法律では、「**過労死等**」とは「業務における過重な負荷による脳血管疾患若しくは心臓疾患を原因とする死亡若しくは業務における強い心理的負荷による精神障害を原因とする自殺による死亡又はこれらの脳血管疾患若しくは心臓疾患若しくは精神障害」と定義されている。

脳・心臓疾患は、一般的には、血管病変等が長期にわたる生活の営みのなかで進行し、増悪するといった自然経過をたどって発症するが、業務による明らかな過重負担が加わることにより、血管病変等がその自然経過を超えて著しく増悪し、発症する場合がある。また、精神障害が労災認定されるためには、その発病が仕事によるストレスによるものと判

図5-23　脳・心臓疾患と精神障害の支給決定件数

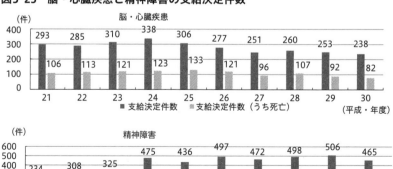

出典：厚生労働省『令和元年版 過労死等防止対策白書』2019.

断できるものに限られる。具体的には、対象疾病の発病前おおむね6か月の間に、業務による強い心理的負荷が認められるといった要件を満たすならば、業務上の疾病として扱うこととされている。

❷通勤災害の認定

通勤災害とは、通勤中の事故により労働者が被った傷病等をいう。労災保険制度の対象となる「通勤」とは、労働者が就業に関し、合理的な経路および方法により行う次に掲げる移動である。

① 住居と就業の場所の間の往復
② 労災保険の適用事業所から他の適用事業所への移動
③ 単身赴任者の赴任先住居と帰省先住居の間の移動

通常の移動の経路を逸脱し、または移動を中断した場合は、その間およびその後の移動は通勤とはみなされない。たとえば、帰宅途中の飲酒のため通常の経路から逸脱し、その後事故にあったような場合は、保護の対象とされない。ただし、中断や逸脱が日常生活上必要な行為であってやむを得ない事由により行うための最小限度のものである場合（日用品の購入、教育訓練の受講、選挙権の行使、通院、配偶者・子の介護等）、通常の経路に復帰した後の移動は通勤とみなされる。

5 保険給付

業務災害または通勤災害と認定されれば、保険給付がなされる。給付の体系は、**図 5-24** のとおりである。給付の内容は業務災害と通勤災害でほぼ同じであるが、給付の名称は異なる。業務災害では、事業主の補償責任を明確化するため、たとえば、療養補償給付のように「補償」という文言が用いられるが、通勤災害では事業主に補償責任はなく、単に療養給付とされている。このため、以下において、「療養（補償）給付」とされている場合、括弧内は業務災害の給付であることを意味する。

なお、後述のとおり、休業（補償）給付等の各種保険給付が行われる場合、社会復帰促進等事業として、それぞれ特別支給金、特別年金等が上乗せして支給される仕組みとなっている。

① **療養（補償）給付**

療養（補償）給付は、治療等の医療の現物または現金による給付である。被災労働者が業務災害または通勤災害による傷病について**労災病院**（独立行政法人労働者健康安全機構が設置運営している病院）や**労災指定医療機関等**（都道府県労働局長が指定する病院等）に受診した場合、医療保険と同様、療養の給付（医療サービスの現物給付）が行われる。

図5-24　労災保険制度の体系

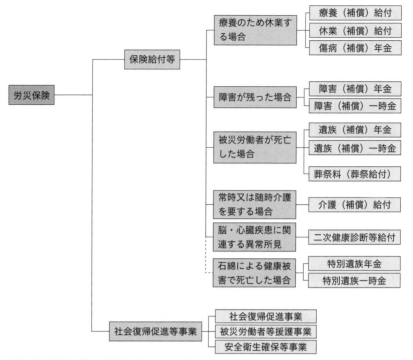

出典：厚生労働省『厚生労働白書 令和 2 年版 資料編』p.220，2020. を一部改変

　他方、労災病院等以外の医療機関に受診した場合、労働者は一旦窓口で療養に要する費用全額を支払わねばならず、後日、その負担は現金で償還される（償還払い）。

　業務災害による療養補償給付については、労災事故の補償責任は事業主にあるため、労働者は自己負担なしに給付を受けることができるが、通勤災害による療養給付では、200 円を超えない範囲で負担が求められる。

　労災病院等に支払われる診療報酬の算定は、健康保険の診療報酬点数表の点数に労災診療単価を乗じて行われるが、その単価は、労災診療の特殊性を考慮し、健康保険の 1 点 10 円よりも高く、12 円（非課税医療機関では 11 円 50 銭）とされている。

　なお、後述のとおり、療養補償給付、したがって業務災害の件数が増えると、当該事業所の労災保険率が引き上げられることになるため、傷病等が実際には業務に起因する場合であっても、労働者に医療保険を使って受診させる「労災隠し」が問題となっている。

②　休業（補償）給付

　休業（補償）給付は、業務災害等による傷病の療養のため働くことが

できず、賃金がもらえない日が4日以上になる場合、休業4日目から支給される。その額は1日につき給付基礎日額（被災直前3か月の賃金の平均日額）の60％相当である。なお、休業の最初の3日間は待期期間と呼ばれ、事業主はこの間、労働基準法に基づき、平均賃金の60％の休業補償を行わなければならない。休業（補償）給付が支給される場合、休業特別支給金も併せて支給され、その額は休業1日につき給付基礎日額の20％相当である。

③　傷病（補償）年金

　業務災害等による傷病が1年6か月を経過しても治らず、傷病による障害の程度が傷病等級（第1級～第3級）に該当する場合、休業（補償）給付から切り替わる形で、**傷病（補償）年金**が支給される。その額は、第1級の場合、給付基礎日額の313日分、第2級の場合、277日分、第3級の場合、245日分である。傷病年金が支給される場合、傷病等級に応じ、傷病特別支給金と傷病特別年金が併せて支給される。

④　障害（補償）給付

　業務災害等による傷病が治癒した後、障害等級第1級から第7級までに該当する重い障害が残っている場合、**障害（補償）年金**が支給される。たとえば、第1級の場合は給付基礎日額の313日分、第7級の場合は131日分が支給される。障害（補償）年金が支給される場合、障害等級に応じ、障害特別支給金と障害特別年金が併せて支給される。

　また、障害等級第8級から第14級までの比較的軽い障害が残っている場合には、年金ではなく、**障害（補償）一時金**が支給される。その額は、たとえば第8級の場合、給付基礎日額の503日分、第14級の場合は56日分である。障害（補償）一時金が支給される場合、障害等級に応じ、障害特別支給金と障害特別一時金が併せて支給される。

⑤　遺族（補償）給付

　業務災害等により労働者が死亡した場合、その遺族に**遺族（補償）年金**が支給される。受給資格者は、労働者の死亡時、その労働者の収入によって生計が維持されていた配偶者、子、父母、孫、祖父母、兄弟姉妹である。年金額は、受給資格者の数によって異なる。たとえば、遺族の数が1人である場合、給付基礎日額の153日分、4人以上である場合、245日分となる。遺族（補償）年金が支給される場合、遺族特別支給金と遺族特別年金が併せて支給される。

　また、遺族（補償）年金の受給資格者が1人もいない場合、遺族（補償）年金の受給資格のない配偶者等が**遺族（補償）一時金**の受給資格者

となり、給付基礎日額の 1000 日分が支給される。その場合、遺族特別支給金と遺族特別一時金が併せて支給される。

⑥　葬祭給付（葬祭料）

業務災害により死亡した者の葬祭を行う遺族等に対し葬祭料が支給され、通勤災害により死亡した者の遺族等には葬祭給付が支給される。その額は、通常葬祭に要する費用を考慮して定められており、31 万5000 円に給付基礎日額の 30 日分を加えた額とされている。

⑦　介護（補償）給付

介護（補償）給付は、障害（補償）年金または傷病（補償）年金の受給者のうち、第 1 級の者または第 2 級の精神・神経の障害および胸腹部臓器の障害の者が現に介護を受けているときに支給される。支給月額は、常時介護か随時介護かによって異なる。常時介護を要する被災労働者が費用を支出して介護を受けた日がある場合、その月において介護に要した費用が支給される（上限 16 万 6950 円）。また、親族等により介護を受け、介護費用を支出していない場合や支出額が 7 万 2990 円を下回る場合、一律定額として 7 万 2990 円が支給される。随時介護を受けている場合にも介護に要した費用が支給されるが、この場合の上限額は 8 万 3480 円であり、介護費用の支出がないかまたは少ない場合、一律定額として 3 万 6500 円が支給される。

⑧　二次健康診断等給付

労働安全衛生法に基づく事業主による定期健康診断により、脳血管疾患および心臓疾患に関連する一定の項目について異常の所見があると診断された場合、労働者の請求により、二次健康診断等給付として、二次健康診断および特定保健指導が行われる。

▌6▐ 財源

労災保険料は、労働保険料として雇用保険の保険料と併せて一元的に徴収される。労働保険料の額はその事業に使用されるすべての労働者に支払われた賃金総額に労災保険率と雇用保険率を加えた率を乗じて得られたものである。

労災保険の財源は、基本的には、事業主が納める労災保険料のみである。業務災害に対する補償の責任は全面的に事業主にあり、労働者には責任がないため、健康保険などのほかの被用者保険と異なり、労働者の負担はなく、国庫負担もない。なお、通勤災害の場合には、若干の自己負担がある。

★賃金総額
事業場に使用される労働者に対し、賃金、給料、手当、賞与その他名称のいかんを問わず、その労働の対価として支払われたすべてのもの。

労災保険では、標準報酬の定率負担を求めるほかの被用者保険と異なり、保険事故の発生確率に応じて保険料率が定められる。民間保険の考え方に近い。事業の種類により業務災害のリスクが異なることから、保険料率には差が設けられている。2020（令和 2）年度では、54 業種の保険料率が 1000 分の 2.5（放送、出版、金融等）から 1000 分の 88（金属工業、石炭鉱業）までの範囲で定められている。また、同じ事業であっても、事業主の災害防止努力の違いにより事故発生率が異なるため、保険料負担の公平の確保と災害防止努力の促進を目的として、その事業所の災害発生の多寡に応じて保険料率に差を設ける仕組みが導入されている。これを**メリット制**と呼ぶ。なお、災害発生リスクに違いのない通勤災害や二次健康診断などの給付に充てるための保険料率は、全業種一律に 1000 分の 0.6 とされており、メリット制の適用はない。

3 雇用保険制度

1 制度の目的

雇用保険法の目的は、「労働者が失業した場合及び労働者について雇用の継続が困難となる事由が生じた場合に必要な給付を行うほか、労働者が自ら職業に関する教育訓練を受けた場合及び労働者が子を養育するための休業をした場合に必要な給付を行うことにより、労働者の生活及び雇用の安定を図るとともに、求職活動を容易にする等その就職を促進し、あわせて、労働者の職業の安定に資するため、失業の予防、雇用状態の是正及び雇用機会の増大、労働者の能力の開発及び向上その他労働者の福祉の増進を図ること」とされている（雇用保険法第 1 条）。すなわち、雇用保険の目的の一つは、労働者が失業してその所得の源泉を喪失した場合などに必要な給付を行うことであり、労働者に対し**失業等給付**などを支給している。もう一つの目的は、失業の予防、能力の開発・向上などにより労働者の職業の安定を図ることであり、事業主に対する助成（雇用調整助成金等）を行うなど**雇用保険二事業**を実施している。

2 制度の沿革

雇用保険法の前身である失業保険法は、第二次世界大戦直後の社会経済の混乱期に生じた多数の失業者を救済するため、1947（昭和 22）年に創設された。その後、高度経済成長を経て、石油危機以降、低成長に

移行し、失業率も上昇したため、制度の見直しが行われた。単に失業給付を支給するだけの失業保険にとどまらず、失業の予防、雇用の促進などの機能も併せもった制度を整備することが必要になったのである。このため、1975（昭和50）年から、失業保険法に代えて、雇用保険法が施行され、保険料を財源とする雇用保険三事業（現・雇用保険二事業）の充実・拡大が行われた。

その後も、高齢労働者の増加、女性の社会進出、就業構造の変化、就業形態の多様化といった状況に対応し、適用される労働者の範囲の拡大のほか、求職者給付制度の見直し、育児休業給付、高年齢雇用継続給付、介護休業給付や教育訓練給付の創設といった制度の拡充が行われてきた。

■3 制度の対象

① 適用事業

雇用保険法は、労働者を雇用するすべての事業に強制的に適用される。なお、個人経営の農林・畜産・水産の事業で労働者5人未満のものについては、任意適用とされている。船員については、従来、雇用保険制度の適用はなかったが、2010（平成22）年に船員保険制度のうち雇用保険に相当する部分が雇用保険制度に統合された。

② 適用労働者

適用事業に雇用される労働者は、原則としてその意思にかかわらず被保険者となる。ただし、次の者については、雇用保険は適用されない。

(1) 1週間の所定労働時間が20時間未満である者

(2) 同一の事業主の適用事業に継続して31日以上雇用されることが見込まれない者

(3) 季節的に雇用される者であって、4月以内の期間を定めて雇用される者または1週間の所定労働時間が20時間以上30時間未満である者

(4) 日雇労働者であって、適用区域に居住し適用事業に雇用される等の要件に該当しない者

(5) 国、都道府県、市町村等に雇用される者

(6) 昼間学生

65歳に達した日以後に新たに雇用される者は、以前は雇用保険の適用はなかったが、制度改正により、2017（平成29）年以降は適用対象となった。国家公務員や地方公務員には、特別な身分保障があるため、適用されない。また、昼間仕事をし、夜学に通っている者には適用され

るが、昼間に学生である者には適用されない。

　被保険者には、**一般被保険者**（65歳未満の常用労働者）のほか、**高年齢被保険者**（65歳以上の労働者）、**短期雇用特例被保険者**（季節的に雇用される者）および**日雇労働被保険者**（日々雇用される者、30日以内の期限を定めて雇用される者）という四つの区分があり、それぞれに対応した給付が設計されている。

4 失業等給付

　雇用保険の保険給付には、失業等給付および育児休業給付があり、前者には、求職者給付、就職促進給付、教育訓練給付および雇用継続給付がある（**図5-25**）。まず、失業等給付の主なものをみていく。

❶求職者給付

　求職者給付には、一般被保険者、高年齢被保険者、短期雇用特例被保険者、日雇労働被保険者に対する給付として四つの種類がある。

① 一般被保険者に対する求職者給付

　一般被保険者に対する求職者給付には、基本手当、技能習得手当、寄宿手当および傷病手当があるが、以下では、その中心となる**基本手当**について説明する。

⑴ 受給要件

　一般被保険者が離職して、次の❶および❷のいずれにもあてはまる

Active Learning

労災保険と雇用保険では、事業主の負担、受給するための要件、給付内容などのどこが異なるのかを整理してみましょう。

図5-25　雇用保険制度の体系

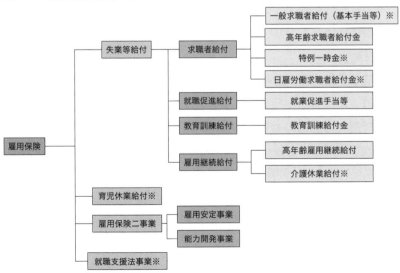

注：※印は、国庫負担があるものを示す。
資料：筆者作成

ときは、基本手当が支給される。

❶ 公共職業安定所において求職の申込みを行い、就職しようとする積極的な意思があり、いつでも就職できる能力があるにもかかわらず、本人や公共職業安定所の努力によっても職業に就くことができない状態にあること。

❷ 離職前の2年間（傷病等の期間があるときは最長4年間）に被保険者であった期間が12か月以上あること。ただし、特定受給資格者（倒産・解雇等によって再就職の準備をする時間的余裕がなく離職を余儀なくされた者）や特定理由離職者（有期労働契約が更新されなかったことその他やむを得ない理由により離職した者）については、離職の日以前1年間に、被保険者であった期間が通算して6か月以上あること。

❶の要件により、病気やけが、出産や育児のためにすぐに就職できないとき、定年などで退職してしばらく休養しようと思っているとき、結婚退職し、家事に専念しようと考えているときなどは、基本手当を受給することができない。

(2) 受給期間

基本手当の受給期間の上限となる所定給付日数は、離職の日における年齢、雇用保険の被保険者であった期間、離職理由などによって、90 ～ 360日の間で決定される（**表5-22**）。所定給付日数は、被保険者であった期間が長いほど長く、離職時の年齢が高いほど長い。特定受給資格者や特定理由離職者については、定年や自己都合による離職者よりも所定給付日数が長い。また、障害者などの場合も、再就職には困難を伴うことから、所定給付日数は長く設定されている。

(3) 受給額

基本手当日額（受給できる1日当たりの金額）は、離職した日の直前6か月の平均日額（毎月決まって支払われた賃金の合計を180日で割って算出した額）の50 ～ 80％（60 ～ 64歳については45 ～ 80％）である。賃金水準が低かった者ほど、その割合は高くなる。被保険者であった期間の長さは、基本手当の額には影響しない。

基本手当の受給には、待機期間がある。公共職業安定所での手続き後、7日間経過しなければ、基本手当は支給されない。解雇による離職の場合は、待機期間終了後、すぐに受給できるが、自己都合による離職の場合、更に3か月経過しなければ受給することができない。これは、安易な離職を防ぐためである。

表5-22　求職者給付の基本手当の所定給付日数

1　特定受給資格者・特定理由離職者（3を除く）

区分＼被保険者であった期間	1年未満	1年以上5年未満	5年以上10年未満	10年以上20年未満	20年以上
30歳未満	90日	90日	120日	180日	―
30歳以上35歳未満	90日	120日	180日	210日	240日
35歳以上45歳未満	90日	150日	180日	240日	270日
45歳以上60歳未満	90日	180日	240日	270日	330日
60歳以上65歳未満	90日	150日	180日	210日	240日

2　特定受給資格者・特定理由離職者以外の離職者（3を除く）

区分＼被保険者であった期間	1年未満	1年以上5年未満	5年以上10年未満	10年以上20年未満	20年以上
全年齢	―	90日	90日	120日	150日

3　就職困難者（障害者等）

区分＼被保険者であった期間	1年未満	1年以上5年未満	5年以上10年未満	10年以上20年未満	20年以上
45歳未満	150日	300日			
45歳以上65歳未満	150日	360日			

資料：ハローワークインターネットサービス

②　その他の求職者給付

　求職者給付としては、一般被保険者に対する基本手当等のほか、高年齢被保険者に対する**高年齢求職者給付金**、短期雇用特例被保険者に対する**特例一時金**、日雇労働被保険者に対する**日雇労働求職者給付金**がある。高年齢被保険者の場合、失業はそのまま引退につながることが多いため、高年齢求職者給付金は、被保険者であった期間に応じて基本手当日額の30日または50日分の一時金として支給される。

❷就職促進給付

　就職促進給付は、失業者の再就職の促進を目的とするものであり、**就業促進手当**、移転費、求職活動支援費がある。その中心となる就業促進手当には、再就職手当、就業促進定着手当、就業手当、常用就職支度手当がある。

①　再就職手当

　再就職手当は、基本手当の受給資格がある者が安定した職業に就いた場合であって、基本手当の支給残日数が所定給付日数の3分の1以上あるなどの要件に該当するとき、一時金として支給される。早期の再就

職を促進することを目的とする。

② 就職促進定着手当

就職促進定着手当は、再就職手当の支給を受けた者が引き続きその再就職先に6か月以上雇用され、かつ、再就職先での1日分の賃金額が離職前の賃金日額に比べて低下している場合に支給される。

③ 就業手当

就業手当は、基本手当の受給資格がある者が再就職手当の支給対象とならない常用雇用等以外の形態で就業した場合であって、さらに、基本手当の受給残日数が所定給付日数の3分の1以上、かつ、45日以上あるなどの要件に該当する場合に支給される。

④ 常用就職支度手当

常用就職支度手当は、基本手当の受給資格がある者のうち、障害があるなど就職が困難な者が安定した職業に就いた場合、一定の要件に該当すると支給される。

❸教育訓練給付

教育訓練給付は、労働者の主体的な能力開発や中長期的なキャリア形成を支援し、雇用の安定と再就職の促進を図ることを目的としており、一般教育訓練給付金と専門実践教育訓練給付金がある。

① 一般教育訓練給付金

一般教育訓練給付金は、受講開始日に被保険者であり、同一の事業者に雇用されていた期間が3年以上であることなど一定の要件を満たす一般被保険者等が、厚生労働大臣の指定する教育訓練を受講し修了した場合に支給される。支給額は、受講費用の20%（上限10万円）である。

② 専門実践教育訓練給付金

専門実践教育訓練給付金は、一般教育訓練給付金と同様の要件を満たす一般被保険者等が、厚生労働大臣の指定する教育訓練（業務独占資格または名称独占資格の養成施設の課程、専門学校の職業実践専門課程、専門職大学院等）を受講し修了した場合に支給される。支給額は受講費用の50%（年間上限40万円）であり、最大3年間支給される。受講修了後、資格取得等により就職に結びついた場合、受講費用の20%が追加で支給される。この場合、合わせて70%（年間上限56万円）となる。なお、2014（平成26）年10月から2022（令和4）年3月までの時限措置として、教育訓練支援給付金の制度が設けられている。45歳未満であるなど一定の要件を満たす者が、専門実践教育訓練の期間中に失業状態となり、基本手当の支給が終了した場合、訓練受講をさ

らに支援するため、離職前賃金に基づき算出した基本手当日額の80％が支給される。

❹雇用継続給付

雇用継続給付は、労働者に就業継続が困難になるような事態が生じたとしても、就業意欲を維持できるよう支援する目的で設けられた制度である。雇用継続給付には、高年齢雇用継続給付と介護休業給付がある。

① 高年齢雇用継続給付

定年後に再雇用されて働くような場合、定年前と比べると、賃金が低くなることが多い。このため、賃金低下部分の一部を補てんすることにより高年齢者の就業意欲を維持し、65歳までの雇用の継続を促進するための仕組みが**高年齢雇用継続給付**である。

高年齢雇用継続給付には、基本手当を受給していない者を対象とする高年齢雇用継続基本給付金と、基本手当を受給し、再就職した者を対象とする高年齢再就職給付金の2種類がある。いずれの場合も、被保険者期間が5年以上ある60歳以上65歳未満の一般被保険者であって、その賃金額が60歳時点の賃金の75％未満である者が対象となり、最高で賃金額の15％相当額が支給される。

なお、特別支給の老齢厚生年金などを受給している者が高年齢雇用継続給付を受けるときは、在職による年金の支給停止に加え、最高で賃金の6％に当たる年金額が支給停止となる。

② 介護休業給付

労働者は、育児休業、介護休業等育児又は家族介護を行う労働者の福祉に関する法律（**育児・介護休業法**）により、家族を介護するため、介護休業を取得することができる（**表5-23**）。そして、一般被保険者等が介護休業を取得した場合であって一定の要件を満たすときは、雇用保険法に基づき**介護休業給付金**が支給される。介護休業給付金は、支給対象となる家族の同一介護につき1回の介護休業期間に限り受給できる。受給期間は、休業開始日から最長で93日であり、支給額は休業開始時の賃金日額の67％×支給日数となる。

なお、労働者は、対象家族1人について3回まで介護休業を取得することができる。同一の家族につき介護休業給付金を受給したことがあったとしても、要介護状態が異なることにより再び介護休業を取得した場合、介護休業給付の対象となる。ただし、支給日数は、通算して93日までである。

表5-23　育児休業・介護休業の概要

	育児休業	介護休業
定義	労働者が原則としてその1歳に満たない子を養育するためにする休業	労働者がその要介護状態にある対象家族を介護するためにする休業
対象となる家族の範囲	子	配偶者、父母、子、配偶者の父母、祖父母、兄弟姉妹、孫
回数	子1人につき、原則1回。ただし、配偶者の死亡などの事情により、再度の休業取得が可能	対象家族1人につき、3回まで
期間	子が1歳に達するまでの連続した期間。ただし、 ・ 父母ともに育児休業をする場合、子が1歳2か月に達する日の前日まで、それぞれ1年間の休業が可能（パパ・ママ育休プラス） ・ 子が1歳に達する日において保育所に入れない等の場合、最長2歳まで延長可能	対象家族1人につき、93日まで

資料：筆者作成

5 育児休業給付

　育児休業給付は、従来、雇用継続給付に属する給付であったが、制度改正により、2020（令和2）年度から、子を養育するために休業した労働者の生活および雇用の安定を図るための、失業等給付とは別の給付として位置づけられることになった。

　労働者は、育児・介護休業法により、原則として1歳未満の子を養育するために育児休業を取得することができる（**表5-23**）。そして、一般被保険者等が育児休業を取得した場合であって一定の要件を満たすときは、雇用保険法に基づき**育児休業給付金**が支給される。その額は、休業開始から6か月までは休業開始時の賃金日額の67％×支給日数、6か月以降は50％×支給日数となる。

　父母ともに休業する場合、子が1歳2か月に達するまでの間、父母それぞれが1年間ずつ育児休業を取得することができるが（パパ・ママ育休プラス）、この場合には、子が1歳2か月に達する日の前日までの間に最大1年まで育児休業給付金が支給される。

　また、労働者の子が保育所に入れないなどの理由で雇用継続に支障が出る事態を防ぐため、例外的に子が2歳に達するまで育児休業期間を延長できることとされており、この場合、育児休業給付金の支給期間も

２歳まで延長されることになる。

⑥ 就職支援法事業（求職者支援制度）

❶制度創設の経緯

2008（平成 20）年秋のリーマンショックに端を発する世界的な景気の下降に伴い、日本の雇用失業情勢も急速に悪化した。特に非正規労働者の雇い止め、派遣切りなどの雇用調整が大規模に行われ、失業者全体に占める長期失業者の割合も増加した。これにより、失業等給付を受給できない者の存在が顕在化することになった。たとえば、被保険者期間など雇用保険の受給資格を満たしていない者、新卒で就職できず、雇用保険に加入する機会がなかった者、失業期間が長期化し、再就職できないまま基本手当の支給が終了した者、自営業を廃業した者などである。

このようななかで、2011（平成 23）年、失業等給付を受給できない者について早期の就職を支援し、その職業および生活の安定に資するため、「職業訓練の実施等による特定求職者の就職の支援に関する法律」が制定され、**求職者支援制度**が創設された。失業に対する最初のセーフティネットである雇用保険から漏れた者が直ちに生活保護に陥ることがないよう、その中間にもう一つのセーフティネットを設ける趣旨である。

この制度は、雇用保険を受給できない者を対象とするものであるため、当初、雇用保険とは別の全額国庫負担による給付の仕組みが検討されていたが、国の厳しい財政事情の下、一般会計による財源確保が難航したため、雇用保険の付帯事業と位置づけられ、**就職支援法事業**として雇用保険料と国庫負担によって実施されることとなった。

❷制度の概要

求職者支援制度の対象者は、雇用保険の失業等給付を受給できない求職者であって、職業訓練その他の就職支援を行う必要があると認められる者（特定求職者）である。求職者支援制度は、特定求職者に職業訓練を受ける機会を与えるとともに、職業訓練の期間中、職業訓練受講給付金を支給し、公共職業安定所が中心となってきめ細かな就職支援を行うことにより、早期の就職を目指す仕組みである。

公共職業安定所長は、就職支援計画を作成し、特定求職者に対し、職業指導・職業紹介や職業訓練等の支援措置を受けることを指示する。特定求職者は、その指示に従うとともに、速やかに就職できるよう努めなければならない。特定求職者に対しては、職業訓練の受講を容易にするため、受講期間中、月 10 万円の職業訓練受講給付金が支給される。受

給のためには、本人収入が月8万円以下、世帯収入が月25万円以下といった要件を満たす必要があり、一度でも訓練を欠席したり、公共職業安定所の就職支援を拒否したりすると、支給停止となる。

7 財源

雇用保険の給付や事業に要する費用は、事業主と労働者（被保険者）の負担する保険料と国庫負担により賄われる。

保険料は、全額が事業主負担である労災保険と異なり、労働者も負担する。失業等給付や育児休業給付のための保険料は労使折半で負担されるが、労働者の負担分は給与から天引きされる。他方、雇用保険二事業のための保険料は、事業主のみが負担する。雇用保険率および事業主と労働者の負担の内訳は、**表5-24** のとおりである。

また、失業等給付には、国庫負担が導入されている（**図5-25** 参照）。これは、失業は企業の経営方針や労働者の意思によってのみ生じるのではなく、政府の経済政策や雇用政策とも無縁ではないことから、政府もその責任の一端を担うべきとの考えによる。雇用保険法の本則では、給付等の種類に応じ、たとえば、基本手当は4分の1、介護休業給付や育児休業給付は8分の1など、本来の国庫負担割合が定められている。しかし、国の一般会計や雇用保険の財政状況を踏まえ、2007（平成19）年度以降、暫定措置として本来の割合よりも引き下げられている。

★雇用保険の国庫負担割合
2007（平成19）年度から本来の55％（基本手当の場合、4分の1の55％となり13.75％）に、また2017（平成29）年度から本来の10％（基本手当の場合、2.5％）に引き下げられている。

表5-24　一般の事業の雇用保険率（令和2年度）

給付・事業	雇用保険率	うち事業主負担	うち労働者負担
失業等給付	2／1000	1／1000	1／1000
育児休業給付	4／1000	2／1000	2／1000
雇用保険二事業	3／1000	3／1000	—
計	9／1000	6／1000	3／1000

資料：筆者作成

◇**参考文献**
・厚生労働省ウェブサイト　https://www.mhlw.go.jp/index.html
・公益財団法人労災保険情報センターウェブサイト　https://www.rousai-ric.or.jp/
・小畑史子『よくわかる労働法 第3版』ミネルヴァ書房，2017.

第 **5** 節　生活保護制度の概要

学習のポイント

- 生活保護制度の概要について学ぶ
- 生活困窮者自立支援制度の概要について学ぶ

1　公的扶助としての生活保護制度

　社会保障の方法が社会保険方式と社会扶助方式の大きく二つに分類されること、このうち社会扶助方式がさらに公的扶助と社会福祉（社会手当、社会サービス）に分けられることは、本書ですでに学習したとおりである（第４章参照）。本節ではこのうち公的扶助、特にその中心となる生活保護制度について学習する。

　公的扶助は、私たち国民が何らかの原因で生活に困窮したり、行き詰まったりした場合に、税財源により金銭や必要なサービスを給付する制度である。日本の公的扶助制度において中心的な役割を果たしているのが、生活保護法に基づく生活保護制度である。

　生活保護法の存立根拠となっているのは、**日本国憲法第 25 条の生存権**に関する規定である。私たちは、日常生活上のリスクの顕在化により、いつ何どき生活困窮の状態に陥らないとも限らない。そのようなときに、国の責任においてニーズに応じた給付を行い、私たち国民に生存権、すなわち「**健康で文化的な最低限度の生活**」を保障するのが生活保護制度である。

　このように、生活保護は、社会保障における「最後のセーフティネット」として国民の生活を底支えする、重要な意義と役割を有する制度である。

2　生活保護制度の概要

▎**1**　生活保護制度の目的

　現在の生活保護法は、戦後、日本国憲法が制定され、第 25 条に生存

権に関する規定が設けられたことに伴い、1950（昭和25）年に制定されたものである。生活保護法は、その目的として、「最低生活保障」と「自立助長」の二つをあげている（生活保護法第1条）。

■2 生活保護法の基本原理

　生存権の理念を具体化し、生活保護制度を適切に解釈・運用するための指針として、生活保護法は次の四つの基本原理（法の基本となる考え方）を示している。

❶国家責任の原理（生活保護法第1条）

　生活保護は、憲法で保障された基本的人権としての生存権を具体的に国民に保障するための制度である。そのため、生活保護は国の責任において行われ、必要な費用もすべて税財源により賄われる。

❷無差別平等の原理（生活保護法第2条）

　生活保護を受けることは、日本国憲法により認められた国民の権利である。したがって、すべての国民は、生活保護法に定められた要件を満たすかぎり、生活困窮に陥った要因や身分、年齢や性別、宗教その他の信条にかかわりなく、無差別平等に保護を受けることができる。

❸最低生活保障の原理（生活保護法第3条）

　生活保護によって保障される生活水準は、健康で文化的な最低限度の生活を維持できるものでなければならず、また、これを超えるものであってはならない。

❹補足性の原理（生活保護法第4条）

　生活保護制度の運用や解釈のうえで、特に重要な基本原理である。

　生活保護法は補足性の原理について、「保護は、生活に困窮する者が、その利用し得る資産、能力その他あらゆるものを、その最低限度の生活の維持のために活用することを要件として行われる」（第4条第1項）と規定している。可能な限りの自助努力（資産の活用や稼働能力の活用）を行ったうえで、収入が最低生活費に満たない場合に、その不足分を保護費として補う形で保護が行われる（**図5-26**）。

　この「資産、能力、その他あらゆるものの活用」は、保護受給にあたっての「要件」であるが、そのほかに生活保護法第4条は、第2項で扶養義務者による扶養や他の法律に定める扶助を、保護に「優先」して行われるべき事項として規定している。

　これらのことから、保護にあたっては、その人が活用できる資産や働く能力（稼働能力）がどのくらいあるのかが、保護の実施機関である福

★扶養義務者
「直系血族および兄弟姉妹」は、互いに扶養（生活上の支援）をする義務があるとされている（民法第787条第1項）。また、特別の事情があるときは、それ以外の三親等内の親族にも扶養義務を負わせることができる（同条第2項）。

図5-26　補足性の原理（最低生活費と収入の対比）

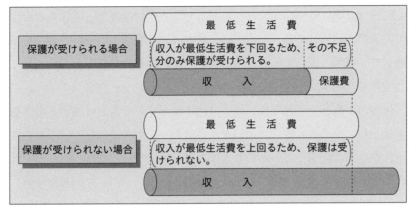

出典：『生活保護のてびき（令和2年度版）』第一法規, 2020.

祉事務所によって厳密に調査される。これが資産調査[*]（ミーンズテスト）といわれるもので、その結果によって保護の可否が判断される。このような補足性の原理や、それに基づく資産調査は、ほかの社会保障制度にはない、生活保護制度の大きな特徴の一つである。

3 生活保護の基本原則

上記の基本原理に加えて、制度を運用するうえでの基本原則として、次の四つが規定されている。

❶申請保護の原則（生活保護法第7条）

保護は、要保護者[*]、扶養義務者、同居の親族の申請に基づいて開始される。ただし例外として、要保護者が生命の危機など急迫した状況にあるときは、申請がなくても福祉事務所の判断で保護を開始できる「職権保護」も規定されている。

❷基準および程度の原則（生活保護法第8条）

保護の基準は国（厚生労働大臣）が定める。要保護者の生活の需要や最低生活費は、その基準に基づいて算定され、保護は、補足性の原理に基づいて、その人自身の収入や資産だけではその需要を満たすことができない不足分を補う程度において行われる（生活保護法第8条第1項。**図5-26**も参照）。したがって、保護の基準は、最低限度の生活の需要を満たすに十分なものであって、なおかつそれを超えないものでなければならない（同条第2項）。このように、厚生労働大臣の定める保護基準は、日本における現時点での最低生活水準を示すと同時に、保護の要否や支給額を決定する際の基準となるという二つの役割を有している。

★資産調査
「資力調査」ともいう。

★要保護者
生活保護法では、現に保護を受けている者を「被保護者」、現に保護を受けているかいないかにかかわらず、保護を必要とする状態にある者を「要保護者」として区別している（生活保護法第6条）。

❸必要即応の原則（生活保護法第9条）

　保護は基準に基づいて行われるものであるが、他方で、要保護者や世帯の実際の必要（年齢、性別、健康状態などの個別の状況）の相違を考慮して、有効、適切に行われるべきことが定められている。

❹世帯単位の原則（生活保護法第10条）

　保護の要否とその程度は、個人単位ではなく、その人の属する世帯を単位として定められる。世帯のなかの誰か一人だけではなく、その世帯全体が生活に困窮しているのでなければ保護は行われない。ただし例外として、世帯の状況に応じて、その世帯の構成メンバーの一部を除外して保護を行う、「世帯分離」の取り扱いも規定されている。

■4 保護の種類および方法

　生活保護には、被保護世帯の実際の生活上のニーズに対応するため、**生活扶助・教育扶助・住宅扶助・介護扶助・医療扶助・出産扶助・生業扶助・葬祭扶助の8種類の扶助**が用意されている（**図5-27**）。各扶助

図5-27　最低生活費の体系

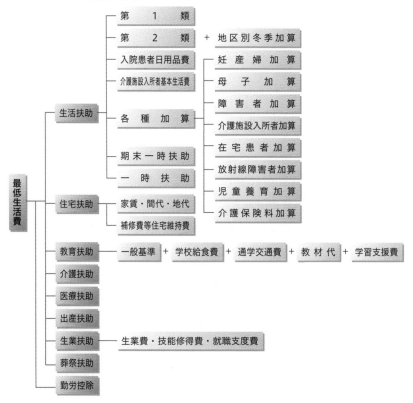

出典：社会福祉士養成講座編集委員会編『新・社会福祉士養成講座⑫社会保障　第6版』中央法規出版, p.227, 2019.

には厚生労働大臣の定める基準額が設定されており、この基準額は、毎年 1 度原則として 4 月に改定が行われている。保護は、被保護世帯のニーズに応じて、これらの扶助を適宜組み合わせる形（もしくは単給）で実施されている。

　これらの扶助のうち、介護扶助、医療扶助はサービス給付としての現物給付の方法により行われるが、その他の各扶助は金銭扶助の方法により行われる。

5 保護の実施機関

　生活保護の実施にあたる機関は、生活保護法上は都道府県知事、市長、福祉事務所を管理する町村長とされているが、通常、その権限は都道府県および市町村の福祉事務所長に委任されている。そのため、実際の生活保護に関する事務は、福祉事務所が取り扱っている。実際の現場で保護の実施にあたるのは、社会福祉法で定められた職員である**現業員**、通称「**ケースワーカー**」である。ケースワーカーは、自己の担当する地区の被保護世帯を適宜訪問して、被保護者の生活状態の調査や相談業務、必要な指導指示などを行う。また、地域の**民生委員**も「協力機関」として、要保護者の発見・通告、生活状態の調査などにかかわっている。

6 生活保護の財源構成

　保護に必要な費用は、すべて税財源（一般財源）により賄われる。具体的には、市町村および都道府県が支弁した保護費、保護施設事務費および委託事務費の 4 分の 3 を国が負担し、残る 4 分の 1 を実施機関の属する自治体が負担する。

3 ▶ 生活困窮者自立支援法

　生活困窮者の自立の促進を図ることを目的として 2013（平成 25）年に制定されたのが「**生活困窮者自立支援法**」である。制度的には、既存の「求職者支援法」等と相まって、生活保護に至る前の段階での早期の支援を行い、自立の強化を図るための、いわゆる「**第 2 のセーフティネット**」を構成するものとして位置づけられている。

　同法にもとづき実施される主な事業は次のとおりである（**図 5-28** も参照）。

★**福祉事務所**
福祉事務所は、都道府県および市では必置、町村では任意設置とされている（社会福祉法第 14 条）。福祉事務所を設置していない町村の生活保護の事務は、当該町村の属する都道府県の福祉事務所が担当する。

★**支弁**
金銭を支払うこと。

★**第 2 のセーフティネット**
生活困窮者自立支援法は、防貧的機能を有する「第 1 のセーフティネット」としての社会保険制度等と、救貧的機能を有する「第 3 のセーフティネット」としての生活保護制度の中間的な存在として位置づけられている。

図5-28　生活困窮者自立支援制度の概要

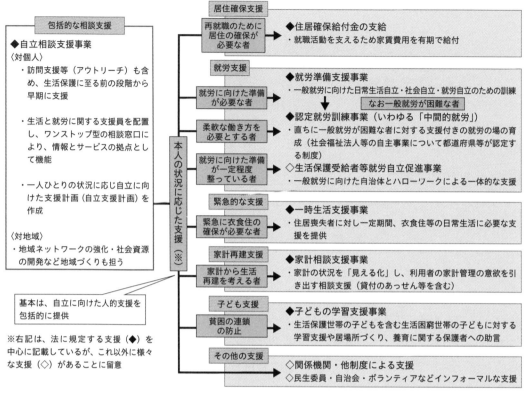

出典：厚生労働省資料

Active Learning

生活保護制度と生活困窮者自立支援制度の関係はどのようなものであることが望ましいか、考えてみましょう。

1 自立相談支援事業

　福祉事務所設置自治体（もしくは委託を受けた民間団体）を実施主体とし、就労の支援その他の自立に関する問題について、生活困窮者からの相談への対応を行い、その課題を分析・評価し、ニーズ把握を行うとともに、それに応じた自立支援計画を作成するといった取り組みを通じて、本人の状況に応じた自立支援を実施する。

2 住居確保給付金

　従来「住宅支援給付事業」として行われていた事業を、この法律に取り込む形で制度化したもので、就労意欲と就労能力のある者のうち、離職などにより住宅を喪失している者等に対して、有期で住居確保給付金を支給することによって、これらの者の住宅の確保と就労機会の確保に向けた支援を行う。

　以上の二つは同法における必須事業＊とされている。このほか任意事業として、就労準備支援事業・就労訓練事業（いわゆる「中間的就労」）、

★必須事業
実施主体が必ず実施しなければならない事業。

220

一時生活支援事業、家計相談支援事業、子どもの学習支援事業等の実施
が規定されている。

社会手当制度の概要

学習のポイント
● 社会手当制度の特徴、社会保障制度上の位置づけについて理解する
● 各種社会手当制度の内容について学ぶ

1 社会手当制度の概要

　社会手当制度は、法により定められた要件を満たす者に対し、主として税財源★により金銭給付を行う制度の総称である。社会保険制度のような事前の拠出が求められない点で生活保護（公的扶助）と共通する一方、資産調査（ミーンズテスト）や補足性の原理を伴わない点では生活保護とも異なっており、いわば社会保険と生活保護の中間的な存在の制度といえる。

　日本の社会手当制度は、主に児童、子育て支援にかかわるもので、児童手当、児童扶養手当などがある。このほか、障害児・者を対象とした特別児童扶養手当等も設けられている。

★主として税財源
日本の社会手当制度の財源は主として租税であるが、児童手当のように財源の一部に事業主負担が設けられているものもある。

2 児童手当

1 児童手当制度の概要および目的
　児童を養育している家庭の経済的な負担は、児童のいない家庭に比べて大きくなる。そこで、児童を養育している家庭の経済的な支援のための社会手当制度が設けられている。その中心的なものの一つが児童手当制度である。

　児童手当制度は、児童手当法に基づき、父母その他の保護者が子育てについての第一義的責任を有するという基本的認識の下に、児童を養育している者に支給することにより、家庭等における生活の安定に寄与するとともに、次代を担う児童の成長に資することを目的としている。

表5-25 児童手当の支給額

児童の年齢	児童手当の額（一人あたり月額）
3歳未満	一律1万5000円
3歳以上小学校修了前	1万円（第3子以降は1万5000円）
中学生	一律1万円

2 児童手当の支給対象および支給額

　児童手当の支給対象は、中学校修了まで（15歳に達する日以後の最初の3月31日まで）の児童を養育している父母等である。支給額は児童の年齢等によって定められており、**表5-25**のとおりとなっている。

　受給には父母等の所得制限*があるが、所得制限額以上の所得がある世帯の児童についても、1人月額5000円が特例給付として当分の間支給されている。

　なお、児童手当は、毎年2月、6月、10月に、各前月までの4か月分がまとめて支給される。

3 児童手当の財源

　児童手当の財源は、租税を主体に、一部に事業主負担が導入されている。財源の3分の2を国が、3分の1を地方（都道府県・市町村が各6分の1）が負担するのが原則であるが、被用者の3歳未満の児童の分については、その被用者を雇用する事業主（企業等）が財源の15分の7、国が45分の16、地方が45分の8（都道府県・市町村が各45分の4）の割合で負担することとなっている（特例給付の分を除く）。なお、公務員の児童の分については、その公務員の所属庁がいずれについても全額を負担する。

3 児童扶養手当制度

1 児童扶養手当制度の概要と目的

　児童扶養手当制度は、児童扶養手当法に基づく社会手当制度である。父または母と生計を同じくしていない児童が育成される家庭（すなわち、主としてひとり親家庭）の生活の安定と自立の促進に寄与することを目的としている。従来、児童扶養手当は、主として母子家庭を支給対象とし、父子家庭は支給対象外とされてきたが、2010（平成22）年の法改

★**児童手当の所得制限**
夫婦と児童2人のモデル世帯で、年収960万円未満とされている。

正以後、父子家庭も対象となっている。

2 児童扶養手当の支給対象と支給額

❶児童扶養手当の支給対象

児童扶養手当を受給できるのは、父母の離婚等により父または母と生計を同じくしていない児童を監護養育している父また母その他の養育者（祖父母等）である。この場合の児童とは、18歳に達する日以後の最初の3月31日までの間にある者、または20歳未満で一定の障害の状態にある者（障害児）である。

支給対象の「父母の離婚等」には、離婚や婚姻によらない出産の場合のほか、父母の死亡、父母の行方不明、父母の遺棄、父母の重度障害の場合などが含まれる。なお、従来、父母が死亡した場合に、遺族年金等の公的年金が支給される場合は、児童扶養手当は支給されないという併給調整の規定が設けられていたが、児童扶養手当法の改正により、2015（平成27）年4月以降については、年金額が児童扶養手当の額に満たないときは、その差額が支給されることとなった。

また、児童扶養手当の受給者の就労による自立を促進する観点から、児童扶養手当の受給者が正当な理由なく、求職活動その他の自立を図るための活動をしなかったときには、手当の全部または一部を支給しないこととできること、支給期間が一定期間を経過したときは、手当額の一部を減額することができること、等の規定が設けられている。

❷児童扶養手当の支給額

児童扶養手当の支給額は、養育する児童の人数および受給者（父母等）の所得に応じて決まる。すなわち、全額支給で児童1人の場合月額4万3160円で、第2子は月額1万190円、第3子以降は1人につき月額6110円が加算される。全額支給には所得制限があり、受給者の所得が所得制限限度額を超えると、所得に応じて上記の額から10円刻みで支給額が減額される仕組みとなっている（一部支給。金額はいずれも2020（令和2）年度。金額は毎年度改定される）。さらに、所得が一定額を超えると全額支給停止となる。

児童扶養手当は、従来4月、8月、12月の年3回、各前月までの4か月分がまとめて支給されていたが、2019（令和元）年11月からは年6回、奇数月に2か月分ずつが支給される仕組みに改められている。

Active Learning

名称の似ている児童手当、児童扶養手当、特別児童扶養手当の違いを整理してみましょう。

4 障害児・者に対する社会手当等

障害児・者に対する社会手当制度等として、「特別児童扶養手当等の支給に関する法律」に基づく**特別児童扶養手当・障害児福祉手当・特別障害者手当**のほか、障害基礎年金の受給権を有していない障害者に対する**特別障害給付金**がある。

Active Learning

障害者に対する障害年金と各種社会手当の受給要件はどのように異なるか、整理してみましょう。

1 特別児童扶養手当

「特別児童扶養手当等の支給に関する法律」に基づき、精神または身体に障害を有する20歳未満の障害児を監護している父または母または養育者に支給される社会手当である（そのため、児童が福祉施設等に入所している場合は支給されない）。手当額は、重度障害児（1級）については月額5万2500円、中度（2級）障害児は3万4970円である（金額は2020（令和2）年度。金額は毎年度改定される）。

2 障害児福祉手当

特別児童扶養手当と同様、「特別児童扶養手当等の支給に関する法律」に基づき、20歳未満で精神または身体に重度の障害があるため、日常生活において常時介護を必要とする在宅の者に対して支給される社会手当である（そのため、児童扶養手当と同様、児童が福祉施設等に入所している場合は支給されない）。手当額は月額1万4880円である（2020（令和2）年度。金額は毎年改定される）。

3 特別障害者手当

「特別児童扶養手当等の支給に関する法律」に基づき、20歳以上であって、著しく重度の障害の状態にあるため、日常生活において常時特別の介護を必要とする在宅の者に対して支給される社会手当である（そのため、上記二つの手当と同様、福祉施設等に入所している場合は支給されない）。手当額は月額2万7350円である（2020（令和2）年度。金額は毎年改定される）。

4 特別障害給付金

国民年金に加入していなかったことにより障害基礎年金などを受給していない障害者に対し、「特定障害者に対する特別障害給付金の支給に

関する法律」に基づき支給される給付金である。

　これは、学生の国民年金加入が任意であった 1991（平成 3）年 3 月以前の時期に、国民年金に加入していない状態で障害を負ったため、障害基礎年金を受給することができない者が生じるなど、国民年金制度の発展過程で生じた特別な事情を考慮して、福祉的措置として 2005（平成 17）年に施行されたものである。したがって、国民年金が強制加入となった 1991（平成 3）年 4 月以降の未加入者や、国民年金保険料の滞納による無年金者は対象外となる。

　支給対象となるのは、次の(1)(2)のいずれかに該当する者で、国民年金任意加入していなかった時期に初診日があり、現在、障害基礎年金の 1 級、2 級相当の障害の状態にある者である。

(1)　1991（平成 3）年 3 月以前に国民年金任意加入対象であった学生

(2)　1986（昭和 61）年 3 月以前に国民年金任意加入対象であった被用者（厚生年金、共済組合等の加入者）の配偶者

　支給額は、障害基礎年金 1 級相当の者は 1 人あたり月額 5 万 2450 円（2 級の 1.25 倍）、障害基礎年金 2 級相当の者は月額 4 万 1960 円である（金額は 2020（令和 2）年度。金額は毎年改定される）。ただし、本人に一定額以上の所得がある場合や、老齢年金等の支給を受けている場合は支給制限がある。

学習のポイント

● 社会福祉制度の概要について学ぶ
● 社会福祉法に定められた福祉サービスの基本理念について学ぶ
● 社会福祉の各分野（高齢者福祉、児童福祉、障害者福祉）の諸制度の概要について学ぶ

1 社会福祉制度の概要

1 社会福祉制度とは

「社会福祉」という言葉は広狭さまざまな意味で用いられるが、ここでの「社会福祉制度」とは、社会保障における「社会扶助」のうち、何らかの支援ニーズを有している人びと（高齢者、障害者、児童、ひとり親家庭等）に対して必要なサービス給付を行う法制度として、社会保障の体系に位置づけられているものをいう。

これらの法制度はいずれも、制度の利用者がその人らしく尊厳をもって、社会においてノーマルな自立した生活を送ることができるよう支援することを目的としている点で共通している。また、加入者の拠出を前提とする社会保険制度とは異なり、必要な費用の大半が租税（および利用者の一部自己負担）によって賄われる、原則として無拠出制の制度である点も、社会福祉制度に共通する特徴の一つである。

社会福祉の各分野における法制度については、各関連科目においても詳しく学習するが、ここでは、それぞれの概要について学び、社会福祉制度の全体像を把握することを目的としたい。

2 社会福祉制度の体系

社会福祉制度の分野では、歴史的に高齢者、障害者、児童、ひとり親家庭といった対象者ごとに個別の法制度が整備されてきており、関連する法律等まで含めると、その種類や範囲はきわめて多岐にわたる。

表 5-26 は社会福祉制度の体系に含まれる法制度を対象者や内容ごとに分類したものである。高齢者分野における介護保険法、児童福祉分野における児童福祉法、障害者福祉分野における障害者総合支援法といっ

表5-26　社会福祉制度の体系

■社会福祉に共通する基本事項を定めた法律

・社会福祉法

■高齢者の福祉に関する法律

・老人福祉法　・介護保険法　・高齢者の居住の安定確保に関する法律

・高齢者の医療の確保に関する法律　・高齢者虐待の防止、高齢者の養護者に対する支援等に関する法律（高齢者虐待防止法）　・高年齢者等の雇用の安定等に関する法律　等

■児童・家庭の福祉に関する法律

・児童福祉法　・母子及び父子並びに寡婦福祉法　・児童手当法　・児童扶養手当法　・特別児童扶養手当等の支給に関する法律　・児童虐待の防止等に関する法律（児童虐待防止法）　・子ども・子育て支援法　・少子化社会対策基本法　等

■障害者の福祉に関する法律

・障害者基本法　・障害者の日常生活及び社会生活を総合的に支援するための法律（障害者総合支援法）　・身体障害者福祉法　・知的障害者福祉法　・精神保健及び精神障害者福祉に関する法律（精神保健福祉法）　・発達障害者支援法　・障害者虐待の防止、障害者の養護者に対する支援等に関する法律（障害者虐待防止法）　・障害者の雇用の促進等に関する法律（障害者雇用促進法）　・障害を理由とする差別の解消の推進に関する法律（障害者差別解消法）　・高齢者、障害者等の移動等の円滑化の促進に関する法律（新バリアフリー法）　等

■低所得者、生活困難者に関する法律

・生活保護法　・生活困窮者自立支援法　・ホームレスの自立の支援等に関する特別措置法　・子どもの貧困対策の推進に関する法律　等

■福祉専門職の資格などを定めた法律

・社会福祉士及び介護福祉士法　・精神保健福祉士法　・民生委員法　等

た各領域の基幹的な法制度を中心として、それらを数多くの関連制度が補完する形で社会福祉制度の体系を形成している。そのなかで、社会福祉制度全体の基本法としての役割を果たしているのが**社会福祉法**である。

2 社会福祉制度の基本法——社会福祉法

1 社会福祉法の目的・福祉サービスの基本理念

社会福祉法は、1951（昭和26）年に制定された社会福祉事業法が、2000（平成12）年に改正・改称されたもので、社会福祉を目的とする事業の全分野に共通する基本事項や関連事項を定めた法律である。

同法は、他の社会福祉各法と相まって、①社会福祉サービス利用者の権利保護、②地域福祉の推進、③社会福祉事業の公明かつ適正な実施の確保、④社会福祉を目的とする事業の健全な発達を図ることにより、社会福祉の増進に資することを目的として定められている（同法第1条）。

また、福祉サービスの基本理念として、以下の4点を定めている。

---

① 福祉サービスは、個人の尊厳の保持を旨とし、利用者の自立を支援するものとして、良質かつ適切なものでなければならないこと（同法第3条）。

② 福祉サービスを必要とする者が、地域社会の一員として日常生活を営み、あらゆる分野の活動に参加する機会を与えられるよう、地域住民、社会福祉事業者等が地域福祉の推進に努めなければならないこと（同法第4条）。

③ 福祉サービス提供にあたっては、利用者の意向を尊重し、関連するサービスの有機的な連携を図り、ニーズに即した総合的な提供ができるよう努めなければならないこと（同法第5条）。

④ 福祉サービスの提供体制を確保することは、国と地方公共団体の責務であること（同法第6条）。

このような目的と基本理念を実現するため、①社会福祉に関する地方行政組織、②社会福祉法人、③社会福祉事業、④社会福祉サービスの適切な利用を推進するための施策、⑤社会福祉事業従事者の確保、⑥地域福祉の推進（地域福祉計画、社会福祉協議会、共同募金）等についての規定を設けている。

Active Learning

第1種および第2種社会福祉事業には、高齢者福祉、児童福祉、障害者福祉のどのような事業が含まれているかを調べてみましょう。

2 社会福祉事業

福祉サービスの種類や内容は多岐にわたるが、社会福祉法は福祉サービスを提供する事業の主なものを「社会福祉事業」と呼び、これをさらに「第1種社会福祉事業」と「第2種社会福祉事業」に区分したうえで、

それぞれに該当する具体的な事業の名称を列挙している（同法第2条）。

このうち第1種社会福祉事業は、利用者の権利擁護の観点から、特に強い公的規制が必要とされる事業とされ、入所施設など利用者が日常生活の大半を過ごす施設の経営事業や、生計困難者に対する無利子または低利の資金貸付けといった経済保護事業などが列挙されている。

これに対し第2種社会福祉事業は、人権侵害の危険性が第1種社会福祉事業ほど高くない事業とされ、在宅サービスの運営事業、通所施設の経営事業、相談援助事業などが列挙されている。

3 高齢者福祉

1 高齢者福祉の基本法──老人福祉法

高齢者福祉分野の基本法としての役割を果たしているのが**老人福祉法**である。2000（平成12）年4月の介護保険法施行までは、高齢者福祉サービスの提供は、主としてこの法律に基づく措置として行われていた。介護保険制度が実施されたことにより、高齢者福祉サービス、とりわけ介護サービス提供の主な役割は介護保険法が担うこととなり、老人福祉法に基づく市町村の福祉の措置に関する義務は、高齢者福祉の総合的な実施から、支援体制の整備（居宅における介護等および老人ホームへの入所等の福祉の措置、介護保険給付など高齢者の福祉の増進を目的とする事業を行う者等の活動の連携および調整など）等に変更された。

介護保険制度に関しては本章第2節において扱われているので、ここでは、老人福祉法を中心とする高齢者福祉制度全般の概要について説明する。

2 高齢者福祉の基本理念

老人福祉法は、「老人は、多年にわたり社会の進展に寄与してきた者として、かつ、豊富な知識と経験を有する者として敬愛されるとともに、生きがいを持てる健全で安らかな生活を保障されるものとする」（同法第2条）として、高齢者福祉全体に共通する高齢者福祉の基本理念を定めているほか、高齢者の心身の健康の保持と社会的活動への参加を求め、また、高齢者以外の者に対し、高齢者が適当な社会的活動等に参加する機会が与えられるよう求めている（同法第3条）。

さらに、これらを受け、国および地方公共団体の老人福祉の責務を規

定するとともに、高齢者の生活に直接影響を及ぼす福祉サービス提供事業者に対しても、老人福祉の増進に努めることを求めている（同法第4条）。

このような老人福祉への国民の関心と理解を深めるため、同法では、9月15日を「老人の日」、同日から9月21日までを「老人週間」と定めている（同法第5条）。

そのうえで、同法は、市町村を福祉の措置の実施者として位置づけ、実施すべき措置の内容として、①支援体制の整備等（同法第10条の3）、②居宅における介護等（同法第10条の4）、③老人ホームへの入所等（同法第11条）、④老人福祉の増進のための事業（老人福祉センターの運営、教養講座やレクリエーションの提供、老人クラブへの援助等）の規定を設けている。

3 老人福祉法上の事業および施設、その他の高齢者福祉

老人福祉法に基づく措置を実施するための事業および施設として、老人居宅生活支援事業および老人福祉施設が規定されている（同法第5条の2、第14条～第20条の7の2）。このうち、**老人居宅生活支援事業**として、老人居宅介護等事業、老人デイサービス事業、老人短期入所事業（ショートステイ）、小規模多機能型居宅介護事業、認知症対応型老人共同生活援助事業（グループホーム）、複合型サービス福祉事業が規定されている。**老人福祉施設**としては、老人デイサービスセンター、老人短期入所施設、養護老人ホーム、特別養護老人ホーム、軽費老人ホーム、老人福祉センター、老人介護支援センターが規定されている。また、これらとは別に、有料老人ホームに関する規定も同法に設けられている（同法第29条～第31条の5）。

さらに、高齢者福祉サービスの計画的な推進を図るため、都道府県および市町村が「老人福祉計画」を策定することも老人福祉法により定められている（同法第20条の8、第20条の9）。老人福祉計画は、高齢者に対する福祉サービスと保健サービスが一体的に提供されるよう、介護保険法に基づく**介護保険事業計画**（都道府県の場合は**介護保険事業支援計画**）と一体的に作成されるものとされている。

このように老人福祉法は、介護保険法と並んで、高齢者福祉をより基本的な部分で支える法制度として重要な役割を果たしている。

その他、高齢者に関する法制度として、高齢社会において必要な施策を総合的に推進していくことを目的とする「**高齢社会対策基本法**」、住

宅政策との連携の下、高齢者の住まいを確保することを目的とする「高齢者の居住の安定確保に関する法律」（高齢者住まい法）、「高齢者虐待の防止、高齢者の養護者に対する支援等に関する法律」（高齢者虐待防止法）などが挙げられる。

■4 老人福祉法に基づく福祉の措置
——老人福祉法と介護保険法の関係

上記のとおり、介護保険制度が実施されている現在でも必要な場合には、老人福祉法に基づく措置として、高齢者福祉サービスを実施すべき義務を市町村が引き続き負っている。

介護保険では、第一義的には本人が申請等の手続きやサービス提供事業者との契約を行い、そのうえでサービスを利用するが、本人が認知症で介護保険の申請ができない場合や、制度の利用を拒否したりする場合など、何らかの事情により制度を利用できない場合も考えられる。近年では、家族などの養護者が介護を放棄したり虐待を行ったりして、高齢者の生命に危険があるような場合に、緊急・一時避難的に緊急短期入所生活介護や一時入所を措置で行う事例もみられる。

このような問題事例が民生委員、近隣住民、医師、介護支援専門員などにより発見、通報された場合で、しかも介護が必要な場合、市町村は（本人の意思にかかわりなく）措置を行い、介護サービスの提供などを介護保険事業者に委託する。サービスに要した費用のうち9割（もしくは8割・7割）は介護保険による給付が行われ、利用者負担分の1割（または2割・3割）および食費の標準負担額等について一般財源（租税）からの費用の支出が行われる。ただしその場合でも、利用者の費用負担能力に応じた費用の徴収は行われる。その後、成年後見制度により本人以外の者がサービス利用契約を締結できる状態になった場合などには措置は解除され、通常の介護保険制度に基づくサービス利用となる。

4 ▷ 児童福祉

■1 児童福祉の基本法——児童福祉法
❶児童福祉の基本理念

児童福祉の基本理念を法律上明確にし、あわせて児童に対する福祉サービスについて規定しているのが児童福祉法である。同法第1条お

および第 2 条は、児童福祉の基本理念について次のように規定している。

---

① 児童は、児童の権利条約の精神にのっとり、適切な養育、生活の保障、愛され、保護されること、健やかな成長・発達、自立等が保障される権利を有する。

② すべての国民は、児童の年齢および発達の程度に応じて、その意見が尊重され、その最善の利益が優先して考慮され、心身ともに健やかに育成されるよう努めなければならない。

③ 児童の保護者は、児童を心身ともに健やかに育成することについて第一義的な責任を負う。

④ 国および地方公共団体は、児童の保護者とともに、児童を心身ともに健やかに育成する責任を負うとともに、児童を家庭において養育することが困難・不適当である場合には、家庭と同様の養育環境や、できる限り良好な家庭的環境において養育されるよう必要な措置を講じなければならない。

これらの基本理念は、児童福祉法自体についてはもちろん、他の児童福祉関連の法制度等すべてに共通するものとして、常に尊重されなければならない。

❷児童福祉の実施機関・施設

児童福祉施策の具体的な業務を行う機関としては、**児童相談所**、福祉事務所、保健所等がある。このうち、児童福祉施策推進の中核的な役割を担っているのが児童相談所である。

児童相談所は、児童福祉法に基づき、各都道府県および指定都市（中核市・特別区も設置可能）に設置され、虐待、育成、障害、非行など児童に関するあらゆる相談に応じるほか、要保護児童の調査や判定、一時保護、児童福祉施設への入所措置、児童と保護者への相談援助活動等を行っている（同法第 12 条）。そのため、児童相談所には、医師、**児童福祉司**、**児童心理司**、社会福祉士、精神保健福祉士等の専門職員が配置されている（同法第 12 条の 2）。

また、児童の健やかな成長や権利保障などを目的として、①助産施設、②乳児院、③母子生活支援施設、④保育所、⑤幼保連携型認定こども園、⑥児童厚生施設、⑦児童養護施設、⑧障害児入所施設、⑨児童発達支援センター、⑩児童心理治療施設、⑪児童自立支援施設、⑫児童家庭支援センター等の**児童福祉施設**が設置されている（同法第 36 条〜第 44 条の 2）。

★児童福祉司
児童相談所長の命を受けて、児童の保護その他児童の福祉に関する事項について、相談に応じ、専門的技術に基づいて必要な指導等を行う専門職（児童福祉法第 13 条）。

★児童心理司
児童相談所において、児童や保護者等の相談に応じ、心理判定等を行う専門職。

第 5 章 社会保障制度の体系

❸児童福祉法に基づく施策

児童福祉法で「福祉の保障」として規定されている施策はきわめて多岐にわたる。主なものとして、①身体障害児に対する療育の指導（同法第19条以下）、小児慢性特定疾患医療費の支給、②障害児の居宅生活の支援（児童発達支援、医療型児童発達支援、放課後デイサービス、居宅訪問型児童発達支援、保育所等訪問支援。同法第21条の5の2以下）、③助産施設、母子生活支援施設および保育所への入所（同法第22条以下）、④障害児入所給付費、高額障害児入所給付等の支給（同法第24条の2以下）、⑤障害児相談支援給付費等の支給（同法第24条の25以下）、⑥要保護児童の保護措置等（同法第25条以下）が規定されている。また、身体障害児を公衆の観覧に供する行為、児童のこじき、軽業、淫行等の行為を児童の福祉を害する行為として禁止し、あわせて罰則規定を設けている（同法第34条）。

■2 その他の児童福祉関連の法制度

児童福祉法以外の法制度としては、児童を養育する世帯に対する経済的な支援のための法制度として、児童手当法や児童扶養手当法、特別児童扶養手当等の支給に関する法律などの社会手当制度（本章第6節参照）、母子及び父子並びに寡婦福祉法、母子保健法がある（これに児童福祉法を加えて「児童六法」ということがある）。

また、2000（平成12）年には、増加の一途をたどる児童虐待問題に対応するための「児童虐待の防止等に関する法律」（児童虐待防止法）が、2003（平成15）年には、少子化の進行に対応するための二つの法律「少子化社会対策基本法」「次世代育成支援対策推進法」が、それぞれ制定された。その後、2009（平成21）年には、児童のみならず「若者」を支援の対象に取り入れた「子ども・若者育成支援推進法」が、2012（平成24）年には、子ども・子育て支援関連の制度・財源を一元化した新しい仕組みを構築するため、「子ども・子育て支援法」をはじめとする三つの法律がそれぞれ制定された。

また、2013（平成25）年には、大きな社会問題となり始めていた子どもの貧困問題に対応するための「子どもの貧困対策の推進に関する法律」が制定され、子どもの貧困の解消、教育の機会均等、健康で文化的な生活の保障、次世代への貧困の連鎖の防止などの対策が講じられている。

★三つの法律
「子ども・子育て支援法」「認定こども園法の一部改正法」「子ども・子育て支援法及び認定こども園法の一部改正法の施行に伴う関係法律の整備等に関する法律」の3法をいい、通常「子ども・子育て関連3法」と呼ばれている。

5 障害者福祉

1 障害者福祉の基本理念と目的

❶障害者基本法における障害者福祉の基本理念

障害者福祉の基本理念は障害者基本法に示されている。すなわち、「全ての国民が、障害の有無にかかわらず、等しく基本的人権を享有するかけがえのない個人として尊重されるものであるとの理念にのっとり、全ての国民が、障害の有無によって分け隔てられることなく、相互に人格と個性を尊重し合いながら共生する社会を実現するため」(同法第1条)、障害者の自立および社会参加の支援等のための施策を総合的かつ計画的に推進することを、同法の目的として明示している。ここでは、障害者を含め、あらゆる人びとを包含していくというインクルージョンの考え方が導入されていると考えられる。

❷障害者基本法における「障害者」の定義

障害者基本法は、第2条で、「身体障害、知的障害、精神障害(発達障害を含む。)その他の心身の機能の障害がある者であって、障害及び社会的障壁により継続的に日常生活又は社会生活に相当な制限を受ける状態にあるもの」を「障害者」として定義している。そのうえで、「障害がある者にとって日常生活又は社会生活を営む上で障壁となるような社会における事物、制度、慣行、観念その他一切のもの」を「社会的障壁」と定義し、障害におけるいわゆる「社会モデル*」の考え方を法律上明記している。

2 障害者福祉制度の体系

障害者福祉の分野では、身体障害・知的障害・精神障害という「3区分」が長らく維持され、法制度もこれに対応する形で整備されてきたため、制度が多岐にわたっている(**表5-27**)。先の「障害者基本法」や障害の区分に関する諸法律のほか、2011(平成23)年には「障害者虐待の防止、障害者の養護者に対する支援等に関する法律」(障害者虐待防止法)、2013(平成25)年には「障害を理由とする差別の解消の推進に関する法律」が制定されている。このなかで、現在障害者福祉にかかわるサービス給付の中心的な役割を担っているのが「障害者の日常生活及び社会生活を総合的に支援するための法律」(障害者総合支援法)である。

★社会モデル
障害者が直面する困難は、社会がつくり出す障害や社会的障壁に原因があり、社会がそれらを取り除くべきであるとする考え方。困難の要因を個人が有する障害に求める「個人モデル」ないし「医学モデル」に対する考え方。

また、これら障害者福祉関連の法制度の整備が進められた結果、日本は2014（平成26）年に国連「障害者の権利に関する条約」（障害者権利条約）を批准している。

表5-27　障害者福祉に関する法制度

■障害者福祉全般にかかわる法律
　・障害者基本法　・障害を理由とする差別の解消の推進に関する法律
　　（障害者差別解消法）
　・障害者の雇用の促進等に関する法律
　・障害者虐待の防止、障害者の養護者に対する支援等に関する法律
　　（障害者虐待防止法）　等
■障害の区分に関する法律
　・身体障害者福祉法　・知的障害者福祉法　・発達障害者支援法
　・精神保健及び精神障害者福祉に関する法律（精神保健福祉法）　等
■障害者総合支援法
　障害者のニーズに応じた福祉サービスを提供するための法律
■障害児の福祉に関する法律
　・児童福祉法の関連部分　等
■その他関連法律
　・高齢者、障害者等の移動等の円滑化の促進に関する法律（新ハート
　　ビル法）
　・身体障害者補助犬法　等

３ 障害者総合支援法

❶障害者総合支援法の目的および基本理念

　障害者総合支援法は、先の「三区分」にみられるような障害の区分・種別にかかわらず、各自のニーズに応じた福祉サービスを利用できるよう、サービス提供の仕組みを一元化すること、およびサービス提供主体を市町村に一元化することを主眼とした法律で、それまでの「障害者自立支援法」が2013（平成25）年に改正・改称されたものである。

　同法は、障害者基本法の基本理念にのっとり、障害者福祉に関する諸法律と相まって、障害者（児）が、基本的人権を享有する個人としての尊厳にふさわしい日常生活または社会生活を営むことができるよう、必要な障害福祉サービスの給付その他の支援を行い、障害者（児）の福祉の増進を図るとともに、障害の有無にかかわらず国民が相互に人格と個

性を尊重し安心して暮らすことのできる地域社会の実現に寄与すること
を目的としている（同法第1条）。また、共生社会の実現という障害者
基本法の理念を継承した基本理念も定められている（同法第1条の2）。

❷障害者総合支援法の対象者

　障害者総合支援法の対象となる障害者（児）は、身体障害者福祉法第
4条にいう身体障害者、知的障害者福祉法にいう知的障害者で18歳以
上の者、精神保健福祉法第5条にいう精神障害者（発達障害者を含む）
で18歳以上の者、いわゆる難病患者で18歳以上の者、児童福祉法第
4条第2項にいう障害児である。障害者総合支援法では、これらの対
象者に、障害の区分にかかわらず「共通」のサービスを提供することと
している。

❸障害者総合支援法のサービス

　障害者総合支援法における福祉サービスは、大きく「介護給付」と「訓
練等給付」に分けられる。また、移動支援、相談支援等は「地域生活支
援事業」として行われ、その実施は市町村および都道府県の裁量に委ね
られている（図5-29）。

　このうち、「介護給付」を利用したい場合、障害者または障害児の保
護者が市町村に申請し、市町村による「認定調査」を受ける。市町村審
査会における福祉サービスの必要性の検討を経て、市町村が障害支援区
分（区分1～6）の判定が行われる。判定を受けた利用者は、指定特
定相談支援事業者に「サービス等利用計画案」の作成を依頼し、その計
画案を市町村に提出する。市町村は、これに基づき支給決定を行い、利
用者がサービス提供事業者と契約を締結したうえでサービスを利用する
こととなる。

4 身体障害者福祉法・知的障害者福祉法・精神保健福祉法

❶概要

　上記のとおり、現在、障害福祉サービスは、原則として障害者総合支
援法を通じて給付が行われている（児童福祉法に基づく障害児福祉サー
ビスを除く）。

　その一方で、従来の障害種別ごとの法律（身体障害者福祉法、知的障
害者福祉法、精神保健福祉法）も設けられており、それぞれの障害の定
義や、手帳制度に関する規定を置くなど、障害者福祉法制において一定
の機能と役割を有している。以下ではこれらの諸法律の要点についてみ
ておきたい。

図5-29 障害者総合支援法の構成

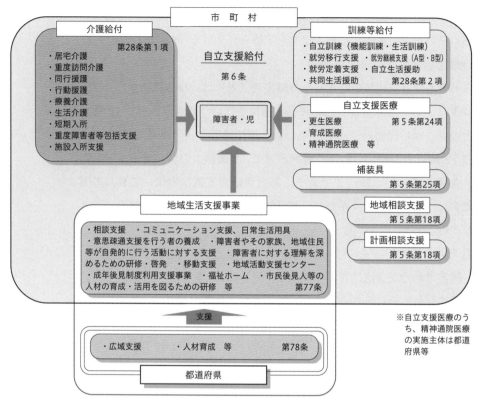

出典：厚生労働省資料を一部改変

❷身体障害者福祉法

　身体障害者福祉法は、身体障害者の定義規定を設けている。同法にいう身体障害者とは、同法の別表に記載された身体上の障害がある18歳以上の者（同法第4条）であって、都道府県知事から身体障害者手帳（同法第15条）の交付を受けた者である。

　そのうえで同法は、障害者総合支援法に定めのない身体障害者福祉法独自の事業（身体障害者生活訓練等事業、手話通訳事業、介助犬訓練事業、聴導犬訓練事業〔同法第4条の2〕）や施設（身体障害者福祉センター、補装具製作施設、盲導犬訓練施設、視聴覚障害者情報提供施設〔同法第5条、第28条～第34条〕）についても規定している。

　同法は、市町村を援護の実施者として位置づけ（同法第9条）、都道府県には市町村相互の連絡調整、助言等の義務が課せられている（同法第10条）。実際には都道府県に設けられた身体障害者更生相談所が連絡調整等にあたる。

　また、養護者により虐待を受けている場合など、障害者総合支援法の

利用が著しく困難である場合に、市町村が障害福祉サービスを従来の「措置」として実施できる旨の規定も設けられている（同法第18条以下）。

❸知的障害者福祉法

知的障害者福祉法には、身体障害者福祉法と異なり、知的障害者に関する定義や手帳に関する規定が設けられていない。代わりに、知的障害者に交付される療育手帳の制度が、地方自治体独自の制度として設けられている。

同法は、身体障害者福祉法と同様、養護者に虐待を受けている場合など、障害者総合支援法の利用が著しく困難である場合の措置に関する規定を設けている（同法第15条の4、第16条等）。また、市町村を同法に基づく援護の実施者として位置づけ（同法第9条）、都道府県に連絡調整、助言等の義務を課している体制（同法第11条、第12条）も、身体障害者福祉法の場合と同様である。身体障害者の場合と同様、都道府県に設けられた知的障害者更生相談所が連絡調整等にあたる。

❹精神保健福祉法

精神保健福祉法には、精神障害者の定義規定が設けられている。同法にいう精神障害者とは、統合失調症、精神作用物質による急性中毒又はその依存症、知的障害、精神病質その他の精神疾患を有する者とされている（同法第5条）。

精神保健福祉施策は、その名のとおり保健医療と福祉の両分野にまたがっている。任意入院（同法第20条）、措置入院（同法第29条）、医療保護入院（同法第33条）、応急入院（同法第33条の7）等の規定は保健医療福祉領域にかかわるものである。

精神障害者に対する保健福祉サービスの多くは、他の障害類型と同様、障害者総合支援法に基づいて提供されている。精神保健福祉法における社会福祉関係の制度として重要なものとしては、都道府県知事による精神保健福祉手帳の交付（同法第45条）があり、そのうえで、相談支援（同法第47条）、精神保健福祉相談員（同法第48条）、事業の利用の調整等に関する規定が設けられている。

第5章　社会保障制度の体系

第6章

諸外国における
社会保障制度

　社会保障は元来、国内の社会問題への対応として発展し、属地主義に基づき国内的な性格が強い領域であった。近年、先進諸国は同様の社会問題を抱え、社会保障も同じような対応を展開している場合が多い。日本の社会保障改革においても多くの場合、諸外国の政策が参考にされている。社会保障はもはや国内政策にとどまらず、国際的な連携を必要とすることが多くなっている。グローバル化している世界にあって、国際社会の動向は国内政策にますます強い影響力を及ぼしている。社会福祉士・精神保健福祉士としても福祉の現場で起こっていることの社会的背景を理解するために、国際社会における政治、経済の動きを常に注視する必要がある。

諸外国の社会保障

学習のポイント

● 主要国の社会保障制度について、各国の特徴を理解する
● 社会保障の主要な三つの制度の位置づけ、関連性を国別にまとめる

1 スウェーデンの社会保障

　スウェーデンの社会保障は、公的部門が強く関与している。中央政府だけでなく、地方自治体の役割も大きい。社会保険や各種所得保障の給付制度は中央政府が担い、医療サービスは21の広域自治体が運営する。各種社会福祉サービスは、全国290の自治体（コミューン）によって運営されている。

1 年金

　公的年金に関しては、賦課方式の所得比例年金と積立方式の積立年金が統合され基礎年金を構成する。一定水準に達しない年金を補足する保証年金もある。さらに、全労働者の9割以上には労使協定に基づく職域年金が適用される。所得比例年金と積立年金は、被保険者期間等の受給要件が特に設定されない普遍的な制度となっている。保証年金は、3年以上の居住歴のあるすべての市民に適用される。

　老齢年金としては、所得比例年金は所得上限額までの所得の17.21％（うち使用者10.21％、労働者7.0％）の保険料が課される。労働者の保険料は、全額課税控除される。保険料のうち一部は積立年金の財源となる。保証年金は全額国庫で賄われ、単身と夫婦別に定められた最低保証額と実際の所得比例年金、積立年金の合計額との差額部分が保証年金から支給される。最低保証額は2018年現在で、単身者の場合8254クローネ、夫婦の場合1人7363クローネとなる。

　遺族年金は、独立した制度として運営される。遺族年金の保険料率は0.70％（2018年現在）で、独自の財源で運営されている。寡婦年金は、配偶者の死亡時に65歳未満で、18歳未満の子と同居しているか、同居期間が5年以上の遺族（同棲者含む）に対して、配偶者の老齢年金

★広域自治体
全国に18のランスティング、2つのレギオン、それ以外のゴットランドの21の広域自治体がスウェーデンの保健医療サービスを管理している。自主財源比率の高い自治体であるが、支出の約9割は保険医療サービスとなっており、この広域自治体はほぼ保健医療のために存在するとみなされる。

★保証年金
所得比例年金と積立年金では低水準になってしまう場合に、保証年金が最低年金額を保証する。65歳以上で3年間以上のスウェーデン居住者が対象となる。物価指数をもとに基礎額を算定し、これに満たない所得比例の年金支給額との差額を支給する。

の 55％相当が支給される。支給額が低い場合は、保証年金も適用される。遺児に対しては遺児年金が支給される。

　所得比例年金の年金支給開始時期は、各自が 61 歳から 70 歳の間で選択できる。通常、67 歳の退職年齢まで就労し、退職時に年金受給を開始する。保証年金は 65 歳から適用される。現在、年金支給開始年齢や雇用保障の対象年齢の段階的な繰り延べが検討されている。所得比例年金に関しては、1999 年改革により自動財政均衡制度が導入され、人口変動や経済変動に応じて年金支給額が調整されることになった。

2 医療

　スウェーデンの医療は、税方式による普遍的な公営サービスとなっている。現金給付は社会保険によって運営されている。医療従事者の多くは、広域自治体の公務員となる。医療サービスは、主に住民所得税（11 〜 12％）で賄われる。患者の自己負担額は医療サービスの内容に応じて定額となっていたが、2013 年から自己負担上限額が物価水準に連動して決められ、それ以上の自己負担はない。実際には、広域自治体ごとに自己負担額が決められる。未成年者は自己負担はない。85 歳以上の高齢者も無料となっている。

　現金給付については、使用者が負担する医療保険の保険料が主な財源となる。医療保険の保険料率は、被用者の場合 3.55％、自営業者は 3.64％となる。両親保険＊（出産・育児保障）では、2.60％を使用者が負担する。

　医療部門では、スウェーデンでも民営化の動きがみられる。まだ少数ではあるが、主に都市部において私立病院をはじめ個人開業医も存在する。2010 年からは、初期医療に関して、患者による医療施設の選択制度がすべての地域で導入された。医療施設にも競争原理が持ち込まれた。スウェーデンでは、医薬分業が徹底されている。医薬品の販売は国営の薬局が独占していたが、2009 年から民間企業の参入が認められた。薬剤費用について、全国一律の自己負担額が設定され、年間上限額も定められた。18 歳未満は無料となる。

　療養中の所得保障については、当初 2 週間は使用者から傷病給与が支給され、その後は医療保険から傷病手当が支給される。支給額は療養前所得の 80％となっている（上限あり）。支給期間の制限はないが、2008 年からは通常 1 年経過すると傷病手当は停止され、障害年金に切り替えられる。ただし、職場復帰が可能と見込まれる場合は、傷病手当

★両親保険
育児期間中の経済的保障を行う制度である。財源は使用者による保険料となる。具体的には、妊娠手当、両親手当、一時的両親手当、児童手当、住宅手当等からなる。両親手当は 480 日間支給され、父と母でそれぞれ 240 日間取得できる。支給額は所得の 80％相当となる。一時的両親手当は子の病気の場合に 120 日間まで適用される。

の支給延長が550日間認められる。その際の支給率は75％に減額される。2010年からは、症状が特に重篤な場合に、審査によって支給延長が再度認められることになった。

3 介護

介護サービスも税方式を基本にしている。利用者の自己負担も組み込まれている。高齢者・障害者の介護に関する多様な施設が運営されている。1992年のエーデル改革★により、医療と介護が役割分担された。介護サービスは広域自治体の行う医療サービスから分離され、コミューンの責任下におかれ、地方分権化が進められた。長期入院等も、広域自治体の管轄からコミューンの福祉サービスに移管された。

介護サービスでも民営化の動きはあるが、民間施設は2割程度の少数派である。利用者個人が施設を自由に選択することができる。介護サービスは、在宅介護サービスと施設介護サービスともに充実している。在宅介護サービスとしては、ホームヘルプサービス、訪問看護、デイサービス、デイケア、ショートステイ、緊急アラーム、移送サービス、補助器具サービス等がある。移送サービスは安い料金でタクシーを使う制度で広く利用される。家族、親族、親しい友人等の介護にコミューンが報酬を支払うヘルパー制度もある。

施設介護サービスは、対象者の要介護度に応じてさまざまな形態がある。施設形態も、重度の要介護に対応するナーシングホームから、高齢者の集合住宅、認知症の高齢者のためのグループホーム等、多様な形態が存在する。

財源は、コミューンの税財源と自己負担である。自己負担額は基本的には所得に応じて決まるが、2002年以降は全国一律の自己負担上限額と自己負担後の最低所得保障額も定められた。これ以上の請求はしてはいけないことになり、貧困予防の意味も大きい。

★エーデル改革
高齢者の医療費を抑制しつつ、高齢者ケアの効率化と質の向上を目指した改革で、1992年より実施された。広域自治体ランスティング等と市町村にあたるコミューンの間で不明確であった権限と役割を、コミューンの権限に統合した。また、多様な高齢者施設をコミューン管轄で「特別な住宅」に統合した。施設数も病床数も大幅に削減された。

2 ドイツの社会保障

労働者保護政策の一環としてスタートした社会保険は、職域を基礎に普及した。保険原則を重視し、所得比例主義の保険料と保険給付の構造を確立した。年金、医療、介護、労働災害、失業、家族、育児、社会扶助、失業扶助、雇用促進、職業訓練、青少年扶助、母性保護、戦争犠牲

者援護、公衆衛生、保健、環境、自然災害救援まで含む広範な社会保障制度が準備されている。

1 年金

一般被用者を対象とする一般年金保険、鉱山・鉄道・海員ドイツ年金保険、一部自営業者等のための年金保険があり、制度によって保険料、給付条件等が異なる。職域で対象となる労働者は強制適用となるが、一部で適用免除や適用除外も存在する。月収450ユーロ以下の労働者が適用除外されるほか、自営業者間でも加入が義務化されていない自営業者も存在する。

一般年金保険が、民間労働者の大多数に適用される。財源は保険料と国庫補助である。保険料率は2019年現在で18.6％とされ、**労使折半**＊がドイツの伝統である。2018年には国庫補助は年金総支出の23.0％を占めていた。国庫補助は、保険料引き上げ率に応じて自動的に改定される。年金財政は、完全賦課方式で運営される。

受給要件は、5年間以上の拠出期間となる。支給開始年齢は65歳であったが、2012年から2029年までに67歳に繰り延べられる過程にある。実際には、正規年金支給開始年齢の前後3年間で早期年金、繰延年金が設定されている。年金支給額は、2017年現在で労働者の平均賃金の48.0％相当となっている。支給額は、現役労働者の負担する保険料率の変動と現役労働者世代と年金受給者の人口比率の変動を考慮してスライド調整されることになった結果、高齢社会において支給額は抑制される傾向にある。今後、さらなる支給水準の低下が見込まれているが、2020年までに46.0％、2030年までに43.0％を下回らないように調整することが公的年金保険持続法によって規定された。

2 医療

社会保険方式に基づいて医療サービスが提供される。職域に応じた医療保険が適用されるが、すべての市民には適用されていない。一般労働者をはじめ、年金生活者、失業者、農業従事者とその家族等が強制適用となる。多くの自営業者、年収6万750ユーロ以上の高所得者、そして月収450ユーロ以下の低所得者等は強制適用から除外される。医療保険の強制適用を免除された高所得者は、一般の公的医療保険に加入するか、民間の医療保険に加入するかを選択できる。実際には、適用免除された高所得者の約1割が民間保険に加入している。なお、無保険者

★労使折半
社会保険の保険料は、ドイツや日本では労使折半となっているが、国によって、また、制度によって労使の負担比率が異なる。全額使用者負担の制度もある。欧州では多くの国々で使用者の負担比率がより高くなっている。長年の労使交渉の結果を反映したものである。

も存在する。

　医療保険の保険者としては、地区別の疾病金庫★、企業別の疾病金庫、同業組合別の疾病金庫等の金庫がある。被保険者は疾病金庫を選択することができる。金庫間の競争が存在する。各金庫は労使によって自主管理される。

　医療保険の財源は、大部分が保険料である。国庫負担はわずかに過ぎない。保険料率はすべての疾病金庫で統一され、2019年現在では14.6％で労使折半される。財政赤字の疾病金庫は、資金不足を補うために追加保険料を徴収する。

　すべての医療費が保険給付の対象となるが、現物給付を原則としている。給付内容は充実している。外来診療については自己負担はなく、無料で提供される。入院の場合は1日当たり10ユーロ（年間28日まで）、薬剤は10％が自己負担となる。患者の負担を過重にしないため、年間の自己負担を税込み所得の2％以内に制限している。療養中の所得保障として傷病手当金は、税込み所得の70％が支給される。支給期間は、3年間に78週間という制約がある。

３ 介護

　介護サービスも社会保険方式で対応している。保険者は介護金庫であるが、疾病金庫を兼ねている。介護保険の財源は保険料であり、国庫補助はない。2019年現在の保険料率は、労使とも賃金の1.525％ずつで、合計3.05％となる。介護保険は医療保険と連動しており、医療保険の被保険者が同時に介護保険の強制適用の対象となる。扶養家族も適用対象に含まれる。

　要介護度は医療保険のメディカルサービスの審査を経て5段階で決定される。要介護度によって、受給できる介護サービスの限度額が決まる。介護保険の給付内容としては、在宅介護・部分施設介護給付、介護手当、ショートステイ給付、完全施設介護給付、代替介護、介護用具の支給・貸与、住宅改造補助等に分かれている。給付制度ごとに、そして、要介護度ごとに給付の限度額が決められる。介護サービスの現物給付のほかに、現金給付としての介護手当も認められる。家族や知人も含め、介護サービスを提供する人を雇うための費用となる。

　介護サービスの提供事業所は、自立の程度に応じて、高齢者居住ホーム、高齢者ホーム、介護ホーム等があり、その運営についても公営・民営、さらに、営利・非営利と多様であるが、民間非営利事業所が過半数

を占めている。公認の民間福祉団体が、介護に限らず福祉領域全般で活躍している。介護には、いくつかの専門職種があるが、労働条件が比較的低調で慢性的に人材が不足気味である。ドイツ政府は在宅介護の利用拡大を誘導しようとしたが、実際には施設サービスが増加しつつあり、財政的にも厳しくなっている。

3 フランスの社会保障

　社会保障は、職域を基礎に多数の社会保障制度に分立している。被用者の場合、民間の一般被用者を対象とする一般制度を中心に公務員、鉄道職員、鉱山労働者、海運労働者等の職域によって異なる社会保障があり、さらに一般被用者以外でも、商工業者、職人、自由業者、農業経営者等によって個別の社会保障制度がある。

1 年金

　役割の異なる三つの年金制度がある。第一は法定社会保障制度としての拠出制の年金、第二に最低年金を保障する無拠出年金、第三が職域の労使協定に基づく補足年金である。社会保障としての法定年金は、拠出制で職域ごとに分かれている。民間被用者の多くには一般制度が適用される。

　一般制度の年金の受給要件は、最低1四半期（3か月）の加入期間である。満額年金を受給するには、172四半期の加入期間が必要となる。2010年の法改正で、支給開始年齢は2018年までに60歳から62歳に繰り延べられ、満額年金の支給開始年齢も2023年までに65歳から67歳に繰り延べられる。

　満額年金の支給額は、過去最も賃金の高かった25年間の平均賃金の50％となっている。満額年金でない場合は、27.5％の所得代替率が最低限の支給額とされている。基礎年金額に加えて、条件を満たせば付加年金が支給される。扶養する子供が3人以上いるときは、基礎年金額が10％増額される。65歳以前からの要介護者には基礎年金額が40％加算される。

　財源は主に労使の拠出による。国庫補助はかつては原則なかったが、現在では一部充当されている。保険料に関しては2種類ある。まず、2019年の報酬上限額である月額3377ユーロまでの所得を対象に労働

★高齢者連帯手当
（ASPA）

以前の低所得高齢者の
ための制度を統合する
形で高齢者連帯手当
（ASPA）が、2006 年
に創設された。フラン
スに合法的に滞在する
人で、老齢年金制度に
加入していない 65 歳
以上の高齢者を対象に
する。所得制限があ
る。所得限度額に満た
ない差額が支給され
る。税を財源とする無
拠出制度である。

★一般社会拠出
（CSG）

1991 年に導入された
社会保障の目的税であ
る。税率は当初すべて
の所得の 1.1％に設定
されていたが、その後
引き上げが続き 2019
年には 9.2％まで引き
上げられた。フランス
社会保障の重要な財源
の一つになっている。

★普遍的医療保障
（PUMa）

普遍的医療給付
（CMU）は、1999 年
に導入された医療保障
の新たな仕組みであっ
た。基礎的な医療サー
ビスをすべてのフラン
ス居住者に保障するこ
とと、低所得者に医療
保障を提供することを
目的とした。低所得者
の医療費の自己負担へ
の給付を制度化した。
2016 年には普遍的医
療保障（PUMa）に移
行した。

者が 6.90％、使用者が 8.55％を拠出する。さらに、上限額なしで給与全額を対象にして、労働者 0.40％、使用者 1.90％を拠出する。この 2 種類の保険料が徴収される。

無年金者や年金受給額の少ない人のために、最低保証として無拠出の**高齢者連帯手当（ASPA）**があり、**一般社会拠出（CSG）**を財源とする。2019 年の支給額は、単身者では年 1 万 418.40 ユーロ、夫婦世帯では年 1 万 6174.59 ユーロが上限となり、収入がある場合はその分減額される。この支給上限額が、適用上の所得制限額となる。

法定年金の上乗せにあたる補足年金は労働協約に基づいて成立しているが、全労働者に強制適用される。賦課方式で運営され、給付額が物価スライドする等、公的性格の強い年金である。経営管理者や技術者のための補足年金である AGIRC と一般労働者のための補足年金である ARRCO と別々の補足年金がある。

2 医療

医療保障に関しても職域ごとの強制加入を原則とする社会保険方式を採用している。他方、医療保険から除外された人も含め、**普遍的医療保障（PUMa）**が無料で医療サービスを提供する。さらに、法定医療保険で保障対象外になる医療に対して、任意の共済組合や相互扶助制度が存在する。

医療保障の中心は法定の医療保険である。フランスでは医療保険制度も年金と同様に職域に応じて多数に分立しており、運営内容は制度によって異なる。最大の医療保険である一般制度は、労使代表によって自治的な管理方式をとる医療保険基金が管理し現物給付を行うとともに、療養中の所得保障も行う。

医療サービスは、原則として外来が 70％、入院が 80％の償還率となる。薬剤費は 65％が基本となるが、薬剤によって 100％から 0％まで 5 段階の償還率に従う。疾病によっても償還率に差がある。たとえば、慢性疾患や高額で長期の医療が必要な 30 疾患は 100％、検査やマッサージは 65％から 55％の償還率となっている。現金給付としての傷病手当は、療養中の最初の 30 日間は基準賃金額の 50％、30 日以降は基準賃金額の 66.66％となる。なお、支給には上限額があり、支給期間は 3 年間を限度とされる。

一般制度の財源として公費負担は原則なかったが、近年、公費が投入されている。公費の内訳は、一般社会拠出（CSG）、タバコとアルコー

ルに関する目的税、国庫からなる。一般労働者の場合、保険料率は13.00％で、全額使用者負担となり、被用者負担はない。普遍的医療保障（PUMa）の財源は、すべて公費による。

　他方、医療保険における患者自己負担を保障するため、また、保険適用の対象に含まれない医療サービスをも保障対象とする補足的医療保障制度がある。この制度は任意加入として共済組合や相互扶助制度が運営してきたが、2016 年より事業主の一定の負担と被用者加入が義務化された。

3 介護

　高齢者介護は、税方式を採用している。1997 年に特別介護給付（PSD）が導入され、2002 年以降は**高齢者自立手当（APA）**が代替している。介護サービスは在宅サービスと施設サービスからなり、要介護度に応じて給付額、自己負担額が定められる。適用対象は、60 歳以上のフランス人と合法的に長期滞在する外国人となる。所得制限等の要件はなく、普遍的な制度である。フランス介護政策の特徴としては、県が実施主体としてイニシアティブをとること、高齢者介護サービスと障害者介護サービスが一体化していること、社会扶助の一環として位置づけられていることである。

　介護サービスの財源は公費で、約 3 分の 2 が県の一般財源で、約 3 分の 1 が**全国自立連帯金庫（CNSA）**で賄われている。CNSA とは、2004 年改革により介護サービスのために創設された新たな財源である。まず、「連帯の日」を定め、すべての労働者のこの日の労働所得の0.3％を使用者が拠出する自立連帯拠出（CSA）が創設された。CNSAの歳入は、CSA のほかに、資産や投資所得の 2 ％相当の一般社会拠出（CSG）、年金保険からの分担金等によって構成されている。なお、2004 年には使用者が賃金の 0.3％を介護手当負担金として負担することになった。2013 年には自立連帯追加拠出が導入され、年金受給者からも 0.3％の拠出が徴収されることとなった。

　要介護度は 6 段階に分かれ、最重度の 1 から 4 段階までが介護サービスの対象となる。在宅サービス、施設サービスとも要介護度に応じて支給額が設定される。在宅の場合、ニーズに応じて家事援助、食事介助、夜間巡回サービス、介護器具購入費、住宅改修費等が支給対象となる。施設介護の場合も、要介護度に応じて補助される経費額が異なる。医療費と宿泊費を除いた介護経費が支給対象となる。利用者負担は、要介護

★**高齢者自立手当（APA）**
2002 年 に 導 入 さ れた。1997 年 に 創 設 された 特 別 介 護 給 付（PSD）を統合した。60 歳以上の高齢者で要介護者を対象とする。財源は約 3 分の 2 を県が負担し、約 3 分の 1 を全国自立連帯金庫（CNSA）が負担する。在宅給付と施設給付で異なる認定であることから、給付内容も異なる。

★**全国自立連帯金庫（CNSA）**
2004 年に、高齢者自立手当を管理するために創設された。行政を担う公的施設法人で、会計は独立している。財源には一般社会拠出からの配分のほか、年金金庫からの拠出金、『連帯の日』の勤労所得からの拠出等の独自財源をもつ。要介護の高齢者や障害者に対する財政支援、医療福祉サービスへの予算配分、専門技術の提供等を行う。

第**6**章　諸外国における社会保障制度

度と所得水準によって異なる。受給者の約6割が在宅サービスを、約4割が施設サービスを利用している。介護サービスは認可を受けた施設やホームヘルパーに適用するもので、家族等の介護は給付対象に含まない。

4 イギリスの社会保障

イギリスでは、地域ベースで社会保障が適用される。比較的低い水準の給付を広くすべての人に適用させ、一律定額の保険料・保険給付を基礎に最低保障を重視するのが特徴であった。国民保険制度は、老齢、遺族、障害の年金制度に加えて、疾病、失業、労働災害のリスクを包括的に統一した制度である。ただし、労災保険は1990年に国民保険から分離された。国民保険による現金給付は、拠出に基づいて受給資格が認められる。国民保険に含まれない無拠出制の給付も存在し、国庫と国民保険からの支出で賄われる。

1 年金

国民保険★の一環としての国家年金が中心となり、低所得者のための年金クレジットが補足的に運営されている。さらに、企業年金や個人年金等の私的な年金が機能している。国家年金は、全ての市民に適用される基礎年金としての役割を担い、当初は均一拠出・均一給付の原則に基づいて運営された。二階部分の年金として、1961年に所得比例の付加年金制度が導入され、2002年に国家第二年金となったが、2016年に廃止され、一階部分のみの新たな国家年金に統合された。低所得者には拠出免除措置があり、1年の加入で受給権が認められる。年金支給開始は男性65歳、女性60歳であったが、2018年に男女とも65歳に統一され、今後68歳に繰り延べることが計画されている。

国民保険では、保険料は老齢年金だけでなくすべての給付制度の総額を一定比率で負担する。国家年金の財源として、かつては国庫負担が特定比率で提供されていたが、財政難により国庫負担は停止され、現在は保険料収入のみで賄われている。2019年時点の保険料は、労働者負担として週166〜962ポンドの報酬部分の12％、週962ポンドを超える報酬部分の2.0％、使用者負担は週166ポンドを超える報酬部分の13.8％となる。2019年時点の国家年金の支給額は単身者の場合、週

★国民保険
すべてのイギリス住民を対象とした包括的な社会保険が国民保険である。1911年に健康保険と失業保険からなる国民保険を創設した。その後、出産給付、退職年金、寡婦給付等が統合され社会保険を統括する制度となった。医療の現物給付には、1948年以降に国民保健サービスが直接かかわることになった。

168.80 ポンドの定額となる。満額年金を受給するには、35 年以上の拠出期間が必要となる。

　年金支給額が低い人の保護として、2003 年に制定された年金クレジット法に基づき、公的扶助基準相当額が支給される。2020 年現在では 66 歳が最低受給年齢となり、単身者は週 163 ポンド、夫婦は週 248.80 ポンドが保証され、この額に満たない不足額が支給される。さらに、2012 年の福祉改革法によって、障害、介護、住宅、児童養育、失業等の各種給付制度を統合して一本化された**ユニバーサルクレジット**[★]制が導入された。

　公的年金の後退と並行して、企業年金加入者保護の強化、私的年金に関する規制緩和や制度の簡素化等を通じて私的年金の拡充が進められた。自動加入に基づく職域年金も導入されつつある。

2 医療

　医療については、伝統的な**国民保健サービス（NHS）**[★]を確立しており、国営の医療機関がすべての市民を対象に原則無料で包括的な医療サービスを行ってきた。しかし、近年は財政難から患者に一部自己負担が課せられており、医療サービスの供給の面でも、次第に市場原理が導入されつつある。民間の医療施設も普及しつつあり、その医療費は国民医療費の 1 割強に達している。民間の医療保険に加入する人も国民の約 1 割となる。

　財源は国庫負担が 80％（2015 年）を占め、国民保険の保険料収入から医療への配分が 16％、患者の自己負担その他が 3％を占めている（OECD, "Health at a Glance", 2017）。他方、国民保険の保険料の一部が現金給付の財源になるほか、NHS の財源にも組み込まれている。国民保険の財源は、1 年金で既述したとおり。保険料の支払いは、国民保健サービスの受給要件とはならない。

　医師の報酬は、登録住民数に応じた包括的な報酬、特定の専門的な医療に対する追加的報酬、糖尿病等の特定疾病や診療所の環境改善に関する成果に応じて定められた報酬の三つの要素から決定される。国民は個人として通常通う診療所を決めて登録し、そこで一般医（GP）の診察を受けることになる。一般医の診察は原則として無料であるが、薬剤については処方 1 回につき 9.00 ポンドの自己負担がある。ただし、16 歳未満の児童、60 歳以上の者は自己負担が免除される。眼科や歯科等にも一部に自己負担が設定されているが、免除制度も準備されている。

★**ユニバーサルクレジット**
2013 年に導入された低所得者支援策の一つ。生産年齢にある低所得者を対象に、以前の六つの関連給付と税的控除を一本化したのがユニバーサルクレジットである。就労にかかわらず受給が認められる。ただし、所得に応じて支給額が調整される。就労しないで受給するより、就労を増やしながら受給も続けるほうが合計所得は増えるため、就労促進効果が大きい。

★**国民保健サービス（NHS）**
すべての住民に包括的な保健医療サービスを原則無料で提供することを目的に、1948 年に創設された制度である。医療施設を国営化し、医師や看護師等医療従事者を公務員化し、税を財源として医療サービスを提供する。約 150 万人の医療従事者を雇用している。

Active Learning

ヨーロッパ各国の社会保障制度の特色と相違点について整理してみましょう。

療養中の所得保障として、傷病手当（就労支援手当）が定額で支給される。疾病発症から最初の 13 週間は週 73.10 ポンドが支給される。アセスメントを経て、就労不能の場合は支援加算が、就労可能の場合は就労活動加算が定額で支給される。支給期間の制限はなく、年金受給開始まで継続受給することも可能である。

3 介護

社会福祉サービスは、地方自治体が税方式に基づいて管理してきた。介護保障には、中央政府が NHS の一環として実施するナーシングホームや訪問看護等のサービスと自治体が実施する社会福祉サービスとの二つの部門がある。長年、医療と福祉の間、国と地方の間の連携の悪いことが問題となっていた。

在宅看護、訪問保健サービス、保健センターのサービスは、NHS の一環として原則無料で提供される。病院への入院による施設サービスも同様である。介護施設の場合、看護費用は NHS の支出対象となる。他方、デイサービス、ショートステイサービス、ホームヘルプサービス、配食サービス、洗濯サービス等は、基本的には税方式により地方自治体が公費で賄うが、一部国庫負担もある。自己負担額は、自治体によって異なる。

1990 年に制定された国民保健サービスおよびコミュニティ・ケア法によって、イギリスの高齢者介護システムは大きな変化を遂げた。サービス供給の市場化が進められ、公的機関の独占が排除され、民間事業所も含めた競争関係に至った。以後、自治体の運営する高齢者ホームは減少し、民間高齢者ホームが主流となっている。ナーシングホームは横ばい状態にある。

自治体の関係組織は、サービスの購入者と供給者に役割が分割された。ケアマネジメント方式が導入され、ニーズに応じたケアマネジメントが展開されることになった。また、自治体は介護サービスの評価を行うべくモニタリングの役割も担う。

2014 年にケア法が制定され、サービスの受給資格の全国共通化、生涯自己負担限度額の設定、施設入所時の費用が全額自己負担となる保有資産額の引き上げ、ケアの質委員会の評価の公表等が盛り込まれた。いずれも、自治体によって異なっていた基準が全国的に統一された。さらに、2015 年には認知症に対する取組み強化の計画が作成され、認知症の診断に関して統一的なアクセス、早期診断、スタッフの研修・育成強

★**国民保健サービスおよびコミュニティ・ケア法**
施設におけるケアからコミュニティ・ケアに移行していく改革の一環であった 1990 年に制定された同法により、サービスの提供者と購入者が切り離され、利用者がサービスを選択できるようになった。介護者にアセスメントを受ける機会を保証し、コミュニティ・ケア計画の策定、ニーズ、アセスメントとケアマネジメントを導入した。自治体によるサービスから民間サービスへの転換を導いた。

化、関連研究の支援等、広く対応を進めようとしている。

5 アメリカの社会保障

政府は市民生活の保障には最低限の役割しか果たさず、市民は自己責任のもとで、可能な限り自分で生活防衛をしていく。アメリカの社会保障について、三つの特徴がある。第一に、民間福祉が発展していて、民間福祉ビジネス等が充実している。第二に、市民生活に関係する各種社会サービスは、主に州政府の管轄に属する。第三に、全市民を対象とした包括的な公的医療保障制度が存在しない。

1 年金

老齢・遺族・障害給付を含む公的年金制度（OASDI）がある。適用対象は、民間企業の被用者、使用者、特定年収以上の自営業者となる。所得制限や適用除外規定もあり、すべての市民に強制適用されない。公務員や鉄道職員、農業従事者等は独自の年金制度がある。年金支給開始年齢はかつての65歳から繰り延べされ、2027年に67歳となる予定である。また、62歳から減額を条件に受給申請ができる。年金の受給権は、過去の拠出期間が10年以上ある場合に認められる。

支給額は平均標準報酬を基礎に、3段階の支給率を乗じて基本年金額が算出される。年金の所得代替率は、約50％といわれる。配偶者年金は被保険者本人の年金の50％が支給され、夫婦で150％の年金額となる。

遺族年金は原則60歳以上の配偶者に支給され、16歳未満の扶養児童がいる場合には、年齢制限なく支給される。また、18歳未満の児童本人も受給権がある。65歳以上の配偶者への遺族年金は、死亡した被保険者の受けるべき年金の100％相当額が支給される。早期に受給開始すると減額となる。

年金の財源は、保険料、積立金の運用収入、年金課税であるが、保険料が大部分を占めている。2019年の保険料率は給与の12.4％で労使折半となり、自営業者は12.4％を全額自己負担する。徴収対象となるのは、年収132,900ドルまでとなる。通常、国庫補助はないが、2011〜2012年は減税の補填として国庫補助が実施された。

★ OASDI
アメリカの社会保障は連邦政府の行う制度と州政府が行う制度とに分けられる。連邦政府の管轄では、老齢・遺族・障害・健康保険（OASDHI）が中核部分を構成する。財政方式により、所得保障をする老齢・遺族・障害年金保険（OASDI）と高齢者健康保険であるメディケア（HI）に分けられる。

2 医療

アメリカには、全国民に適用される公的医療保障制度は存在しない。アメリカの約7割弱の国民は民間医療保険に任意加入している。他方、医療保障の適用されない無保険者が国民の約1割いた。アメリカの医療は、自由診療制に従う。政府は直接医療サービスに関与しない。その結果、高い資金力が高い医療技術を支えているが、貧しい人たちは質の高い医療サービスを受けられない。ただし、障害者や65歳以上の高齢者のための健康保険（メディケア）と低所得者のための医療扶助（メディケイド）が制度化されている。

メディケアは、65歳以上の社会保障年金の受給者と65歳未満の障害者、特定終末期疾患患者を対象とする。強制加入の病院保険、外来等の任意加入の補足的医療保険を基本とし、充実した保障内容を伴う任意加入の保険と、薬代を対象とする任意加入保険の四つの制度がある。財源は、加入者の保険料のほか連邦政府からの補助がある。強制加入の病院保険の財源は、社会保障税2.9％で労使折半となる。自営業者は本人が2.9％全額負担する。

メディケイドは貧困者を対象とするが、三つのカテゴリーに分けられる。医療保障を必要とする強制適用者、任意適用者、そして、医療上適用が必要な者である。財源は連邦政府と州政府の共同拠出であるが、連邦政府の負担割合が州政府の負担割合を上回り、50％〜83％の範囲内で負担している。連邦政府は運用方法についてガイドラインを示すが、具体的な運用は州政府の裁量権が大きい。

オバマ（Obama, B.）大統領は無保険者の救済のため、公的な医療保障制度の創設を提案した。妥協を重ね、医療保険改革法（オバマケア）が2010年3月に可決・成立し2014年より施行された。全国民に民間の医療保険への加入を義務づけ、加入しない場合は罰金を科すことが規定された。必要な場合に政府が補助することとし、民間医療保険の加入条件を緩和した。2017年にトランプ大統領が誕生して、オバマケアは危機に立たされている。

3 介護

アメリカには、公的な高齢者の介護保障制度は存在しない。障害者や高齢者のためのメディケアが、医療保障の範囲内で主に病院における医療・介護サービスの保障を一部含んでいる。さらに、貧困者等を対象にメディケイドが、主にナーシングホームでの施設ケアを提供する。

★メディケア
1965年に創設された高齢者と障害者向けの公的医療保険である。アメリカに合法的に5年以上居住する65歳以上のすべての人、そして65歳未満でも障害年金の受給者が対象となる。入院保険は強制加入であるが、外来、薬代等は任意加入となる。財源は保険料と一部連邦政府の補助がある。

★メディケイド
1965年に創設された低所得者のための公的医療扶助制度である。子供、妊婦、高齢者、障害者を含む低所得者を対象に、広く医療費を負担する。運営主体は州政府となり、運営内容も州によって異なる。連邦政府メディケア・メディケイドサービスセンターが監督する。財源の一部は連邦政府が負担する。

★オバマケア
医療保険改革法に関して、すべての国民に強制的に医療保険を適用させ、加入しない人に罰金を科すこと、そしてメディケイドを拡充することが州の権限を侵すとして憲法違反であるという論争が起こり、20以上の州で訴訟に至った。判決は、裁判所によって分かれた。国民に保険加入を義務づける条項に関しては、連邦最高裁判所の2012年の判決で合憲とされた。

介護施設としては、医療、介助を提供するナーシングホームがあるが、自己負担が大きい。他方、比較的自立度の高い高齢者居住施設を選択する高齢者が増えている。民間企業が施設運営を行っており、高齢者介護サービスについては、個々のサービスが統合されずに、ばらばらに提供されていることから、利用しやすいワンストップ機能をもつセンターの創設が要望されている。

主に在宅での高齢者介護サービスを展開する制度が、1965年の高齢アメリカ人法によって成立した。連邦政府と州政府、地方自治体、民間非営利団体をネットワークで結び、高齢者介護にあたるという制度である。対象は年齢60歳以上で、家事、配食、保健、相談、デイケア、移送等多様なサービスが含まれているが、配食サービスが最大の予算項目となっている。財源は、連邦政府と州政府、地方自治体の補助金であり、利用者負担はない。この制度の予算規模は小さい。在宅介護の担い手は知人や友人の介護者が多いことが、アメリカの特徴といわれる。

6 中国の社会保障

中国では、1980年代から1990年代にかけて社会保険の全国民への適用を目指した改革が実施された。老齢年金、失業保険、医療保険、労災保険、出産育児保険を含む社会保険が導入された。公的扶助は都市部から導入され、2007年にはすべての地方で施行された。地方から都市への出稼ぎ農民工の社会保険が問題となっている。国内での経済格差の拡大が顕著で、社会保障の障害となっているため、農村部や社会的弱者層への社会保障制度の適用が遅れている。2011年に社会保険法が施行され、老齢、医療、労災、出産、失業の五つの制度が社会保険として統合された。

1 年金

公的年金としては、都市従業員年金、都市・農村住民年金と公務員年金の三制度がある。近年は、都市部のすべての労働者をカバーする年金を目指している。1990年代以降、農村における年金の普及が次第に進展しつつある。

1995年、1997年の改革により、新しく**都市従業員年金**★が導入された。保険料は労働者と使用者の負担となる。都市従業員年金は、積立方式の

★**都市従業員年金**
2005年の国務院の決定により成立した。各省、自治区、直轄市が年金の運営主体となり、対象は都市における企業の従業員となる。財源は労使拠出と政府の拠出により、加入者は2017年で4億人余りである。老齢年金のほか、遺族給付と障害一時金を伴う。

個人口座（二階）と賦課方式の基金（一階）からなる。労働者は賃金の8％を拠出し、個人口座に積み立てる。使用者は賃金の20％を基金に拠出する。政府は基金に補助金を出している。2017年の補助金は、基金収入の約18.48％相当であった。

年金支給開始年齢は男性60歳、女性50歳で、女性の管理職は55歳となっている。15年間の加入期間が、受給要件となる。支給額は報酬と加入期間に基づいて算出される基金からの年金と、個人口座の残高に基づいて支給される年金の合計となる。なお、都市従業員年金を補足する企業年金も推進されている。

普及が遅れていた農村では、2009年に新たな年金制度が導入された。2015年には、都市戸籍の非就業者も統合して都市・農村住民年金*が成立した。農村の非就業者と都市部の非就業者で16歳以上の住民を対象とする。この年金制度も二つの部分に分かれていて、政府補助金による基金と積立金による個人口座がある。保険料は定額で、100元～2000元の12段階で自治体ごとに設定される。自治体が1人当たり年間30元以上を補助し、500元以上の保険料を納付した者に50元以上を補助する。この自治体の補助に、政府の補助が加えられる。

都市・農村住民年金の受給要件として、15年間の加入期間がある。男女とも支給開始年齢は60歳とされている。年金支給額は、基金部分からの70元に個人口座の積立金からの給付（全国平均120元、2017年現在）が加えられた額となる。

2 医療

中国には、都市従業員医療保険、都市・農村住民医療保険、公務員医療補助制度、農村合作医療の四つの医療保障制度がある。経済発展に応じて制度間格差問題や財政問題も深刻化し、特に農村部の普及に遅れが目立っている。

都市従業員医療保険*では、市以上の自治体が保険者となる。適用対象は都市部の事業所、各種団体の従業員であり、加入義務がある。財源は、主に使用者と労働者の保険料からなる。年金と同様に、医療保険も個人口座と基金からなる。保険料率は、地域ごとに設定されている。労働者は賃金の2％を個人口座に拠出し、使用者は賃金の6％を拠出するのが一般的である。使用者拠出のうち約70％は基金に配分し、残りの約30％は個人口座に配分する。

通院や薬剤に関する費用は個人口座から給付され、入院等の費用は基

★都市・農村住民年金
2009年からの農村の非就業者を対象とした年金と、2011年からの都市の非就業者を対象とした年金が2015年に統合され、成立した年金である。未加入の全国民をカバーすることを目指して普及拡大中であり、加入者は2017年時点で5億1255万人である。

★都市従業員医療保険
1998年の国務院の決定により成立した。対象は都市の企業従事者と退職者で強制加入となる。運営主体は市以上の自治体であり、年金と同様に、個人口座と基金の二本立てとなっている。2017年時点の加入者は、3億323万人である。財源は労使拠出により、政府補助はなく、現状では通院は全額自己負担であり、入院は給付対象となるが、免責額、給付上限額が設定されている。

金から給付される。政府は事務管理費を負担し、拠出免除分の補填を行う。給付内容や患者の自己負担額は地域ごとに異なり、病院の種類によって、かかった医療費の額に応じて決められる。高額医療を保障する互助保険も制度化されている。都市従業員医療保険の加入者を対象に、別途保険料を徴収する形となる。

　都市・農村住民医療保険は、企業従業員以外の都市住民の医療保険と農村住民の医療保険が、2016 年に統合されてできた。財源は、保険料と公費からなる。保険料は、条件ごとに定額で、公費は住民一人当たりに定額が自治体から補助される。患者の自己負担額は、都市従業員医療保険と同様に、地域や医療費の額、病院の種類によって異なる。現状では任意加入であるが、8 億 7000 万人以上（2017 年）の加入者がいる。入院費用の 75％程度が支給される。高額医療費を保障する医療保険も別途、導入されている。

　他方、特定の貧困者を対象に医療扶助制度も導入された。貧困世帯を対象に、医療保険への加入を支援し、負担不可能な費用を支援している。ただ、施行はまだ一部の地域に限定されている。

3 介護

　中国では、一人っ子政策の影響もあり、今後急速な高齢化が進行し、高齢者の介護問題も深刻化することが予想される。しかし、介護サービスをはじめ高齢者への各種福祉サービスは未整備のままである。わずかに、医療・看護のサービスが個人ベースで行われている。全国統一的な支援体制の構築には至っておらず、介護スタッフも不十分である。地域差も著しく、全国での政策展開には困難が予想される。今後は在宅サービスの拡充を中心に、公的養老施設の民営化を進め、介護サービス分野でも農村部も含め広く民間サービスの導入を奨励していく方針である。

7 韓国の社会保障

　1960 年に公務員年金や軍人年金が導入された。医療保険は 1977 年、国民年金法は 1986 年に成立した。1980 年代後半以降に社会保障の体系が整備され、国民皆保険、皆年金が達成された。雇用保険は 1993 年に導入された。1999 年の国民基礎生活保障法により実効力のある公的扶助が確立し、社会保障制度体系が完成した。

★都市・農村住民医療保険
2016 年の国務院の決定により成立。都市の非就業者を対象とした医療保険と農村の非就業者を対象とした医療保険が統合された。市が運営主体であり、財源は被保険者からの定額の保険料と市の補助金からなる。給付内容は自治体による。

★国民基礎生活保障
韓国の公的扶助として、旧来の制度を廃止して 1999 年に国民基礎生活保障が創設された。生計扶助、医療扶助、住居扶助、教育扶助、出産扶助、葬祭扶助、自活扶助を通して、国民の最低生活を保障する。各種給付の引き上げが目指されている。

1 年金

1986 年に国民年金法が制定され、1988 年から施行された。国民年金は、国内居住の 18 歳以上 60 歳未満のすべての国民と外国人を対象とする。当初、従業員 10 人以上の事業所に対象が限定されていたが、次第に対象を拡大し、1999 年に都市部の自営業者と零細企業の従業員も含めた地域住民が対象とされ、国民皆年金が達成された。公務員、私学教職員、軍人、郵便局職員等は独自の年金がある。

国民年金の財源は、保険料を中心に、一部公費も提供される。労働者の場合、保険料は 449 万ウォンまでの所得の 9.0％（2017 年）で、労使折半となる。労働者以外は全額本人負担となる。国庫負担も存在し、農業、漁業および低所得労働者の保険料負担の一部を補助している。また、失業者の年金保険料の 75％を 1 年間まで公費補助する制度もある。

10 年の加入期間で年金の受給権が認められる。年金支給開始年齢は従来 60 歳であったが、2013 年から 5 年ごとに 1 歳ずつ繰り延べられ、2033 年に 65 歳となる予定である。給付は、所得比例制に基づき基礎年金額が確定し、それに配偶者や子どものいる場合に定額が加えられる。なお、遺族年金は加入期間に応じて支給率が異なる。遺族年金の給付水準は 60％の所得代替率で設定されてきたが、財政難のため 2008 年から次第に引き下げられ、2028 年には 40％となる予定である。

2008 年に基礎年金が導入された。税を財源として、65 歳以上の高齢者のうち所得が下位 70％を対象とする。最高支給額は 2021 年段階で 30 万ウォンとなる予定。

2 医療

1977 年に最初の医療保険制度が成立したが、労働者 500 人以上の大企業のみを対象とする任意加入の制度であった。その後 1989 年に労働者以外の自営業者や農民等を対象にした地域保険が導入され、国民皆保険が達成された。2000 年には全国民に適用される国民健康保険法が制定され、全国一本の医療保険制度に統合され、保険者も国民健康保険公団に統合された。外国人の場合、6 か月以上滞在するときは、国民健康保険が強制適用される。

国民健康保険の財源は保険料を中心としているが、公費も一部加わる。保険料は賃金の 6.24％で、労使折半となる。地域加入では、所得のほか資産も含め負担能力を点数化して世帯ごとに保険料を設定する。公費として、国庫補助とたばこ税から一部補助される。財政赤字にある

★国民年金
公務員等の特定職種を除く 18 歳以上 60 歳未満のすべての韓国国民と国内居住の外国人を対象とし、1988 年に導入された。この制度により国民皆年金が達成された。財源は保険料と部分的な政府補助であり、保険料はサラリーマンの場合は労使折半で、個人の場合は全額本人負担である。

★国民健康保険
職域の医療保険と地域の医療保険が 2000 年に統合されて、国民健康保険が成立した。対象はすべての韓国国民と滞在 6 か月以上の外国人であり、財源は保険料と税金である。医療費の自己負担は入院の場合は 20％、外来の場合は 30 〜 60％である。

国民健康保険に対して、国庫補助の拡大やたばこ税からの支援等が拡大し、保険料率も上昇傾向にある。

保険給付としては、入院、外来、薬剤に適用される。自己負担率は、入院費用は 20％、入院中の食事代は 50％、外来は医療施設の規模や種別により 30％から 60％となる。薬剤費の自己負担率は 30％である。2017 年には、高齢者、子供、女性等の負担能力の低い層の自己負担率の低減化が進められた。さらに、重度認知症の本人負担率の引き下げや診断や検査への保険適用等が実施された。

3 介護

少子高齢化が際立っており、高齢者介護が深刻な問題となっている。2007 年に高齢者長期療養保険法が制定され、2008 年 7 月から介護保険が実施された。医療保険と連携した構造となっており、国民健康保険公団が介護保険の保険者となる。被保険者も同様に、20 歳以上の医療保険の加入者となる。

介護保険の財源は、利用者本人負担が 15 ～ 20％、国庫負担が 20％、保険料が 60 ～ 65％の構成になっている。財源のうち、介護保険の保険料は医療保険の保険料と一体化され、医療保険の保険料の 7.38％（2018 年現在）相当分が介護保険の保険料となる。利用者の自己負担は、施設サービスが 2 割、在宅サービスが 1.5 割となっている。なお、低所得者の自己負担の 50％、公的扶助の受給者の場合は自己負担の全額が、国と自治体によって保障される。

介護サービスを受けられるのは、65 歳以上の高齢者で要介護 3 以上の認定を受けた者となる。要介護度は 5 等級に分類されており、等級に応じたサービスが提供される。介護施設はかつて多様な形態が存在したが、高齢者療養施設とグループホームの二つに統合された。在宅サービスは、訪問介護、デイサービス、ナイトサービス、ショートステイサービスからなる。特別現金給付として、家族介護費と療養病院介護費がある。

★**高齢者長期療養保険**
加齢や病気による要介護者に生活支援のサービスを提供する高齢者長期療養保険が、2008 年に創設された。65 歳以上の高齢者と加齢による疾患のある 65 歳未満の者が対象となる。財源は、保険料と予算の 20％に当たる国庫補助である。

第6章 諸外国における社会保障制度

◇**参考文献**
・足立正樹編『各国の社会保障』法律文化社，1993.
・田中浩編『現代世界と福祉国家』御茶ノ水書房，1997.
・US Social Security Administration, Social Security Program throughout the World
　http://www.socialsecurity.gov/policy/docs/progdesc/ssptw/
・EU, MISSOC　https://www.missoc.org/missoc-database/comparative-tables/

社会保障の国際比較

学習のポイント

● 少子高齢化の社会保障への影響について、国ごとに比較する
● 国際統計から主要国の社会保障の現状を理解する
● 社会保障を取り巻く社会背景として人口構成の動向と社会保障の運営状況の現状について、国際的に比較考察する

1 人口構成の変化

　現代社会は、人口構成が変動する社会である。医療技術の発展もあり、現代人はますます長い期間生きながらえる時代になっている。**表6-1** は、国連の資料から平均寿命と出生率について 1965 ～ 1970 年と 2015 ～ 2020 年の 50 年間の変化を示したものである。この間の違いは明らかである。

　まず、平均寿命であるが、どの国でもこの 50 年間で大きく伸びている。中国と韓国では、50 年間に平均寿命が 20 年以上も長くなった。2015 ～ 2020 年の推計では、中国は 76.62 歳、アメリカも 78.81 歳とこのなかでは低めであるが、それ以外の国は人生 80 年時代が現実と

表6-1　出生率と平均寿命の国際比較

	合計特殊出生率		平均寿命（歳）	
	1965 ～ 1970年	2015 ～ 2020年	1965 ～ 1970年	2015 ～ 2020年
日本	2.04	1.37	71.41	84.43
スウェーデン	2.17	1.85	74.12	82.57
フランス	2.65	1.85	71.46	82.46
ドイツ	2.36	1.59	70.67	81.10
イギリス	2.57	1.75	71.71	81.15
アメリカ	2.54	1.78	70.36	78.81
中国	6.30	1.69	55.47	76.62
韓国	4.65	1.11	59.29	82.77

資料：UN World Population Prospects 2019より抽出
（注）5 年間の推計値

なっている。日本に関しては、1965 ～ 1970 年時点での 71.41 歳から、50 年間で 13.02 年長くなっている。日本の男女計の平均寿命は 2015 ～ 2020 年の推計 84.43 歳で、世界でも最も長寿の国の一つである。

先進諸国は概ね平均寿命が長くなっているが、開発途上国の多くでは平均寿命はより短い位置づけになっている。貧困や社会開発の遅れ等多くの理由が想定できる。他方、欧州の先進諸国は 81 ～ 82 歳代で比較的平均寿命は長く、安定している。

他方、合計特殊出生率を見ると、減少傾向が著しい。「合計特殊出生率」とは、一人の女性が生涯に産んだ子どもの数を意味するが、先進諸国は 2.0 以下にとどまっている。かつて出生率が高かった韓国や中国も、一気に低下した。現状では、先進諸国は等しく低水準にとどまっている。2015 ～ 2020 年の推計値では、先進国としてはフランスとスウェーデンが 1.85 と比較的高い水準にあった。他方、日本は 1.37、韓国は 1.11 と極めて低い水準にあった。ドイツも 1.59、中国も 1.69 と低めである。ほかにもアジア諸国は、一般に出生率が低下傾向にある。このまま推移すれば、多くの国々が人口減少社会に突入することになろう。

このような人口構成の高齢化と少子化の同時進行が続くことで、社会保障は大きな影響を受ける。社会保障の受給者と拠出者のバランスが変容していくことになり、財政運営がますます困難になることが予想される。益々少なくなる「担い手」が、益々増える「受益者」を支えなければならなくなる。特に、アジア諸国は高齢化も少子化も変化が顕著で、社会保障も対応が難しい局面を迎えている。

2 国民負担率

社会保障の主な財源は、税金と社会保険の保険料である。税金の一部が社会保障の財源の一部に組み込まれるため、税金の多さが社会保障の内容を直接決定するものではない。**図 6-1** は、2017 年時点での国民負担率の国際比較を示している。「国民負担率」とは、国民所得に対する税負担と社会保障負担の比率を示すものである。さらに、財政赤字を将来の国民の負担と捉え、国民負担に加えたものを「潜在的な国民負担率」とする。

まず、国民負担率を見ると、主要国のなかではフランスが国民負担率で最も高い。税負担が 41.7%、社会保障負担が 26.5% の合計した国民

★合計特殊出生率
一人の女性が出産可能とされる 15 ～ 49 歳に産む子供の数の平均を示す統計学上の指標である。ある 1 年間を対象として各年齢層の出生率を合計する方法と、ある世代の各年齢の出生率を積み上げる方法がある。

第6章
諸外国における社会保障制度

★国民負担率
一般的には、国民負担率とは国民所得に対する国民の税負担と社会保障負担の合計の比率を意味する。税負担率と社会保障負担率の合計が国民負担率となる。

図6-1　国民負担率の国際比較

【国民負担率＝租税負担率＋社会保障負担率】【潜在的な国民負担率＝国民負担率＋財政赤字対国民所得比】

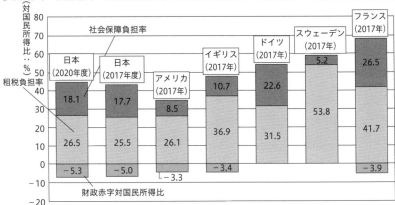

国民負担率	44.6 (32.5)	43.3 (31.7)	34.5 (27.3)	47.7 (34.4)	54.1 (40.5)	58.9 (37.7)	68.2 (48.3)
潜在的な国民負担率	49.9 (36.3)	48.3 (35.3)	37.9 (30.0)	51.0 (36.8)	54.1 (40.5)	58.9 (37.7)	72.1 (51.1)

（対国民所得比：％（括弧内は対 GDP 比））

（注1）日本は2020（令和2）年度見通し及び2017（平成29）年度実績。諸外国は2017年実績。
（注2）財政赤字の国民所得比は、日本及びアメリカについては一般政府から社会保障基金を除いたベース、その他の国は一般政府ベース。
（出典）日本：内閣府「国民経済計算」等　諸外国：National Accounts（OECD）、Revenue Statistics（OECD）、NIPA（米商務省経済分析局）
資料：財務省 HP

負担率が68.2％となる。スウェーデンとイギリスは比較的税負担率が高く、社会保障負担率は低い。スウェーデンでは、税負担53.8％で、社会保障負担はわずかに5.2％で、国民負担率は58.9％であった。イギリスも、税負担率が36.9％で社会保障負担率は10.7％にとどまる。

　アメリカはこのなかでは国民負担率が最も低く、税負担が26.1％、社会保障負担が8.5％で、国民負担率は34.5％となっている。同年の日本では、税負担が25.5％、社会保障負担が17.7％、国民負担率は43.3％となった。国民負担率では、日本は欧州諸国とアメリカの中間に位置づけられる。

　日本は財政赤字が深刻な問題となっている。ドイツとスウェーデンは、財政赤字が明示されていない。借金に依存しないで、財政が健全な国となっている。主要国のなかでも日本は最も高い財政赤字比率となっている。2017年度の財政赤字の対国民所得比率5.0％を考慮した「潜在的な国民負担率」をみると、日本は48.3％となり、51.0％のイギリスに近い位置になる。いずれにしても、日本は欧州の先進福祉国家と近い国民負担率を維持していると理解できる。

3 社会支出

　表6-2 は、先進主要国における対 GDP の社会支出比率の動向を示している。OECD 加盟国における対 GDP の社会支出比率は、2018 年時点で平均約 20.1％であり、過去最高水準であった。フランスは、対 GDP の社会支出比が OECD 加盟国中で最も高く、2018 年では31.2％を占めた。以下、スウェーデンの 26.1％、ドイツの 25.1％と続く。日本の 21.9％も欧州諸国に近い水準で、アメリカより高い水準に達している。日本や韓国は、過去 30 年にかけて急速に社会支出を拡大してきた。

　かつては多くの先進諸国が社会支出比を増加させてきたが、2000 年以降は増加傾向が鈍化し、上げどまりの傾向がいくつかの国々で確認されている。このなかでは、ドイツの 2018 年の 25.1％が 2000 年の25.4％を下回っている。スウェーデンでも、1990 年以降続けてわずかながら減少局面にある。イギリス、アメリカは逆に増加傾向がみられる。

　経済情勢や社会問題の緊急性、さらには政治情勢によっても社会支出比は変化する。だが、社会支出が大幅に減少していくことは想像しにくい。各国は大きな社会支出をいかに賄うか苦慮しつづけることになろう。

表6-2　社会支出の対 GDP 比の推移（%）

	1990	2000	2018
フランス	24.3	27.6	31.2
スウェーデン	27.2	26.8	26.1
日本	10.9	15.4	21.9
イギリス	14.9	16.2	20.6
ドイツ	21.4	25.4	25.1
アメリカ	13.2	14.3	18.7
韓国	2.7	4.5	11.1
OECD 平均	16.7	17.7	20.1

資料：OECD, "Social Ependiture Database" 2019. より抽出

◇**参考文献**
・岡澤憲芙・宮本太郎編『比較福祉国家論』法律文化社，1997.
・広井良典・駒村康平編『アジアの社会保障』東京大学出版会，2003.
・大沢真理編『アジア諸国の福祉戦略』ミネルヴァ書房，2004.
・厚生労働省『海外情勢報告』各年版
・厚生統計協会『保険と年金の動向』各年版
・旬報社『世界の社会福祉年鑑』各年版

表6-3 は、2017 年時点での対 GDP の社会支出比を政策分野別に示したものである。どの国でも老齢と保健が 2 大支出となっているが、その構成バランスは各国の特徴をよく表している。各国が、どの制度を重要視しているか理解できる。日本の対 GDP 社会支出比は、老齢の 9.9％、保健の 7.7％と、先進諸国のなかでもかなり高い水準に位置づけられる。しかし、それ以外の家族、失業、障害、住宅、他の社会政策、積極的労働市場政策において、OECD 加盟国平均を下回っている。逆にいえば、老齢と保健が突出していて、その他の領域は低調であるといえよう。

家族関連の社会支出は、スウェーデン、イギリスの GDP の 3.5％水準を最高に、欧州は一般に高いが、アメリカはわずかに 0.6％に過ぎない。日本や韓国も低水準にとどまっている。障害では、スウェーデンの 4.1％が突出している。充実した障害者福祉政策が裏付けられている。アメリカ、イギリス、韓国では、老齢より保健の社会支出比が上回っている。韓国は、全体的に社会支出比は低調である。

表6-3　制度別社会保障支出の対 GDP 比（%）

	日本	アメリカ	イギリス	ドイツ	フランス	スウェーデン	韓国	OECD平均
老齢	9.9	6.5	6.5	8.3	12.7	9.1	2.8	7.0
保健	7.7	8.5	7.7	8.1	8.8	6.3	4.3	5.3
家族	1.3	0.6	3.5	2.2	2.9	3.5	1.2	2.0
失業	0.2	0.2	0.2	0.9	1.6	0.3	0.3	0.7
遺族	1.3	0.6	0.1	1.8	1.7	0.3	0.3	0.9
障害	1.0	1.3	1.9	2.1	1.7	4.1	0.6	1.9
住宅	0.1	0.3	1.5	0.6	0.8	0.4	0.1	0.3
他の社会政策	0.3	0.7	0.1	0.3	0.8	0.9	0.7	0.5
積極的労働市場政策	0.1	0.1	0.2	0.6	1.0	1.3	0.4	0.4

資料：OECD, "Social expenditure Database", 2019. より抽出

学習のポイント

● 何故、社会保障も国際化する必要があるか、その理由について理解する
● 社会保障の国際化対応により期待される効果は何か考える

　経済のグローバル化にしたがって、人の国際移動も活発になっている。国内の外国人が増え、国外の国民も増え、社会保障も国際的な対応を迫られている。

1　人の国際移動と社会保障

1　経済連携協定（EPA）と人の国際移動

　日本の社会保障の国際化に関連して注目すべき動きは、経済連携協定（EPA★）である。貿易協定の一環である EPA において、人の移動に関する規定が盛り込まれる場合がある。そこでは、短期の商用訪問者、企業内転勤者、投資家、自由職業サービス従事者、契約に基づく一時滞在者、そして、看護師や介護福祉士の六つの区分に関して、協定相手国から労働者の受け入れと一時的滞在が許可されることになる。

　2006 年に日・フィリピン経済連携協定が締結され、人の移動に際して入国および一時滞在の許可が盛り込まれた。そこでは、看護師と介護福祉士がその対象として掲げられた。2007 年には日・インドネシア経済連携協定、2008 年には日・ベトナム経済連携協定が締結され、人の移動に際しての協力関係が確認されている。EPA の規定により、日本で看護師資格取得を目指す場合は上限 3 年まで、介護福祉士資格取得を目指す場合は上限 4 年までの滞在が許可され、国家資格を取得した場合はその後も滞在・就労が認められる。

　貿易自由化は世界経済が推し進めていく方向でもあり、今後も日本に限らず EPA 等の貿易協定は増えていくであろう。日本国内で EPA に基づいて入国する外国人は、今後も拡大していくであろう。わが国の医療・福祉領域では長年にわたり人手不足が顕著であり、外国人の医療・福祉分野での外国人雇用は増えていくであろう。

★**経済連携協定（EPA）**
貿易協定の一つであり、関税撤廃のような通商上の障壁をなくす自由貿易協定（FTA）と異なり、より広く関係国間の経済取引の円滑化、経済制度の調和、サービス・投資・電子取引等の連携強化を目指す協定である。その一環に人の移動も含まれる。

Active Learning

福祉現場への外国人
労働者の受け入れ拡
大の長所と短所を整
理したうえで、あな
たの考えをまとめて
みましょう。

2 外国人受け入れの拡大

2019（平成31）年4月より改正出入国管理法が施行された。この法律で、外国人が日本国内で就労可能な在留資格として「特定技能」が新たに認められた。「特定技能職」として、日本で人材確保が困難な14の業種が示された。「特定業種」とは、介護、ビルクリーニング、素形材産業、産業機械製造業、電気・電子情報関連産業、建設、造船・船用工業、自動車整備、航空、宿泊、農業、漁業、飲食料品製造業、外食業と幅広い領域を含んでいる。

これらの広い業種の外国人に対して、最長5年の在留資格を認める「特定技能1号」と最長在留可能期間のない「特定技能2号」が新たに導入された。少子化の続く日本にあっては、今後も労働力不足が予想されるため、今後これらの業種で外国人が増えることになるであろう。

「特定業種」の最初に、介護が掲げられた。日本の介護現場に、外国人のための門戸を広げたことになる。外国人は日本の社会保障の受け手としてだけでなく、サービスの担い手の側にもかかわってくる。日本の福祉現場の国際化が、いよいよ差し迫ってきた。

2 社会保障の国際化対応

1 外国人への社会保障の適用の問題

欧米先進諸国では人の国際移動が活発であり、長年、外国人への社会保障の適用条件が整備されてきた。人の自由移動を前提とする欧州では、社会保障においても国際法を駆使して、移住者の不利益が生じないように取り組んできた。**内外人平等待遇**★、**権利保持**★、国外送金、資格期間の合算等が基本原則として徹底されてきた。

他方、外国人人口が少なく、受け入れの歴史も浅い日本は、社会保障の外国人対応は不十分である。生活保護にはまだ国籍条項があり、準用規定で外国人に対応している。年金に関しては、1995（平成7）年にようやく帰国時の脱退一時金制度が導入されたが、返済されるのは拠出金のごく一部に過ぎない。また、返済額には上限額もあり、長期滞在外国人には不利益となる。

内外人平等待遇に加えて、権利保持、国外送金、資格期間の合算も不十分であり、外国人への社会保障適用は問題が残されている。不法滞在外国人の救済、外国人の社会保障制度の不正利用への対応等の問題もあ

★内外人平等待遇
外国人と国民を平等に
扱うという基本原則で
ある。社会保障に限ら
ず、すべての部門にお
いて、国際社会では重
要な原則となる。外国
人を直接的、あるいは
間接的にも差別するこ
とが禁止されることを
意味する。

★権利保持
一度認められた権利
は、生涯維持されるこ
とを確認するものであ
る。受給資格等に関し
て、国外移動によっ
て、また、時間の経過
や居住要件等によって
権利を喪失することの
ないように保護するも
のである。

る。

2 二国間社会保障協定

海外事業を展開する企業において、派遣社員の社会保障の二重適用や掛け捨てが問題とされてきた。母国と派遣国で社会保障を二重に負担することや、加入期間の短かさ等によって保険料の掛け捨てになることが多かった。二国間社会保障協定★は、5年以内の短期滞在を前提に、派遣国の社会保障の強制適用を免除する。社会保障の二重適用を回避し、企業の労務コスト削減の意味も大きい。協定により人の国際移動は益々活発になるだろう。

日本は近年、社会保障に関して二国間協定を続けて締結している。2000（平成12）年に発効された日独社会保障協定に始まり、2019（令和元）年に発効した中国との社会保障協定まで、20年間に20か国と社会保障協定が締結された。今後も経済交流の活発な国々と同様の協定は増加すると見込まれる。

社会保障協定で、加入期間の合算措置が盛り込まれる場合がある。一般的には外国滞在は短期であり、滞在中に保険料を払っても加入期間の不足で滞在国の受給権が認められない場合がある。合算措置がある場合、両国の加入期間を両国で考慮してくれるため、両国の年金が受給できる。掛け捨ては解消される。

3 社会保障の国際的な展開

社会保障や社会福祉は、本来、国内の社会問題への対応であり、各国自治の領域になる。しかし、人の移動が活発な国々をはじめ、国際的な対応が早くからみられた。1919年創設の国際労働機関（ILO★）は、労働法や社会保障法に関連して国際的な基準を設定し、多くの条約や勧告を採択してきた。

条約の内容は労働法関係が中心であるが、社会保障関係の条約も多数含んでいる。2019年現在のILO条約は189、日本が批准した条約は49であった。187加盟国の批准条約数の平均が44条約であり、OECD加盟国の平均は75条約であった（ILO駐日事務所HPより）。社会保障関係の条約に限っても、日本の批准状況は先進国としては高評価されていない。社会保障の最低基準に関する102号条約では日本は批准しており、アジアでは先導的な立場にある。だが、母性や女性の社会保障に関係する条約をはじめ、内外人平等待遇に関する条約、権利保

★二国間社会保障協定
特に、経済交流から人の移動が活発な国の間で、両国間を移動する人のために社会保障の特別な対応が制度化され、協定として締結されてきた。国境を越えて活動しても、社会保障のうえで不利益を被らないように保護するものである。多くの二国間社会保障協定が多国間協定になり国際法になっていった。

★国際労働機関（ILO）
第1次世界大戦後の1919年に創設された国際機関。社会正義に基づき、労働条件や生活保障に関して普遍的な国際基準を設け、世界中の国々がこれを遵守することを目指す。労働法、社会保障法に関係する多くの国際条約や勧告を採択した。公正なる国際基準を満たした労働者保護政策を世界に広める努力を重ねてきた。

持に関する条約等批准していない条約が多数ある。

第二次大戦後は国際連合関連機関を中心に、社会保障や社会福祉領域での国際的な連携が進められてきた。国連の経済的、社会的及び文化的権利に関する国際規約については、日本も1979（昭和54）年に批准した。以後、各種人権条約にも日本は対応してきた。1981（昭和56）年に難民条約、1985（昭和60）年に女性差別撤廃条約、1994（平成6）年に子供の権利条約、1995（平成7）年に人種差別撤廃条約、2014（平成26）年に障害者権利条約を批准した。だが、日本がまだ批准していない人権関係の条約も少なくない。

アジアにおいては、日本の社会保障はすでに模範的な立場にあるといえよう。しかし、貿易立国として世界をリードする先進国の一員として、日本は社会保障関係の領域でもより高い評価を受けることが期待される。グローバル化社会にあって日本が社会保障領域でも国際化対応を進めることは、広い意味で日本の国益にも合致すると同時に、開発途上国の経済にも貢献し、世界経済の活性化にもつながる。

◇参考文献
・足立正樹編『各国の介護保障』法律文化社，1998.
・江口隆裕『変貌する世界と日本の年金』法律文化社，2008.
・増田雅暢『世界の介護保障』法律文化社，2008.
・岡伸一『グローバル化時代の社会保障』創成社，2012.
・加藤智章・西田和弘編『世界の医療保障』法律文化社，2013.
・岡伸一『欧州社会保障政策論』晃洋書房，2016.

索引

平岡　公一（ひらおか・こういち） ··· 第 2 章
お茶の水女子大学基幹研究院人間科学系教授

堀　真奈美（ほり・まなみ） ··· 第 5 章第 1 節
東海大学健康学部教授

脇野　幸太郎（わきの・こうたろう） ··················· 第 5 章第 5 節〜第 7 節
長崎国際大学人間社会学部教授

最新　社会福祉士養成講座
　　　精神保健福祉士養成講座

7　社会保障

| 2021年2月1日 | 初 版 発 行 |
| 2024年2月1日 | 初版第4刷発行 |

編　集　　一般社団法人日本ソーシャルワーク教育学校連盟
発行者　　荘村明彦
発行所　　中央法規出版株式会社
　　　　　〒110-0016　東京都台東区台東3-29-1　中央法規ビル
　　　　　TEL 03（6387）3196
　　　　　https://www.chuohoki.co.jp/

印刷・製本　株式会社太洋社
本文デザイン　株式会社デジカル
装　　　幀　株式会社デジカル
装　　　画　酒井ヒロミツ